Theobald Kerner

Das Kernerhaus und seine Gäste

Theobald Kerner

Das Kernerhaus und seine Gäste

ISBN/EAN: 9783743642744

Hergestellt in Europa, USA, Kanada, Australien, Japan

Cover: Foto ©ninafisch / pixelio.de

Weitere Bücher finden Sie auf **www.hansebooks.com**

Das
Kernerhaus und seine Gäste.

Das
Kernerhaus und seine Gäste.

Von
Theobald Kerner.

Mit dem Bildnis und Facsimile Justinus Kerners

nebst anderen Porträts und Illustrationen.

Deutsche Verlags-Anstalt.

Stuttgart, Leipzig, Berlin, Wien.

1894.

Inhalts-Verzeichnis.

Zum Eingang.

In seinem „Bilderbuch aus meiner Knabenzeit" hat mein Vater die Erinnerungen seiner Jugend von 1786 bis 1804, in welch letzterem Jahr er als Student die

Universität Tübingen bezog, niedergeschrieben. Meine Schwester Marie, verehelichte Niethammer, nahm nach dem Tode des Vaters den Faden der Erzählung wieder auf und berichtete lieb und nett von seinen Studentenjahren und dem herrlichen Freundeskreise, in dem er damals lebte, von seiner Jugendliebe, seinen Reisen, von Wildbad, Welzheim, Gaildorf, wo er als Arzt weilte; und wie er dann mit meiner Mutter, seinem „Rickele", nach Weinsberg kam und sich ein Haus baute.

In dieses Haus bin ich nach seinem Tode übergesiedelt, es war so sein Wille. „Das Haus soll auch nach meinem Abscheiden noch mein Haus sein! Ich will darin wohnen bleiben, die Fremden, die es besuchen, sollst Du in meinem Namen empfangen und sie sollen sich heimisch darin fühlen und Du sollst ihnen von mir erzählen und sollst Haus und Garten und jeden Baum, den ich gepflanzt, ehren und lieb haben. Gelt, das versprichst Du mir, Theobald?" Ich gab ihm die Hand darauf und habe mein Versprechen gehalten, ich habe sein Haus treu bewacht, erhalten, festlich geschmückt, als erwarte ich ihn von einer langen Reise zurück. Da er aber so lange ausbleibt, habe ich im Heimweh nach ihm mich zurückversetzt in die Zeit vor dreißig, fünfzig, siebenzig Jahren, da er noch dem Hause Leben und Poesie gab, und habe diese meine alten Erinnerungen niedergeschrieben. Sie gehen von 1822, der Erbauung des Kernerhauses, bis 1862, dem Hinscheiden meines Vaters.

Das Kernerhaus.

Der alten Hexe, der bösen Maurersfrau, bei der meine Eltern, als sie von Gaildorf nach Weinsberg gezogen waren, vier Jahre in der Miete wohnten, erinnere ich mich noch gar wohl, sie war bitterbös und schuld daran, daß mein Vater sich ein eigenes Haus bauen mußte, weil es mit ihr nicht mehr auszuhalten war. Meine Schwester Marie hat in ihrem Buche: „Justinus Kerners Jugendliebe" dies alles ausführlich gesagt, sie hat auch vom Hausbau, wobei Uhlands Zimmerspruch gesprochen wurde, und von Haus und Garten gar vieles erzählt, deshalb berühre ich es hier nur flüchtig.

Das Haus, im Jahre 1822 am Fuße der Burg Weibertreu durch Werkmeister Hildt erbaut, war namentlich anfangs nur eine kleine, anspruchslose Doktorswohnung, hatte parterre Stall und Remise und ein Zimmer, eine Treppe höher vier Zimmer, im Dachstock zwei Kammern. Anno 1827 wurde ein Schweizerhaus mit Altane angebaut, wodurch zwei weitere Zimmer entstanden, und im großen Garten dem Hause gegenüber bot das Alexanderhäuschen auch drei trauliche Zimmerchen zum Uebernachten für friedliche Gäste. Dieser große

Garten soll in alten Zeiten ein Kirchhof gewesen sein
und das Gartenhaus mit der Jahreszahl 1600 über
dem Eingang ein Totenhaus, weshalb es vom Verdacht,
Geister zu beherbergen, nicht frei war; jetzt modernisirt,
mit Altanen und Rebengeländen umgeben und mitten
unter Blumen, war es für Dichter und andere berühmte
Leute, zumal wenn sie zu zwei und drei zugleich darin
nisteten, ein etwas enges, aber doch behagliches Nestchen.
Alexanderhäuschen wurde es nach Graf Alexander von
Württemberg, der oft darin wohnte, in späterer Zeit ge=
nannt. Im andern, dem das Wohnhaus umgebenden
Garten, steht hart an der Weinsberger Stadtmauer ein
uralter Gefängnisturm, im Volk Geisterturm genannt,
welchen mein Vater von der Stadt gekauft hatte. Dieser
bot auch, wie Uhland in einem Gedichte sagte: „Gelaß
für Teufel und für Tintenfaß.“ In den dicken Mauern
ward nämlich ein gotisches Zimmer mit Nischen und
runden Kirchenscheiben wohnlich eingerichtet. Unter diesem
Zimmer war das Burgverlies, und oben eine Platt=
form mit herrlicher Rundsicht auf Kirche, Weibertreu,
das Weinsberger Thal. Bei Tag nahm sich das
Ganze hübsch und poetisch aus, aber in der Nacht
und im Mondschein machte der Turm mit der alten
Stadtmauer und dem riesigen Nußbaum, der seine
schwarzen Arme gegen den Turm ausstreckte, und mit
dem verflixt unheimlichen, epheuumrankten Eingang in
das Burgverlies, einen gespenstischen, nichts weniger als
einladenden Eindruck, namentlich für einen Fremden,
der etwa spät abends im Kernerhause ankam und, weil
kein anderes Schlafzimmer vorrätig, in diesem Turm=
zimmer übernachten mußte. Ein Bett war auch nicht

darin, nur ein Armſeſſel und großer Teppich, in dieſen konnte er ſich einwickeln und träumen. Da gab's oft

Juſtinus Kerners Frau.

eine ſchlechte Nacht! Meine gute Mutter ſuchte darum auch bei ſchon überfülltem Hauſe jedem Gaſt womöglich eine beſ= ſere Schlafſtelle zu be= reiten, und da hieß es nicht: „Audiatur et al= tera pars!" Wenn wir Kinder im ſogenannten Sargzimmer oben ſchon längſt im beſten Schlafe lagen, rief ſie zur Thüre

herein: „Kinder, ſteht auf! Es ſind noch Gäſte gekommen, ihr müßt Zimmer und Bett hergeben!" Da galt nun kein Widerſtreben, wir thaten's auch gerne, es gehörte ſozuſagen zur Hausordnung, unſer Zimmer wurde für die Fremden hergerichtet, und wir Kinder? Ach, darnach fragte man nicht, es gab überall im Hauſe ein Plätzchen auf dem Boden, um ſich hinzulegen, und in warmen Sommer= nächten war im Garten auch eine Bank, wo man den Reſt der Nacht zubringen konnte, und mit Morgengrauen gingen wir dann in den nahen Wald und brachten ſchöne Waldſträuße heim. O, das war ein herrliches Kinderleben!

Als ich aber mit der Zeit heran wuchs und die Erkenntnis von Gut und Bös erlangte, da überkam mich doch oft ein mächtiger Zorn, wenn ich ſah, wie einer nur mit ſpöttiſchem Lächeln das Kernerhaus betrat,

die Menschen, Zimmer und Gänge fixirte, als wollte
er sie einer Vivisektion unterwerfen, um die Wurmnester
von Geistern zu entdecken, und wenn er meinen nur
allzu guten Vater über Geister, Besessene, Somnambule
inquisitorisch ausfragte, während immer der wohlfeile
Witz um seinen Mund zuckte: „Wer an Geister glaubt,
der hat keinen." Streckte er aus dem engen Schnecken-
haus seines Gehirns die Hörner seines Geistes gar zu
herausfordernd heraus, behauptete er, der Glaube an
Geister vertrage sich nicht mit höherer Bildung und er begreife nicht, wie sich einer vor solchen Hirngespinnsten
fürchten könne, da dachte ich: „Wart, Dir will ich!" und
sagte leise der Mutter: „Der Doktor, Professor, Privatdozent oder was er ist, will durchaus im Turmzimmer übernachten, aber unbeschrieen, es soll's
niemand außer mir wissen," und nach dem Essen,
wenn alles zu Bette ging, zündete ich mein Laternchen
an und sagte zu dem Gast höflichst: „Erlauben Sie,
daß ich Ihnen das Schlafzimmer anweise; es ist nicht
im Hause, sondern in der Dependence daneben," und
leuchtete ihm durch den Garten hinauf zum Burgverlies
und sprach: „Hier ist der Eingang zu einem alten Burgverlies; mein Vater hat ihn von außen hereinbrechen
lassen, früher hat man die Gefangenen durch ein vier-
eckiges Loch im Zimmer oben in den Turm herunter-
gehaspelt, es muß ein schreckliches Gefängnis gewesen
sein, mancher ist darin gestorben und verfault, man
fand darin ein Gerippe und eine Kette mit einem Hals-
ring, diese und einige Menschenbeine sind auf dem
Tische im Zimmer oben." Ich leuchtete ihm dann die
Turmstaffeln hinauf, öffnete die eisenbeschlagene Eichen-

thüre. „So, jetzt sind wir in Ihrem Schlafzimmer," sagte ich. Das Licht meiner Laterne wirft seltsame Schatten in die Nischen, zagend tritt er ein. „Dies soll mein Schlafzimmer sein?" fragt er, und ich merke, wie seine Stimme zittert. „Sie bleiben doch bei mir?" — „Lange nicht," sage ich, „doch eins will ich noch erzählen: Hier in diesem Zimmer, das vor wenigen Jahren noch ein Gerichtsgefängnis war, hat Graf von Helfenstein die letzte Nacht, ehe er von den Bauern zu Tode gespießt wurde, zugebracht; die lebensgroße Holz= figur in der Nische links hier stellt seinen Beichtvater, den Karmeliter=Prior Aloisi aus dem Kloster in Heil= bronn vor. Bei Tag werden Sie sehen, wie trefflich er geschnitzt ist, die Augen sind wie lebend und der Mund ist halbgeöffnet, als wollte er sprechen. Wenn einer an Geister glaubte, müßte er schön erschrecken, wenn aus dem Munde des Paters um Mitternacht plötzlich die dumpfen Worte ertönen würden: „Ora pro nobis!" In diesem Zimmer hat Hermann Kurz den ‚Rasenden Roland‘ übersetzt, und Nikolaus Lenau sagte: ‚Wenn ich im Turmzimmer an meinem „Faust" dichte, fühle ich oft deutlich, wie der Teufel hinter mir steht und mir über die Achsel ins Manuskript schaut.‘ Warum man diesen Turm allgemein im Volke ‚Geisterturm‘ nennt, weiß ich eigentlich nicht, übrigens ganz ohne ist es nicht; ich erinnere mich, daß einmal ein Gast, der hier übernachtete, um Geister, deren Existenz er leugnete, zu sehen, morgens zwischen zwei und drei Uhr plötzlich erwachte und deutlich fühlte und sah, wie ein großer schwarzer Hund mit feurigen Augen ihn im Gesicht leckte. Des andern Tags hatte er eine Gesichts=

roſe. — Doch ich will Sie nicht länger vom Schlaf
abhalten, gute Nacht!" ſagte ich, nahm mein Laternchen
vom Tiſch und war ſchnell zur Thüre hinaus, ſchob
den ſchweren Riegel vor und trappte die Staffeln hinab.
Im Bett malte ich mir behaglich aus, was wohl mein
Gefangener im Turmzimmer macht? Zuerſt ſchaut er
zum Fenſter hinaus, da iſt trüber Mondſchein, alles
ſtill, nirgends mehr ein Licht zu ſehen. Schnell wendet
er ſich um, es iſt ihm, als habe Lenaus Teufel ihm
über die Achſel geſchaut; jetzt ſetzt er ſich in den Armſeſſel, wickelt ſich in den Teppich, trotz der warmen
Sommernacht draußen ſchaudert es ihn ein wenig.
"Wäre es lieber dunkle Nacht ſtatt dieſem fahlen Mondſchein!" denkt er. "Der Karmeliter-Prior mit dem grauen
Geſicht, dem weißen Strick, der hocherhobenen Hand,
der Leib bildet nur eine ſchwarze Maſſe, ſieht recht
ſchauerlich aus, ein Kind könnte ſich fürchten; aber hat
man nicht Stunden, wo man trotz der Jahre noch ein
Kind iſt? — Horch, was raſchelt draußen — eine Katze?
ein Marder? oder . . . Ach was! Unſinn! Aber jetzt —
horch! Hat es nicht im Burgverlies unten einen Schlag
gethan? geſeufzt? Ich wollte, es wäre Tag!" Und
endlich wurde es Tag und ich kam und ſchloß auf.
"Wie haben Sie geſchlafen?" frage ich. "Gut," iſt
ſeine düſtere Antwort. Beim Frühſtück iſt er wortkarg,
hat Kopfweh, mir ſcheint, des Winters Anfang, ein
graues Haar liege auf ſeinem Scheitel, er reiſt ab. —
Eine zweite ſolche Nacht in Weinsberg will er nimmer
erleben.

Uebrigens der Turm verdient den Namen „Geiſter-
turm" gar nicht; ich habe einen ganzen Winter hin-

Das Kernerhaus und das Denkmal von Justinus Kerner.

durch darinnen übernachtet, und es kamen niemals
Geister, oder sie müßten von philisterhafter Ruhe gewesen sein.

Wie groß in einem kleinen Zeitraum die Menge der
Besucher im Kernerhause war, erhellt am besten aus
einer Fremdenliste, die mein Vater, leider nur kurze
Zeit und lückenhaft, eigenhändig niedergeschrieben hat.
Es ist ein halbes Jahrhundert verflossen, seit diese Besuche zu Fuß und zu Wagen im Kernerhaus anlangten,
die meisten sind jetzt tot, den wenigen, die noch leben
und ihre Namen hier finden, wird es eine freundliche
Erinnerung sein.

Ich gebe die Liste dieser Besucher am Schlusse des
Buchs nur im Auszug, denn gar häufig sind die Namen
unleserlich oder fehlen ganz, da heißt es nur zum Beispiel: Professor aus Erlangen, fünf Studenten aus
Heidelberg, ein Geistlicher aus Schottland und so weiter.
Auch habe ich die öfters sich wiederholenden Besuche aus
der Nähe, aus Heilbronn und so weiter und auch die,
welche nur den Arzt Justinus Kerner betrafen, wegge-
lassen, auch solche, die öfters kamen, nur einmal benannt.

Das Fremdenverzeichnis geht mit Unterbrechungen
fort bis zum Jahre 1854. Als meine gute Mutter
starb und so die Leuchte des Hauses erlosch, da schrieb
mein Vater nur selten noch einen Gast auf, zumal ihm
dazu das Augenlicht fehlte. Außerdem gehörte das —
ich möchte sagen — Feldherrntalent meiner fleißigen,
umsichtigen Mutter dazu, die Gastfreundschaft so lange
und in dieser Ausdehnung fortzuführen. Es war, als
ob auf ihren Wink sich die Wände des Hauses dehnten,
um Raum für alle Gäste zu bieten, denn unter ihrer

Hand erneute sich das Wunder im Evangelium mit den fünf Broten und zwei Fischen. Doch auch die Gäste brachten zur Vollbringung dieses Wunders den rechten Glauben mit, sie waren noch nicht durch Eisenbahnen und Hotelleben verdorben und fanden anspruchslos an der Einfachheit des Dargebotenen Gefallen. So waren vielen die Zinnteller, auf denen gespeist, die Zinn= schüsseln, in denen die Speisen aufgetragen wurden, eine amüsante Merkwürdigkeit. Ja, du lieber Gott, woher sollte man all das teure Porzellan nehmen? Zinn ist dauerhaft, hält auch einen Puff aus, und alle Tage schön mit Lauge geputzt, glänzt es wie Silber. Auch die Zeiten waren wohlfeiler. Der Garten lieferte Gemüse und Obst; Fische, Wildbret, Geflügel, Krebse waren auch billig zu haben, und das Kochen verstand meine Mutter excellent. Da schmeckte es den Gästen! Oft aber auch — ich darf dieses Familiengeheimnis jetzt wohl verraten — wenn kurz vor dem Mittagessen noch unerwartet ein neuer Trupp Gäste ankam, sagte die Mutter: „Kinder, heut dürft ihr nichts zu Mittag essen, es reicht sonst nicht!" Das fanden wir nun nicht allein natürlich, sondern es freute uns auch, auf so geheime Art zur allgemeinen Zufriedenheit beitragen zu dürfen. Der Vater durfte freilich von dieser Ver= schwörung nichts wissen, er mußte durch ungestörten Appetit auch die anderen zum Essen animiren. Suppe und Brot bekamen wir meist zur Genüge, dann aßen wir Kinder eben an diesem so langsam als möglich und schauten einander dabei pfiffig an. Merkte je ein Gast unsere Enthaltsamkeit, dann sagte die Mutter: „Ach, die unartigen Kinder haben wieder vor Tisch zu viel

Stachelbeeren im Garten gegessen, dadurch verderben sie sich immer den Appetit." Fremde Weine kamen nie auf den Tisch, es waren auch keine im Keller. Mein Vater kaufte jeden Herbst den Wein süß in der Kelter, es war ein leichter weißer Tischwein, den alles gern trank, zugleich gab es für Kinder und andere schwache Naturen guten Apfelwein in beliebiger Menge. Getrunken wurde im ganzen viel, mehr noch als bei der regelmäßigen Mahlzeit in der Zwischenzeit im Garten und auf dem Turme.

Im November 1861, in einer Nacht, da mein Vater nicht schlafen konnte und ich neben ihm im Bette lag, sagte ich: „Jetzt wollen wir einmal zur Unterhaltung ausrechnen, wie viel Wein Du aus dem Kristallglase, das Dir Lenau 1834 schenkte und das Du seither immer gebrauchtest, bis heute getrunken hast." Wir rechneten und rechneten; das geringste, was mein Vater täglich trank, waren zwei und ein halbes Liter, und wir kamen auf die ansehnliche Zahl siebenzig Eimer oder 21,000 Liter. Unter dieser Rechnung schliefen wir ein.

Merkwürdigerweise ist dieses Lenauglas trotz der unzähligen Wanderungen in Haus, Garten und auf dem Turm nie auf den Boden gefallen, hat keinen Sprung bekommen, aber sein Rand ist zersetzt wie eine alte Kriegsfahne und ich bewahre es jetzt ängstlich auf, als wäre es das Glück von Edenhall.

Das Studirzimmer.

Unter dem Studirzimmer meines Vaters, der doch auch viel schrieb, darf man sich nicht das Studirzimmer eines Gelehrten vorstellen, wie es so häufig behaglich in Romanen geschildert wird: ein geräumiges, von den anderen Gemächern des Hauses streng abgeschlossenes Zimmer mit heiliger Stille, rings an den Wänden bis zur Decke hinauf hohe Schränke und Gestelle mit Büchern und Schriften, neben dem hohen Fenster ein großer Schreibtisch mit großen und kleinen Schubladen und Fächern, davor ein breiter gepolsterter Armsessel, in den man sich zuweilen sinnend zurücklehnen kann, nachts eine hohe helle Lampe mit grünem Schirm, weicher Teppich über dem Boden — nichts von alle diesem war da, es wäre kein großer Luxus gewesen und man hätte es ihm wohl gönnen können. Bei den vielen Gästen und den engen Räumen des Hauses gab es zwar ein Studir= zimmer, das man Studirzimmer nannte und in welchem mein Vater die Patienten empfing und Rezepte und Bücher schrieb, aber dieses Zimmer hatte drei Thüren, eine führte ins Schlafzimmer meiner Eltern, das neben dem Wohnzimmer war und den Tag über auch den Gästen offen stand, die andere Thüre ging dem Garten zu auf die Altane, die dritte in die neben= anstoßende Küche. Durch das Studirzimmer war also ein vielfaches, unruhiges Wandern. Dann befand sich im Studirzimmer eine große Bettkommode, worin wir Kinder nachts schliefen, wenn das Sargzimmer auf der Bühne oben besetzt war. Ferner war ein Tisch im

Zimmer, an dem wir im Winter, wenn keine Gäste da waren, zu Mittag und Abend speisten. War dieser Tisch nach dem Nachtessen abgeräumt, so saßen Knecht und Magd daran, die Magd strickte, nähte oder spann, der Knecht las Linsen, wichste Schuhe und Stiefel oder unterwarf sich sonst einer nützlichen, nicht allzu lauten Beschäftigung. Auf dem Tisch derselben brannte in einem blechernen Leuchter eine gezogene Unschlittkerze, auf dem Schreibtisch meines Vaters aber eine gegossene in einem messingenen Leuchter. Die gegossenen waren etwas teurer und dicker als die gezogenen, aber beide mußte man alle fünf Minuten putzen, mit der Licht= schere den Putzen abschneiden, sonst brannten sie gar trübe. Der Schreibtisch meines Vaters war von ihm selbst, da er als Knabe die Schreinerei erlernt hatte, im Anfang seiner ärztlichen Praxis angefertigt; es war ein breiter, braunrot angestrichener Tannentisch mit einer Schublade, die Tischplatte war auf drei Seiten mit einem halbschuhhohen Brett eingefaßt, damit die auf= gestellten Bücher nicht herabfielen. Diese Einfassung machte ihn besonders tauglich zu einem Wickeltisch; als solcher wurde er auch bei meinem Schwesterlein Emma gebraucht. Ach, ich erinnere mich wohl noch, wie am 16. November 1822 morgens in aller Frühe mein Vater vor die Bettkommode trat, worin ich und meine Schwester Marie schliefen, und rief: „Kinder, wacht auf, seht einmal, was ich euch hier zeige, es ist ein neues Schwesterle angekommen, jedes darf ihm einen Kuß geben, aber sanft, es ist noch ganz weich wie ein eben ausgeschlüpftes Hühnchen," und das Kindchen hatte schon dichte schwarze Haare auf dem Köpfchen und sah uns aus seinen braunen Augen so hell und staunend an, daß wir laut aufjauchzten.

Das war der erste Gast im neuen Kernerhause, wir waren erst einige Monate vorher eingezogen. Doch um jetzt wieder auf das Studirzimmer zurückzukommen — auf dem Schreibtisch meines Vaters stand ein großes bleiernes Tintenfaß, das schwer umzuwerfen war, und eine irdene Sandbüchse. Für einige Bogen Papier und für ge= schnittene Federkiele sorgte immer meine Mutter und die Tinte lieferte ein Schullehrer des Orts. Auf dem Schreibtisch lag ferner ein großes Buch, in das mein Vater die Namen der Patienten und die Rezepte, welche er ihnen aufgeschrieben hatte, notirte; auf die erste Seite desselben hatte er mit Tinte ein Skelet gezeichnet mit der Unterschrift: „Für den Tod kein Kraut gewachsen ist." Dann lagen mehrere Bücher darauf, die er gerade brauchte, die anderen Bücher waren in einem großen Wandschrank im Hausgang aufbewahrt. Ueber dem Schreibtisch hing in schwarzem Rahmen das Bild seines Bruders Georg. Einige einfache Strohsessel, ein Schränk= chen, auf welchem drei große Essigkolben standen, da meine Mutter den Weinessig immer selbst bereitete, vollendeten das Ameublement des Studirzimmers. Einige Jahre vor seinem Tode schenkten wir Kinder dem Vater einen besseren Schreibtisch, aber mit den vielen Schub= laden daran kam er nicht zurecht, und ich glaube, er wünschte sich oft wieder insgeheim seinen alten Schreibtisch.

Die Weibertreu.

Bei der Erbauung des Hauses legte mein Vater in den südöstlichen Grundstein des Hauses eine in einer Glasröhre wohlverwahrte Pergamentrolle, auf die er eigenhändig geschrieben hatte:

„Dieses Haus ward mit Gott erbaut von Justinus Kerner, dem Arzte, der auch Lieder sang, und seiner Hausfrau Friederike, zur Zeit, da man schrieb Eintausendachthundertzwanzig und zwei, als des Himmels Gestirne wärmend wie kaum je schauten auf Berg und Thal, aber Europas Beherrscher abgewandt von den Sternen des Himmels eiskalt stunden und zuschauten dem blutigen Morde von Hellas."

Und als das Haus, wozu ihm die Stadt Grund und Boden geschenkt und ihm und seiner Familie das Ehrenbürgerrecht verliehen hatte, bald darauf fertig stand und er seinen Einzug gehalten hatte, fühlte er sich verpflichtet, dem liebgewonnenen Städtchen nicht allein als Arzt hilfreich zu sein, sondern es auch aus dem Schutte seiner fast vergessenen thatenreichen Vergangenheit zu einem poetischen Wallfahrtsort für fröhliche Wanderer, Dichter und Altertumsforscher zu erheben und der fast wie ein Märchen aus alter Zeit klingenden Geschichte von den treuen Weibern von Weinsberg die berechtigte historische Basis zu geben. Die Burg Weibertreu sollte wieder freundlichst gestaltet und ihre Ruine vor gänzlichem Zerfall gerettet werden. Auch was Weinsberg im Bauernkrieg und am blutigen Ostertag 1525 und viele Jahre nachher erduldet hat, sollte nicht vergessen sein. Schon im Jahre 1821 schrieb mein Vater ein Büchlein: „Die Bestürmung der Stadt Weinsberg durch

Der Geisterturm.

den hellen chriftlichen Haufen im Jahre 1525", und jetzt, durch seinen braven Freund, Stadtschultheiß Pfaff, kräftig unterstützt, sorgte er für die Verschönerung und land=

schaftliche Anlage des am westlichen Ende der Stadt gelegenen freien Platzes um die alte Linde.

Hier wurden zweiundsiebenzig Ritter und Knappen im Bauernkrieg durch die Spieße gejagt, an dieser Bluthat hatten sich aber nicht die Heerführer der Bauern beteiligt. Während diese in einer nahen Mühle, an welcher noch aus alter Zeit eine Gedenktafel dessen eingemauert ist, Kriegsrat hielten, was mit den gefangenen Rittern zu beginnen — und die Mehrzahl, vor allem der edle Florian von Geyer, „Führer der schwarzen Schar", sich zu dem mildern Urteil hinneigte, dieselben gegen gefangene Bauern auszuwechseln — zog eine tolle Rotte, den schlimmen Jäcklein Rohrbach an der Spitze, die gefangenen Ritter aus ihren Kerkern und ermordete sie an der Linde. Ueber diese That empört, entstand Uneinigkeit unter dem Bauernheer, und Florian von Geyer verließ mit seiner schwarzen Schar den hellen christlichen Haufen und fiel bald darauf in der Schlacht bei Rottenburg an der Tauber. Was ein kleiner Teil der Bauern in der erstürmten, willenlosen Stadt begangen hatte, das mußte nun nach Abzug des Bauernheers das arme Weinsberg büßen.

Es wurde durch den grimmen Bundeshauptmann Graf Truchseß Waldburg, der Bauernjörg genannt, verbrannt und zerstört, viele Bürger weggeschleppt und gefoltert und trotz aller Bittschriften an Herzog und Regierung und trotzdem Graf Helfenstein vor seinem gewaltsamen Tode laut bezeugt hatte, die Bürger Weinsbergs hätten sich brav gehalten und der Bruder Helfensteins für sie um Gnade bat, durften die Bürger sieben Jahre lang kein Haus mehr aufbauen und mußten an dieser Linde, in deren Nähe eine Büßerskapelle errichtet wurde, unter der wahrscheinlich die Ritter begraben sind, sieben Jahre lang ihre Ratsfitzungen halten. Die langen Aeste der Linde wurden später durch steinerne Säulen, welche die Wappen der Väter der Stadt trugen, gestützt. Mein Vater und Pfaff ließen die Säulen, so weit sie noch unzerbrochen umher lagen, wieder aufrichten, die Wege zu der Linde mit Bäumen, Gesträuchen, Bänken versehen. Vor allem aber galt es, die Ruinen der Burg Weibertreu zu erhalten, sie den Besuchern zugänglich zu machen. Auf dem hohen, rings mit Weinreben bepflanzten Bergkegel, der, frei emporragend, das an seinem südlichen Abhang liegende Städtchen Weinsberg beherrscht und an dessen Fuß, zunächst der romanischen Kirche und der Stadtmauer mit dem alten Gefängnisturm, mein Vater sein kleines Haus erbaut hatte, lagen in Schutt und wilder Unordnung begraben die Ruinen der Burg.

Bekam sie auch zuweilen ihrer poetischen Vergangenheit und schönen Aussicht wegen einen seltenen Besuch, zum Beispiel Christian Daniel Schubart 1770, Friedrich Schiller 1792, Kaiser Franz I. 1813, so ging sie doch immer mehr ihrem Verderben entgegen, denn die Besitzer der außerhalb und innerhalb der Ringmauern gelegenen Weinberge, welche schon wegen ihrer Reben die Besichtigung der Ruine nur ungern zuließen, hatten an ihr den besten Steinbruch, wurde doch das Städtchen, als es 1709 zur Hälfte abbrannte, hauptsächlich von den Steinen der Burg wieder aufgebaut und auch zum Gebäudebau der nahen Domäne Weißenhof soll sie Baumaterial geliefert haben.

Auf Anregung meines Vaters bildete sich 1824 der

Weinsberger Frauenverein, der es sich angelegen sein ließ, besonders unter der deutschen Frauenwelt Beiträge zu sammeln, wobei namentlich die Großfürstin Helene mit einem Beitrag von fünfhundert Gulden voranging. Im nämlichen Jahre kaufte auch König Wilhelm von Württemberg die Burg mit dem inliegenden Weinberg und schenkte sie dem Verein und den Frauen Deutsch= lands zu unveräußerlichem Eigentum.

Jetzt konnten die Freunde mit gesteigertem Mute an ihr Werk gehen.

Unter Leitung des Hofbaumeisters Thouret wurden die alten Mauern ausgebessert, die Türme zugänglich und ersteigbar gemacht, der innere Raum, der früher Weinberg war, zu Parkanlagen umgebildet.

Mein Vater war jeden Morgen mit Tagesanbruch oben und überwachte die Ausgrabungen, denn Türme und Gewölbe waren mit Schutt und Asche angefüllt.

Die Taglöhner waren von äußerstem Fleiße, jeder wollte der erste an der Arbeit sein, weil sie hofften, einen Schatz zu finden, in welchem Glauben sie mein Vater, um sie zum Geschäfte zu treiben, bestärkte, indem er hie und da eine abgeschliffene Münze, farbige Glas= perlen und so weiter in den Schutt steckte.

Außer mehreren Pfeilen, einer Lanzenspitze, einem Sporne, einer Donnerbüchse und dem Skelet eines Windhunds wurde aber aus alter Zeit nichts gefunden. Ein dicker Turm, dessen bequem besteigbare, zwölf Fuß dicke Mauern eine herrliche Rundsicht von oben gewähren, hat in seiner mit vier Nischen versehenen Rotunde vier breite Schießscharten. In diese, welche einen günstigen Zugwind bilden, stiftete mein Vater Aeolsharfen.

Das unterhalb gelegene, hohe, bouteillenförmig ge-
wölbte Burgverlies, welches nur eine kleine viereckige
Oeffnung hatte, um von oben Gefangene hinabhaspeln
zu können, wurde von Schutt gereinigt und durch die
zwanzig Fuß dicke Mauer von unten ein Eingang mit
Staffeln gemeißelt, ferner wurde ein Fahrweg und ein
gepflasterter Fußweg auf die Burg angelegt und sie so
allmälich zu einem romantischen Wallfahrtsort um-
geschaffen. Damit es den Pilgern dahin auch nicht an
einer Reliquie fehle, ließ mein Vater Kieselsteine, dem
ältesten Mörtel der Ruine entnommen, schleifen und in
Ringe fassen.

Für die historische Wahrheit der Geschichte von den
treuen Weibern von Weinsberg, von welchen die Burg
seit Jahrhunderten den Namen Weibertreu führt, mußte
mein Vater oft in Wort und Schrift eintreten.

Erst in neuester Zeit — leider nach seinem Tode —
fand mein Vater die Genugthuung, daß die Begebenheit
auch von solchen Altertumskundigen, die sich früher
skeptisch gegen dieselbe verhielten, historisch anerkannt
wird. Der Haupteinwand dagegen, daß dieselbe Begebenheit auch von anderen Burgen erzählt wird, ist
allzu unlogisch, als daß er widerlegt zu werden braucht.
In einer alten Urkunde heißt es:

„Anno 1140, da hat König Cunrad die Burg
Welfs Winsperc belagert und auch bekommen.

„Den Weibern that er vergunstigen, was jede auf
den Schultern Kostbarliches fortbringen mag, das sollten
sie mitnehmen.

„Die hielten Rath und han in Trewen ihre Männer
hinabgetragen. Dem Herzog Friedrich aber, so dem

wehren wollt, sagt der König, ob der Weiber List er-
gezt, daß ein Königswort nicht geändert werden soll."

Diese That ist auf einem alten Oelbild in der Kirche
in Weinsberg abgemalt zu sehen.

Alle — es sind etwa sieben — mitunter vollständig
beglaubigte Sagen von treuen Weibern, welche ihre
Männer als das Liebste, was sie hatten, von einer Burg
herabgetragen haben, datiren nach 1140, so daß die
Weiber von Weinsberg jedenfalls die ersten waren,
welche diese Kriegslist anwandten, und wenn die späteren
auf historischer Wahrheit beruhen, warum soll gerade
die erste, unter Kaiser Conrad III. passirte, eine bloße
Fabel sein?

Solche Ritter und Belagerer waren trotz der rauhen
Außenschale doch mitunter gutmütige Herren. Wenn so
einer in der ersten Hitze laut geschworen hatte, der
Widersacher in der Burg muß des Todes sterben, nur
die Weiber dürfen ihr Gepäck frei forttragen, so hat ihm
bei ruhiger Ueberlegung doch auch wieder dieser Eid
leid gethan, und er hätte ihn gerne auf eine gute
Manier wieder rückgängig gemacht.

Hat nun die Burgfrau in einem alten Chronikbuch
die Geschichte von den treuen Weibern von Weinsberg
gelesen und trug, deren Beispiel nachahmend, keuchend
ihr Männlein den Berg herab den Belagerern entgegen,
so war niemand froher als er, der grimme Ritter unten.
Im Anfang machte er zwar der Form wegen ein zor-
niges Gesicht, rieb sich den Schnauzer und brummte:
„Ha, was geht über Weiberlist!" Aber bald erheiterten
sich seine Züge und er sprach: „Braves Weib! Ihr
zu lieb sei Ihrem Manne vergeben, obgleich der Schlingel

Sie eigentlich nicht verdient!" — Uebrigens war Kaiser Conrad 1140 nicht so ganz gnädig, er gestattete zwar den Männern freien Abzug, ließ aber Stadt und Burg abbrennen.

Noch jetzt sieht man einen hohen Turm auf der Burg, wie derselbe, romanisch aufgebaut, unter Kaiser Conrad bis zur Hälfte zerstört, wieder altgotisch aufgebaut wurde, um im Bauernkrieg wieder teilweise abgebrannt zu werden.

Im Jahr 1824 wurde die Wiederherstellung der Burg festlich gefeiert.

Die Bürger und Frauen Weinsbergs, voran die städtischen Kollegien mit ihrem Stadtschultheiß Pfaff zogen in langem Zuge auf die Weibertreu und sangen unter Musikbegleitung ein von meinem Vater zu diesem Zwecke gedichtetes Lied.

Der von meinem Vater gestiftete Frauenverein existirt noch. Jede Frau, die einen kleinen Beitrag zur Erhaltung der Ruinen gibt, wird als Mitglied eingetragen und bekommt eine Photographie meines Vaters und einige Steinlein der Weibertreu.

─────

Die Weinsberger Kirche.

Gern führte mein Vater auf dem Wege zur Weibertreu die Fremden zur alten romanischen Kirche. Diese, nur hundert Schritte vom Kernerhause entfernt, wird gegen Westen und Norden von der alten, zu den Befestigungen der ehemaligen Reichsstadt Weinsberg ge-

hörigen Stadtmauer umschlossen; in dieselbe sind gegen
Westen viele hohe Grabdenkmäler aus dem sechzehnten
und siebenzehnten Jahrhundert eingemauert, was dem
Platze ein klösterliches Ansehen gibt. Hier befindet sich
auch das alte, echt romanische Portal zur Kirche. Ueber
vier netzförmig mit Weinlaub geschmückten Säulen ist
oben in alter Inschrift zu lesen: „O qui terrenis inhias
homo desipuisti!" Rechts am Portal, eine Meter-
höhe vom Boden, entdeckt man einen in den Grundstein eingehauenen Schlangenkopf mit Giftzähnen, der
sich mit dem Halse in das Gesims verliert, links vom
Portal steigt aus dem Gesims ein Schlangenschwanz
herab, so daß,. die Gurt als Leib betrachtet, eine
Schlange die ganze Kirche umgibt. Es wäre interessant, zu erkunden, ob dieses Symbol einer also die
Kirche umschlingenden Schlange auch an anderen romanischen Kirchen gefunden wird. Den merkwürdigen
Inbau der Kirche hat Hofbaurat Leins in einer Fest-
schrift, die er zu Ehren der Einweihung des Stuttgarter Polytechnikums herausgab, beschrieben und mit
Illustrationen begleitet. — In jüngerer Zeit wurde
das Innere der Kirche leider renovirt. Wie es meist
auf dem Lande geht, wenn ohne Befragung kunst-
verständiger Techniker ein Gemeinderat und Stadtbau-
meister bei einer solchen Renovirung ihren Schönheitssinn zur Geltung bringen, ist die Restauration so
geschmacklos als möglich ausgefallen. — An der südlichen, mit alten Grabdenkmalen bedeckten Außenseite der
Kirche erblickt man gegenüber dem Denkmal des Refor-
mators Oekolampadius, welcher, in Weinsberg geboren,
einst Prediger hier war, zwei schlichte, steinerne Gedenk-

Weinsberg und die Weibertreu.

tafeln, von einem Stadtpfarrer und Magister Bernhard Dietterlin, seinem fünfwöchigen Söhnlein Johannes und seiner zweijährigen Tochter Regina, die bald nacheinander starben, 1625 errichtet. Dieser Diakonus muß ein gewandter Lateiner, aber auch ein Philosoph und guter Mensch gewesen sein. Man sieht den Versen an, wie er seinen Schmerz bezwang und unter Thränen lächelte.

M. B. D. suo Filiolo.

Ne nummerate meos hic qui transibitis annos,
Namque puerperii mense puer perii,
Vix mundum intravi, sancto me flumine lavi,
Ubere me pavi, mors mihi dixit abi.

M. B. D. suae Reginae.

Ne fleas hic, cresco, quondam reditura putresco,
Parvula membra sero, postea major ero.
Bima fui, vixi, vidi mala plurima, vici,
Ante diem morior, sed moror ante deum.

Mein Vater versäumte nie, diese Inschriften den Fremden zu zeigen.

Werkmeister Hildt.

Der Erbauer des Kernerhauses, Hildt, hatte mit eigenen Kräften von einem armen Bauernburschen zu einem sehr begüterten Manne sich emporgearbeitet und bei der großen Klarheit und Heiterkeit seines Geistes, die er sich bis ins hohe Alter bewahrte, war und blieb er meinem Vater immer ein treuer, trostreicher Freund. Fühlte sich mein Vater vereinsamt und traurig oder von

Sorgen gedrückt, — was namentlich während des Haus-
baues der Fall war — so sagte er zu meiner Mutter:
„Komm, wir wollen zu unserem Hildt, der gibt uns
wieder frischen Mut." Hildt erzählte dann meist Epi-
soden aus seinem Leben und zeigte, wie der Mensch
auch in höchster Not nicht verzweifeln soll. Die Lebens-
geschichte dieses Mannes ist so interessant, daß ich mir
nicht versagen kann, hier einiges davon zu erzählen.
Er war der Sohn eines Steinhauers und Steinbruch-
besitzers in dem württembergischen Dorfe Oppelsbohm.
Die Schule war mangelhaft; von den Eltern wurde er
meist angehalten, im Walde Holz zu holen, was er nicht
ohne Angst vor dem Förster thun konnte; auch trotz
der damals äußerst strengen Gesetze gegen Wilddieberei
wagte er sich oft nachts in den Wald, ein Reh oder
Wildschwein zu erlegen. Auf einem solchen Anstand in
kalter Winternacht erfror er sich einst die Füße so, daß
er lange krank lag.

Später kam er als Maurergeselle nach Weinsberg.
Um der Aushebung zum Militär zu entgehen, ging er
nach Norddeutschland, hielt sich längere Zeit in Hamburg
auf. Ein Abenteuer auf dieser Wanderreise lassen wir
ihn mit eigenen Worten erzählen, wie er sie meinem
Vater für die Blätter aus Prevorst einst niederschrieb:

„Ich machte 1806 eine Reise von Hamburg über
Ostfriesland an den Rhein und von da aufwärts in
die Schweiz. Nach einigem Aufenthalt daselbst nahm
ich mir vor, den nächstkommenden Winter wieder in
Hamburg zuzubringen (es gibt für Leute, die Geschick
mit Fleiß verbinden, nur ein Hamburg). Da nun
damals in Württemberg alle gesunden Leute in meinem

Alter (ich war einundzwanzig Jahre alt) zum Militär gezogen wurden, wozu ich keine Lust hatte, so befand ich mich als ein der Konskription Entwichener daselbst. Um nun meine Reise durch das südliche Deutschland möglichst sicher fortsetzen und auch noch einmal die Berge und Thäler, wo ich meine Jugendjahre zugebracht, sehen und von ihnen, sowie von den lieben Meinigen auf ewig Abschied nehmen zu können (denn nur diese Aussicht bot sich bei der damaligen Strenge der Gesetze einem der Konskription Entwichenen dar), kam ich auf den strafbaren Entschluß, mir in der Schweiz einen falschen Paß anzuschaffen und über mein Vaterland wieder in die nördlichen Gegenden zu reisen. Ich erreichte durch meine dasige Bekanntschaft meinen Zweck leicht, somit hatte ich zwei Pässe, in welchen jedoch nur der Geburtsort, nicht aber der Name verändert war. Nach dem ersten Paß war ich aus Württemberg und nach dem zweiten aus Hamburg gebürtig. Ich glaubte, als Geburtsort in meiner damaligen Lage keinen bessern wählen zu können, weil ich daselbst einen Vaters-Bruder gleichen Namens hatte, bei dem ich früher lange war. Ich reiste nun als Hamburger glücklich durch mein Vaterland und mußte ihm nach der Durchwanderung mit wehmütigem Blicke Lebewohl sagen.

„Auf meiner weitern Reise übernachtete ich auch in Neustadt an der Aisch im Bayrischen. Der dasige Gastwirt forderte unter anderen Reisenden auch mir meinen Reisepaß ab und behielt ihn bei der Hand mit dem Versprechen, mir ihn morgens früh wieder einhändigen zu wollen, ein Umstand, der mir nie vorkam. Den andern Morgen setzte ich meine Reise fort, ohne daran

zu denken, daß der Wirt meinen Paß noch in Händen
habe. Selbigen Abend kam ich vor dem Thor in Erlangen an, die Wache verlangte von mir die Vorzeigung
eines Passes, jetzt erst fiel mir ein, daß ich meinen Paß
in Neustadt an der Aisch gelassen hatte; um nun nicht
als verdächtig zurück transportirt zu werden, mußte ich
meinen ersten, echten Paß hervorsuchen, welcher mir
einige Unannehmlichkeiten verursachte, weil derselbe von
der Schweiz bis hieher nicht visirt war. Kaum in
Erlangen angelangt, traf ich daselbst auch schon (es war
im Oktober) Militär von dem Vortrab der französischen
Armee. Ich wollte von hier aus so schnell als möglich
über Bayreuth nach Hof, Chemnitz, Friedberg und
Dresden reisen. In Bayreuth war schon ein großer
Teil der französischen Armee sichtbar, allein die Truppen,
die früher ihre Märsche stärker forcirten als ich, schienen
daselbst Halt zu machen, ich hingegen setzte meine Reise
mit größter Kraftanstrengung fort, weil hier leicht ein-
zusehen war, daß in Bälde der Ausbruch von zwei
feindlich einander gegenüber stehenden Armeen erfolgen
werde. Ich hatte bis Mittag um ein Uhr die französischen Truppen hinter mir und traf selbigen Abend
um drei Uhr die ersten preußischen Vorposten an. Man
fragte mich, wo ich herkomme. Als sie hörten, daß ich
soeben von den französischen Vorposten herkomme, wurde
ich sogleich nach Hof, wo sich ein preußisches Lager befand, abgeführt und daselbst als ein französischer Spion
behandelt. Meine Schreibtafel und übrigen schriftlichen
Sachen wurden mir schon von den Vorposten abgenommen, im Hauptquartier mußte ich mich nun
gänzlich ausziehen, meine Kleider und selbst die Stiefel

wurden besonders in den Sohlen gründlich untersucht, ob sich nichts Verdächtiges darin befinde.

„Ich war bei dieser Sache noch immer guten Muts, indem ich mich auf meine Unschuld verließ und dachte, die Sache wird sich bei der Untersuchung bald aufklären. Auf der Hauptwache wurde ich nach einem kurzen Verhör, welches in der Wachstube vorgenommen wurde, in ein auf der Hauptwache befindliches Gefängnis gebracht, in dem ich schon zwei Gesellschafter traf, die den Tag vorher eingefangen wurden, und zwar einen Juden aus der Umgegend und einen Schneider aus Bamberg, welche beide wirkliche Spione waren und ihre Thaten gestanden hatten.

„Dieses alles machte mir noch wenig Sorgen, ich verließ mich stets auf meine Unschuld und suchte dieselbe möglichst auch bei meinen Gesellschaftern geltend zu machen. Diese bedauerten mich sehr, sagten mir aber auch zugleich, alle diese Ausreden helfen nichts (sie hielten mich wirklich auch für einen Spionen), indem man hier so lange geschlagen werde, bis man gestehe. Nun sah ich erst, in welches Labyrinth mich das Schicksal hineingeführt hatte. Auf diese Nachricht hin blieb mir nichts anderes übrig, als mich zum Tode vorzubereiten, weil ich mir fest vornahm, mich lieber totschießen als totschlagen zu lassen. Da mir nur die zwei Wahlen blieben, durch welche ich aus der Welt geschafft werden wollte, so nahm ich mir vor, bei den ersten Schlägen die von meinen Peinigern gewünschte Antwort zu geben.

„Ich wurde von abends fünf Uhr bis zum andern Morgen wenigstens fünf- bis sechsmal ins Verhör vor ein Kriegsgericht geführt (mein Führer war der Profoß und meine Begleiter zwei Soldaten mit gezogenem Säbel, wovon der eine mir die bloße Säbelspitze auf die Brust, der andere auf den Rücken hielt). Alle möglichen verfänglichen Fragen wurden mir vorgelegt, um ein Geständnis von mir herauszubringen. Da nun auf alle an mich gemachten Fragen noch kein genügendes Resultat herbeigeführt werden konnte, so wurde während meiner Anwesenheit in der Wachstube, die das Verhörzimmer bildete, unter den Offizieren über mich gesprochen, wobei sehr kluge, mitunter auch mehr oder weniger tyrannische, aber auch menschenfreundliche Vorschläge gemacht wurden. Ich hörte zum Beispiel einen sagen, es wäre doch möglich, daß sich bei meinem Uebergang die Franzosen noch nicht gehörig postirt hätten und ich somit auf eine unschuldige Weise und die Gefahr selbst nicht kennend, herüber gekommen sei.

(„Hier muß ich bemerken, daß, da die französischen und preußischen Truppen nur zwei Stunden von einander entfernt waren, die Kommunikation zwischen denselben, wie gewöhnlich, gänzlich abgeschnitten war, und von den Preußen durfte kein Reisender mehr zu den Franzosen übergehen, was ich natürlich nicht wußte, indem mich die Franzosen ungehindert zu den Preußen übergehen ließen.) Wieder andere sagten, entweder sei ich unschuldig oder ein ausgelernter Spion und großer Betrüger; ein anderer sagte, den Sachen werde man bald auf die Spur kommen, man solle bei mir nur einmal einen Versuch mit fünfundzwanzig Stockstreichen machen, auf diese Weise habe sich das Resultat der letzteingefangenen Spione bald ergeben.

„Ich wurde nun wieder in mein Gefängnis geführt

und konnte also über die nötigen Beweise meiner Unschuld nachdenken.

„Hier fiel mir auch eine derartige Geschichte ein,
welche mir früher ein Freund Namens Löffel aus Pirna
erzählte, sie ist folgende:

„In dem siebenjährigen Kriege wurde Dresden belagert, die Belagerten kommunizirten mit Pirna, die
Belagerer fingen einen derartigen Brief auf, welchen
ein unschuldiges Mädchen von fünfzehn Jahren für
einige Groschen nach Dresden bringen sollte, und die
Belagerer ließen das Mädchen sogleich aufhängen. Diese
unangenehme Erinnerung und die sogenannte Husaren-
justiz, welche besonders bei einem Spionenverhör aus-
geübt wird, der Mangel an genügenden Beweisen meiner
Unschuld und der Gedanke, wie schnell und gewiß man
mir das falsche Geständnis durch Mißhandlung ab-
gedrungen haben werde, verkündeten mir den Tod als
gewiß und ich tröstete mich nur noch mit dem Gedanken,
daß der Tod des Erschießens bei einer solchen Exekution
gewöhnlich sehr schnell herbeigeführt werde und daß
schon viele Menschen den Tod unschuldig erlitten.

„Vor meinem und meiner unglücklichen Gesellschafter
Gefängnis, welches, wie gesagt, innerhalb der Hauptwache sich befand und auf den drei äußeren Seiten mit
starken Mauern, auf der innern Seite aber mit eisernem
Gitterwerk versehen war, vor welchem die wachhabenden
Soldaten hin und her gingen, drängten sich auf einmal
mehrere Soldaten an das Gitter und sagten einander
vor unseren Augen:

„‚Von diesen dreien wird heute abend oder morgen
früh einer totgeschossen.‘

„Die Leute wurden jedoch bald zurückgewiesen und es kam uns nichts dergleichen mehr vor.

„Mich konnte nun dieses Los noch nicht treffen, da ich noch nicht als schuldig überwiesen war, es machte aber auf mich einen sehr unangenehmen Eindruck. Ich mußte mich nun in mein Schicksal fügen, ich fühlte aber nichts weniger als peinliche Todesangst. Das Unangenehmste war mir, daß ich als einer der verworfensten Menschen aus der Welt gestoßen werden sollte.

„Nun kam der Augenblick, wo ich wieder in das Verhör geführt wurde. Als ich in das Verhörzimmer eintrat, erblickte ich eine Schranne daselbst, die früher nicht da war. Hier fand ich, was ich vorher leicht ahnen konnte, erschrak jedoch nicht besonders, ich verspürte bloß auf einmal ein Brennen unter der Zunge (es war aber durchaus nicht schmerzhaft), was sich mir dergestalt eingeprägt hat, daß ich mich heute noch genau an dasselbe erinnern kann.

„Ich wurde noch einmal über die mein Los betreffenden Gegenstände befragt, allein da diese Fragen ebensowenig ein befriedigendes Resultat für das Kriegsgericht lieferten als die früheren, so wurde der Beschluß gefaßt, bei mir sogleich den Versuch des Geständnisses durch den Profoßen auf der für mich hierher gebrachten Schranne zu machen. Bei diesem Beschlusse fuhr auf einmal ein ganz anderer Geist in mich, alle Aengstlichkeit war von mir gewichen, ich sah meinen Richtern mit kühnem Mute ins Gesicht und bat, noch einen Augenblick sprechen zu dürfen. Man fragte mich etwas barsch, was ich wolle. Ich sprach mit Nachdruck folgende Worte: ‚Meine Herren! Ich bin ein reisender

Handwerksbursche, an Stockstreiche nicht gewöhnt, und
ich bin deswegen entschlossen, schon bei dem ersten Streiche
ein falsches Schuldig auszurufen, weil ich unter diesen
Umständen voraussehe, daß ich kein Mitleiden finde und
somit auf die schmerzhafteste Weise umkommen müßte.
Haben Sie bis jetzt entweder in meinen Papieren oder
Reden die geringste Spur gefunden, welche Ihren Ver=
dacht rechtfertigen kann, so bitte ich, daß Sie mich so=
gleich totschießen lassen. Haben Sie nichts gefunden
und wollen bloß ein Geständnis durch Stockstreiche er=
zwingen, dann erreichen Sie Ihren Zweck, allein Sie
haben meinen ehrlichen Namen geschändet und unschuldig
Blut vergossen, und dieses zu thun, kann besonders in
der gegenwärtigen Gefahr, worin Sie selbst schweben,
unmöglich Ihr Wille sein' (man war nämlich keinen
Augenblick sicher, wann die Hauptschlacht beginne).
Die Herren Offiziere sahen mich hierauf sehr ernsthaft
an, und ich mußte sogleich wieder in mein Gefängnis
zurückgeführt werden. Nach Verfluß von anderthalb
Stunden wurde ich wieder, jedoch nur durch den Profoß,
vorgeführt. Man fragte mich noch einmal, wohin ich
reisen wolle, ich sagte wie früher, den nächsten Weg
nach Dresden. Ich erhielt sodann auf meinem Paß die
Reiseroute vorgezeichnet und alle mir abgenommenen
Gegenstände mit der Bemerkung zurück, mich künftig
nicht wieder zwischen zwei einander feindlich gegenüber
stehende Heere eindrängen zu wollen. Ich bekam sodann
einen Soldaten zur Begleitung, welcher mich anderthalb
Stunden hinter das preußische Lager bringen mußte,
von da an war ich frei.

Einige Tage nach meiner Befreiung, am 14. Oktober

1806, wurde die Schlacht bei Jena geschlagen, worin besonders die Preußen großen Verlust erlitten.

„Hier ist nun die Frage zu lösen:

„Leitet die menschlichen Schicksale nur ein blindes Ungefähr? Bei mir hat sich dieselbe vollkommen gelöst. Bekanntlich wurde mir, wie vorhin gesagt, in Neustadt an der Aisch mein zweiter Paß abgenommen, ich habe denselben damals zu meinem größten Leidwesen vergessen. Wäre dieses nicht geschehen und man hätte dann bei meiner Arretirung zweierlei Pässe bei mir gefunden, so hätte mich kein Sterblicher von dem schmählichen Tod eines schändlichen Verräters retten können.

„Der Zweifler, der gewiß bedauerungswürdig ist, wird sagen, es ist Zufall, daß man dir deinen Reisepaß abgenommen hat. Allein es ist mir in meinem Leben noch kein Paß von einem Wirte abgenommen worden. Wie wenig ein solcher Fall vorkommen dürfte, werden Reisende am besten zu beurteilen wissen, und wenn je einmal ein ähnlicher Fall vorgekommen sein würde, hat dann der Reisende auch bei der nächsten Abreise seinen Paß dem Wirte wieder abzufordern vergessen, oder der Wirt vergessen, ihn zurückzugeben?

„Ich würde nun bei den triftigen Beweisen, die ich habe, selbst von Zweiflern, die undankbarste Seele genannt werden können, würde ich noch glauben, die menschlichen Schicksale leite bloß ein blindes Ungefähr. Ich stimme deswegen in vollem Glauben mit folgendem Vers überein:

> „Ewig trägt in seinen Vaterhänden
> Gott das All der Welt;
> Ist ein Stäubchen, das ohn' ihn zerfällt?

Wähnet ihr, daß Wesen je verschwinden?
Alles, alles wird sich wieder finden,
Und wir werden sein.'"

Die Sehnsucht nach seiner Heimat trieb Hildt bald wieder nach Württemberg zurück, er wurde als Deserteur eingezogen und kam auf sieben Jahre unter die Sträflinge, Galioten, wie man sie damals nannte. Als solcher war er längere Zeit auf der Festung Asperg, dann wurde er mit anderen Sträflingen zu Wegarbeiten verwendet. So war er einst auf dem königlichen Lustschlosse Monrepos beschäftigt, da kam der König Friedrich mit seinem Günstling, dem Grafen Dillen, vom Schlosse her. Der König war sehr aufgebracht über einen Baumeister und fluchte nach seiner Art, daß der ungeschickte Kerl den Plan zu einem neuen Bauwerke nicht nach seinem Willen anfertigen könne. Auf einmal ging er auf Hildt, der neben ihm am Weg schaufelte, zu und rief: „Kerl, was lacht Er?" Unerschrocken entgegnete Hildt: „Es lächert mich, daß der Hofbaurat, ein so studirter Mann, diesen Plan nicht machen kann; gäbe man mir Bleistift und Papier und einen Tag Zeit, so wollte ich ihn zur Zufriedenheit Eurer Majestät machen."

„Sei Er still, frecher Kerl!" rief Dillen. Der König aber sagte: „Es sei ihm erlaubt, man sperre ihn einen Tag auf die Schreibstube und gebe ihm alles, was er zum Plane nötig hat! Bringt er's zu stande, so ist der Baurat tüchtig beschämt, kann er's aber nicht, so bekommt er fünfundzwanzig!"

Nun saß Hildt (nicht ohne viel Thränen und Gebet, wie er meinem Vater sagte) in der Schreibstube einen Tag und eine Nacht, zeichnete, zirkelte und berechnete,

und als die Sonne wieder aufging, war der Plan
fertig, und er kniete nieder und betete und schluchzte vor
Freude und innerer Aufregung wie ein Kind. Der
Plan wurde dem König und den Herren vom Fache
vorgelegt und fand allgemeine Zustimmung; Hildt aber
bekam nicht, wie er gehofft hatte, seine Freiheit, doch
wurden ihm die Sträflingsarbeiten erlassen und er auf
der Kanzlei zu Schreibereigeschäften verwendet, was für
sein späteres Glück von großem Wert war; er konnte
in den Freistunden viel lesen, zeichnen und sich in seinem
Berufe als Werkmeister ausbilden. Nach erstandener
Strafzeit begab er sich nach Weinsberg, heiratete daselbst,
zeichnete sich als Oekonom und Baumeister (er erbaute
die Salinen in Kochendorf, den Donau-Mainkanal) vor-
teilhaft aus und starb, hochgeachtet von seinen Mit-
bürgern und in großem Reichtum, im Jahre 1863.

Noch erinnere ich mich, wie einst ein Gast meines
Vaters Hildt fragte, wie er zu seinem ansehnlichen
Vermögen gekommen sei. „Das will ich Ihnen sagen,"
entgegnete Hildt, „ich habe nie am unrechten Fleck
gespart. Die meisten Leute, namentlich in unserem
Schwaben, bringen es deshalb nicht weiter, weil sie
engherzig sparen. Das thut namentlich auch der Staat,
er führt kleine Bauten auf, um wenige Jahre darauf
mit vielen Kosten größere bauen zu müssen, und so
weiter. Ich legte im Herbst 1842 viele Morgen neue
Weinberge an; da der Sommer sehr heiß wurde, große
Trockenheit einfiel, drohten die jungen Pflanzen zu ver-
dorren. Ohne mich lange zu besinnen, ließ ich viele
hundert Fässer Wasser führen und täglich jeden einzelnen
Stock begießen. Die Weingärtner schüttelten den Kopf

über mich. ‚Seit wann begießt man einen so großen Weinberg? Das kostet ja den Hildt ein Heidengeld!‘ Aber im Jahre 1845 kamen meine Weinberge in Ertrag und vergalten mir Mühe und Aufwand reichlich. Hat einer im Weinberg und Feld viel zu schaffen, so nimmt er notdürftig wenig Taglöhner, diese, das große Geschäft vor sich sehend, sind verdrossen und langsam, der Herr kann unmöglich immer nachsehen, schlechtes Wetter tritt ein und andere Arbeit häuft sich. Ich nehme sogleich Arbeiter, so viel ich nur bekommen kann, fünfzig bis hundert, in solcher Anzahl gehen sie freudig an die Arbeit, jeder würde sich vor dem andern schämen, nicht auch tüchtig mitzuarbeiten, ich kann dabei bleiben, mitraten, mithelfen, und in einigen Tagen ist die Arbeit vollendet, wozu ein anderer mehrere Wochen braucht.“ Oft sah ich die Arbeiter Hildts in großer Truppe hinausziehen, voraus ein Fäßchen Wein. Abends zogen sie singend heim, und wenn Hildt Taglöhner wollte, da gingen sie bei gleichem Lohn zu ihm lieber als zu jedem andern.

Mein Vater hatte viele Jahre ein Pferd, einen Rappen, der das Doktorchaischen mit ihm bei Tag und Nacht zu den Kranken herumgezogen hatte. Mein Vater hatte das sanfte, gutwillige Pferd außerordentlich gern, aber mit zunehmendem Alter wurde es ganz steif, so daß es, wenn es sich einmal im Stall niederlegte, nimmer von selbst aufstehen konnte; mein Vater sagte oft im Scherz, es habe die Glieder erfroren, als es durch die Beresina geschwommen sei. Es war ein wahrer Jammer mit dem Pferd; an einen Karrenbauern verkaufen wollte es natürlich mein Vater nicht und doch wieder ebensowenig dem Schinder übergeben. Eines

Morgens war das Pferd nicht mehr im Stall; endlich gestand der Kutscher, der Hildt habe es in aller Frühe aus dem Stalle holen und totstechen lassen.

Mein Vater war außer sich. Hildt kam und sagte: „Ich konnte das Elend nicht mehr mit ansehen; wenn Sie mir böse sind, schenke ich Ihnen ein neues." — „Nein, nein," sagte mein Vater, „ich sehe es jetzt ein, nur ein wahrer, treuer Freund konnte so handeln," und gab ihm einen Kuß.

Hildt bekam einst den Besuch seiner Mutter, die, schon eine hochbetagte Frau, den zwölf Stunden langen Weg von Oppelsbohm nach Weinsberg zu Fuß gemacht hatte. Ich erinnere mich ihrer noch gar wohl. Sie war trotz ihres Greisenalters eine regsame, stattliche Frau, ihren regelmäßigen Zügen sah man wohl an, daß sie einst sehr schön gewesen sein mußte; sie trug die ländliche Tracht ihrer Gegend, eine hohe schwarzseidene runde Haube, deren gefalteter Spitzenrand Ohren und Augbrauen berührte, einen schwarzen, kurzleibigen Tuchkittel nebst dickwollenem gefaltetem kurzem Rock, dunkelblaue Strümpfe mit roten Zwickeln, Stöckelschuhe mit Schnallen. Es war sich gar gut mit ihr zu unterhalten. Eine Aeußerung von ihr gefiel mir besonders gut: „Was sollen uns die grauen Haare und Runzeln kümmern? Sie thun ja nicht weh und wir sehen sie nicht einmal recht mit den schwachen Augen! Ist das nicht klug und weise so eingerichtet?"

Parrot.

Im Jahre 1820 hielt sich in Heilbronn ein junger russischer Naturforscher Namens Parrot auf, derselbe lebte still und zurückgezogen, doch nach einem Besuch bei meinem Vater schloß er sich innig an diesen an und kam bald jeden Tag zu uns. Mit meinem Vater sprach er ernsthaft über Magnetismus, Literatur und so weiter, aber mit uns Kindern wußte er sich so herzig zu unterhalten, uns von seinen Erlebnissen auf Reisen, vom Kosakenland, von Bären, weißen und schwarzen Wölfen, gemeinen und Werwölfen, Räubern und so weiter zu erzählen, daß wir ihn immer mehr lieb gewannen und glaubten, wir können keinen Tag ohne ihn sein. Er hatte eine so liebe, weiche Stimme, wenn er zu uns sprach, war aber mitunter auch recht traurig, und unser Vater sagte dann: „Er hat heute Heimweh."

Eines Abends kam er, trat aber nicht mit dem fröhlichen „Grüßgott!" wie sonst in das Zimmer, er war schweigsam, beim Abschied sonderbar erregt, umarmte meine Eltern, küßte uns Kinder und sagte: „Ihr seid brave Kinder, werdet euern Freund nicht vergessen!"

Den andern Morgen kam ein kurzer Brief:

„Lebt wohl, ihr lieben, wackern Schwaben! Habt Dank für die genossenen, nicht vergänglichen Freuden! Lebt wohl, seid glücklich!   Euer Parrot."

Wir weinten alle zusammen und waren untröstlich. Mein Vater fuhr nach Heilbronn, Parrot war abgereist; ein späterer Brief erklärte alles. Der Vater Parrots, in Mömpelgard geboren, war in Rußland angestellt.

Der junge Parrot hatte sich gegen den Willen seines Vaters verlobt. Um die Heirat zu verhindern oder wenigstens hinauszuschieben, schickte ihn sein Vater auf Reisen, und so kam er nach Heilbronn. Jetzt hatte ihm der Vater, von Heimweh nach dem Sohne ergriffen, geschrieben, er solle umgehend nach Rußland heimkehren, er willige in die Heirat.

Der junge Parrot konnte es nicht über das Herz bringen, bei uns mündlichen Abschied zu nehmen, und so sandte er die kurzen Abschiedsworte. Parrot schrieb meinem Vater öfters. Er wurde Professor an der Universität in Dorpat, war 1830 der erste Naturforscher, welcher den Ararat bestieg. Dies war uns Kindern eine große Merkwürdigkeit, weil der Sage nach Noah nach der Sintflut auf dem Ararat gelandet sein soll, und vielleicht hätte unser Parrot ein Stück der Arche uns senden können. Im Jahr 1832 etwa starb er.

Etwas vom Seiltanzen.

Der berühmte Akrobat Rudolf Knie gab in Heilbronn seine Vorstellungen. Vom Marktplatz zum Kirchturm hinauf war ein großes Seil gespannt, auf welchem Knie auf und ab stieg. Mein Vater sah ihm von einem nahen Fenster aus staunend zu, wie er mit so sicherem Tritte, die Augen starr vor sich gerichtet, in schwindelnder Höhe auf dem langen, stramm gespannten Seil dahinschritt, und glaubte, diese außerordentliche Fertigkeit, auf dem Seile zu gehen, sogar mit verbundenen Augen,

sei bei dieser allbekannten Seiltänzerfamilie nicht allein
eine von Bater, Sohn und deren Kindern angelernte
Kunst, sondern beruhe vielleicht auch nebenbei auf einer
eigenen Naturanlage, einer erblichen Neigung zum Nacht=
wandeln, gesteigertem Traumleben. Um dies zu er=
forschen, lud er Knie durch ein Billet zum Mittagessen
nach Weinsberg ein. Knie fühlte sich durch die Ein=
ladung geehrt und war beim Essen sehr heiter und
unterhaltend. Aber als mein Vater nach Tisch allmälich
mit seiner Theorie herausrückte und Knie fragte, ob er
oder Glieder seiner Familie nicht in ihrer Kindheit an
nervösen Zufällen, die sich namentlich auch durch un=
ruhige Träume, Sprechen im Schlaf, Nachtwandeln
ausgesprochen hätten, gelitten haben, da kam mein Vater
ganz schlecht an. Knie glaubte, mein Vater setze Zweifel
in die Echtheit seiner Kunst, wolle diese zu einer Krankheit
herabziehen, und entgegnete: Er und seine Familie seien
nie krank gewesen, die kerngesundesten Leute, und alle
ihre Leistungen seien ehrliche Kunst. Mein Vater hatte
alle Mühe, ihn zu beruhigen, indem er ihn versicherte,
nur weil seine Kunst eine so unbegreiflich große sei,
käme man auf den gottlosen Gedanken, es gehe dabei
nicht mit rechten Dingen zu.

Friedrich List.

Ein alter Freund und Gesinnungsgenosse meines
Vaters (sie kannten sich seit 1818) war der National=
ökonom Friedrich List. Seine Vaterstadt Reutlingen

hat ihm ein schönes Denkmal errichtet. Ich erinnere mich aus frühester Kindheit seiner Besuche im elterlichen Hause und das fiel mir auf, daß mein Vater und List 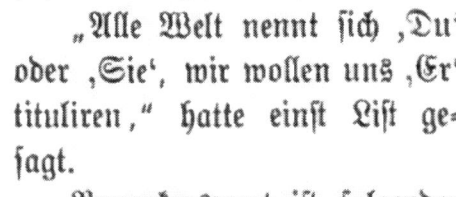 sich immer „Er" anredeten.

„Alle Welt nennt sich ‚Du‘ oder ‚Sie‘, wir wollen uns ‚Er‘ tituliren," hatte einst List gesagt.

Bemerkenswert ist folgender Brief an meinen Vater, datirt von der Festung Hohenasperg: „Freund Schmerzenreich!

„Wenn ich Euch schon drei Jahre lang nicht geschrieben, so habe ich Euch doch während dieser Zeit im Herzen getragen. Ich weiß, Ihr seufzt mehr als einer in Deutschland über die Miserabilität Eurer Mitmenschen und Landsleute und beugt Euer Haupt ohne Zweifel nimmermehr vor dem Baal. Ich kann Euch versichern, daß ich mich schon hundertmal zu Euch hin gewünscht habe, nur um auch wieder einmal recht gemütlich mit Euch zu lästern und zu lachen, zu träumen und zu weinen. Mir ist's indes wunderlich gegangen, doch eines oder auch zwei habe ich behalten und wieder mitgebracht, das ist mein guter Mut und ein so gutes Gewissen, daß mir oft vorkommt, wenn ich auf dem Wall spazieren gehe, es sei doch besser, ich sei hier oben als dort unten bei den Treibersknechten. Daß ich wieder heimgekommen, mag Euch seltsam erscheinen, ist's aber nicht, denn wißt, ich habe meine guten Gründe.

„Im Vertrauen will ich es hier Euch sagen, aber ich bitte Euch, es für Euch zu behalten. Ich bin

nämlich gekommen, meinen Pack zu machen und übers
Meer zu ziehen, und mich um den ganzen europäischen
Plunder, Euern alt- und neumärkischen Quark mit in-
begriffen, nicht weiter zu kümmern. Dazu werde ich
hauptsächlich durch die Rücksicht auf meine Kinder bestimmt, die ich nicht dem Moloch erziehen und von
Eurer Schreiberzunft zu Tod regieren lassen will. Das
ist fest beschlossen und wird ausgeführt, sobald die
Schwalben ziehen. Ihr habt inzwischen, höre ich, ein
niedliches Haus gebaut in einem lieblichen Gärtlein.
Ist auch mein Wunsch, nur soll mein Häuslein nicht
auf europäischem Grund und Boden stehen, sondern in
der freien Luft einer Republik, wo man die Leute nicht
bei den Haaren herumzieht und einsperrt, wenn sie
Vernunft reden. Ihr geht nicht mit, das weiß ich
wohl, aber vielleicht schickt Ihr mir einmal Euern
Buben, der soll mir willkommen sein.

„Mit Eurem Keßler ist's nichts. Der schwatzte und
demonstrirte und allegirte und gab am Ende das Fersen-
geld. So ist's, wenn man die Sache desjenigen, der
zuerst angegriffen ist, nicht zur gemeinen Sache macht.
Keßler und Schübler haben mich verlassen und in mir
die Unantastbarkeit der Deputirten verloren gegeben.
Darum mußten sie auch früher oder später fallen. Als
man mich aus der Versammlung stieß, hatte Ow den
glücklichen Gedanken, alle unabhängigen Leute sollten
mit mir austreten.

„Wir berechneten ihre Zahl auf fünfundzwanzig,
und das hätte ein Loch hinausgeschlagen. Aber Keßler
lächelte selbstgefällig, als wollte er sagen: ‚Ich will
meine großen Pläne schon ohne Dich durchführen, bin

ich nicht der große Keßler?‘ Und das kleine Schüblerchen meinte, man werde um eines Lists willen kein so großes Spektakel machen. Das kleine Männchen bildete sich ein, er regiere mit seinem halbtoten Volksfreund die öffentliche Meinung. Aber es galt nicht dem List, sondern der Sache, dem Grundsatz. Und so mußten sie, die den rühmlichen Tod auf dem Schlachtfeld hätten sterben können, schimpflich über die Klinge springen. Das ist meine Ansicht seit drei Jahren, und daher habe ich auch von meinem Exil aus dem hochbelesenen Herrn Keßler empfindliche Briefe geschrieben. Ich habe seit meiner Zurückkunft hören müssen, daß er einen dieser Briefe einen Geheimen habe lesen lassen, um sich zu purifizieren!!

„Was macht Euer Bruder, der Eisenminister? Immer noch Eisen und Stahl? Das ist schön. Wenn er einst sterben sollte, so muß man seine kolossale Büste in Wasseralfingen aufstellen. Ich möchte ihn wohl noch einmal sehen vor meinem Hinscheiden, aber ich fürchte, einen Kriegsratspräsidenten bei ihm zu treffen wie vor drei Jahren. Seitdem ist es noch um vieles gefährlicher worden, einen Menschen meines Gelichters bei sich zu haben.

„Aber zu Euch komme ich noch, das lasse ich mir nicht nehmen, und sollten Euch die Schreiber Eure Pferdsration, die Ihr von Stadt und Amt bezieht, deswegen nehmen. Dann wollen wir noch recht vergnügt zusammen sein und uns für die lange Trennung schadlos halten.

„Apropos! Ich habe einen Zins von der Stadtkasse in Neckarsulm zu erhalten, wollet Ihr nicht dem Schlingel von Stadtkassier ernstliche Mahnung zugehen laſſen, daß er ihn mir ſogleich hieher ſchickt auf den Berg? Und noch etwas. Es hat mir geträumt, ich werde in der Lotterie mein Reiſegeld gewinnen und noch etwas darüber. Da ich nun inzwiſchen ein Myſtiker und Magnetiſeur geworden bin, ſo zweifle ich keinen Augenblick an der Wahrheit dieſes Ereigniſſes, nur ſehe ich nicht ein, wie ich in der Lotterie gewinnen könnte, wenn ich nicht darein ſetzte. Wolltet Ihr nicht die Güte haben, mir von irgend einem Lotterie-Kollekteur in Heilbronn (ich höre, es ſollen ſich dort mehrere mit dieſem Geſchäft abgeben) ein Los zu verſchaffen, gleich- viel, von welcher Lotterie, nur darf es nicht über zwanzig Gulden koſten. Im Heſſiſchen und Bayriſchen werden mehrere Güter ausgeſpielt, und ich glaube, die Loſe koſten nur ſechs Gulden bis zwölf Gulden. Ein ſolches wäre mir am liebſten. Und je früher die Lotterie geſpielt wird, um ſo lieber iſt es mir, denn ich brauche das Geld bald. Es iſt dies mein vollkommener Ernſt; ſorgt, daß mir ein ſolches Los zur Einſicht zugeſchickt wird nebſt dem Plan. Vom Gewinn ſollt Ihr Euern Teil erhalten, denn Eure Hand bringt mir Glück.

„Von meinem hieſigen Aufenthalt werde ich Euch ein andersmal mündlich Bericht geben.

„Schließlich bitte ich Euch, Gegenwärtiges alles unter uns zu behalten und mir recht bald zu ſchreiben.

„Eure Briefe müßt Ihr an meine Frau nach Stuttgart adreſſiren. Eurer lieben Frau meine freund- ſchaftlichen Empfehlungen. Lebt inzwiſchen wohl bis auf Wiederſehen, lieber Freund Schmerzenreich, und bleibt gut   Eurem Freudenreich.

„Höllenberg, den 7. November 1824."

List, vordem Professor der Staatswissenschaft in Tübingen, nahm 1819 seine Entlassung, wurde Mitglied der württembergischen Abgeordnetenkammer, 1821 aber wegen eines Konflikts mit der Regierung aus der Kammer ausgeschlossen, in Anklagestand versetzt und 1822 zu zehn= monatlicher Festungshaft verurteilt, die er 1824 antrat.

Zu verwundern ist, wie der streng rechnende National= ökonom den kindlichen Glauben an das Gewinnen des geträumten Loses haben konnte.

Einst fuhr List, der, wenn ich mich nicht irre, einige Zeit bei dem Kameralamt in Heilbronn beschäftigt war, im Einspänner meines Vaters mit dem spätern Gemahl Bettinas, Achim von Arnim, nach Heilbronn. Mein Vater kutschirte. List und Arnim hatten schon in Weins= berg einen heißen politischen, nationalökonomischen Streit miteinander gehabt, den sie im Doktorschaischen fortsetzten. Plötzlich kam ein Gewitter mit starkem Platzregen, mein Vater flüchtete sich vom Bock in die Chaise, kutschirte von da aus, List und Arnim, der Volkstribun und der Patrizier, mußten sich abwechselnd auf den Schoß nehmen. Ich weiß noch, wie mein Vater erzählte: Im Anfang saß List auf Arnim und zwar aus lauter Gutmütigkeit, er machte sich in seinem grauen Flaus nichts daraus, daß der Regen auf ihn einspritzte, und wollte dem fein= gekleideten Arnim sozusagen als Spritzleder dienen. List war aber in der Lebhaftigkeit des Gesprächs so unruhig, bald aufspringend von Arnims Schenkel, bald wieder prall auf denselben niederfallend, dem Freiherrn quasi a posteriori die Richtigkeit seiner nationalökonomischen Ansichten beweisend, daß Arnim bald vorzog, sich auf den Schoß von List zu setzen, von dessen Arm umspannt

er sanft ruhte und dafür aber auch wieder bärenhaft
gedrückt wurde. Beide waren froh, als der kleine Noah-
kasten sich in Heilbronn am Gasthof „zur Sonne" zum
Aussteigen öffnete, aber das Liebe an der Geschichte
war, daß sie als recht gute Freunde schieden und dankbar Gottes gnädige Fügung anerkannten, der durch
direkten Einfluß des Himmels die nord- und süddeutschen
widerstrebenden Elemente so gründlich zu einem einigen
Deutschland amalgamirt hatte.

Ein falscher Freund.

Im Briefe Lists ist ein Herr Keßler genannt. Derselbe spielte mehrere Jahre eine Rolle auf der oppo-
sitionellen Seite des württembergischen Landtages, gab
mit dem Rechtskonsulenten E. Schübler den „Volksfreund"
heraus, zu welchem auch mein Vater hie und da Beiträge
lieferte. Dadurch wurde er mit meinem Vater sehr befreundet, wohnte auch mehrere Jahre hier in Weinsberg.
Wie er aber als Politiker das Vertrauen Lists täuschte,
so sollte mein Vater zu seinem Leidwesen erfahren, daß
er auch als Freund mit falschen Karten spielte.

Mein Vater hatte sich mit vieler Arbeit einige
tausend Gulden erspart. Vollständig unpraktisch im
Geldwesen, fragte er den vielgewandten Keßler, wie er
das Geld am besten anlegen könne. Keßler, Vorstand
einer chemischen Fabrik, riet ihm, Aktien dieser Fabrik,
die große Zinsen abwerfen, zu nehmen. Mein Vater,
noch mehr meine Mutter, zauderte, äußerte Bedenklich-

keiten. Keßler schlug alle diese Zweifel nieder, indem er durch einen besondern Schein mit seinem Vermögen für das Geld garantirte. Nach einiger Zeit kam Keßler und sagte: „Die Aktien stehen besser als je, aber man hat erfahren, daß ich noch nebenher privatim für deren Güte garantirt habe. Das sieht wie ein Mißtrauen aus, nehmen mir die anderen Aktionäre übel; sei so gut und gib mir meinen Schein." Mein Vater, arglos, gab ihn an Keßler zurück, und den andern Tag wurde das Fallissement der Fabrik bekannt, mein Vater hatte sein Geld verloren. Keßler hatte es schon vorher gewußt.

Mehr noch als der Verlust des Geldes schmerzte meinen Vater der Verrat des alten Freundes.

Oekonomisches.

Meine Mutter hatte in jener Zeit viel an dem Vater zu trösten und suchte ihm die Sache leicht darzustellen, obgleich sie selbst manche schlaflose Nacht darüber hatte. Das Geld war meinem Vater überhaupt etwas Fremdes, Unverstandenes, er war ein schlechter Rechner und konnte kaum die Münzen unterscheiden.

Meine Mutter zahlte alle Rechnungen. Mußte er je kleine Geldausgaben besorgen, so war er außerordentlich ängstlich damit, hielt die Summe für eine übergroße, dabei stand er aber keinen Augenblick an, durch Anordnung neuer Bauten in Haus und Anlagen im Garten oder durch verhältnismäßig großartige Unterstützung anderer, auch durch seine über die Verhältnisse ausgedehnte Gastfreundschaft meiner haushälterischen

Mutter oft große Sorgen aufzubürden, die sie ihm sorgsam verschwieg und durch geheime Sparsamkeit zu verwischen suchte. Seine Einnahme von der ärztlichen Praxis war stets eine geringe, da er selten Rechnungen aussandte und die meisten Kranken — wie es auch die Armut des hiesigen Landvolks mit sich brachte — unentgeltlich behandelte.

In Weinsberg lebte ein reicher quieszirter Beamter. Derselbe war außer der Taubheit, an der er litt, und kleinen Gebrechen des Alters eigentlich nie krank, wurde auch über achtzig Jahre alt, dennoch verlangte er, daß ihn mein Vater täglich besuche. Jeden Neujahrsmorgen brachte die Magd des Beamten, stolz durch die Straßen schreitend, als ob sie die Kroninsignien trage, auf einem großen Porzellanteller unter einer zusammengefalteten Serviette einen in einem weißen Papier wohlversiegelten württembergischen Dukaten (damals fünf Gulden fünfundvierzig Kreuzer = circa zehn Mark). Dies war das ärztliche Honorar für das ganze Jahr.

Meine Mutter meinte oft: „Du solltest dem reichen H ... eine Rechnung senden." — „Ach nein," sagte mein Vater, „es könnte ihn beleidigen, der alte Mann ist es jetzt schon so gewohnt."

*

Einst hatte er die Frau eines hochbegüterten Edelmanns in Behandlung, dieselbe wohnte mit ihrem Manne, zwei Kindern und einem Bedienten sechs Wochen bei meinem Vater. Nach gelungener Kur bekam er als Bezahlung eine große Schachtel mit Spargeln. Meine Mutter war empört darüber, mein Vater aber sprach entschuldigend: „Es ist lieb von ihm, daß er in mir nur seinen Freund, nicht seinen Arzt sieht, und die Spargeln sind doch auch sehr schön und groß."

Auch seine schriftstellerischen Leistungen wurden schlecht honorirt. Für seine erste Schrift über das Wildbad gab Buchhändler Osiander in Tübingen als Honorar: zwanzig Freiexemplare und (sechseinhalb Druckbogen, den Bogen zu fünf Gulden) zweiunddreißig Gulden dreißig Kreuzer, die er in Büchern zu beziehen hatte.

Isidorus orientalis.

Als Uhland und mein Vater den poetischen Almanach und den deutschen Dichterwald herausgaben, war der unter dem Namen Isidorus orientalis als Dichter bekannte Graf Otto Heinrich von Loeben einer derjenigen Dichter Norddeutschlands, die sich hauptsächlich dafür interessirten und eigene und fremde literarische Erzeugnisse einsammelten, er war darum schon seit 1812 mit meinem Vater in eifriger Korrespondenz, und wenn sie sich auch nie gesehen hatten, hatten sie sich doch geistig recht lieb gewonnen.

Als daher 1824 Graf Loeben meinen Vater bat, ihn wegen eines Nervenleidens in magnetische Behandlung zu nehmen, und diese Bitte durch Freunde Loebens dringend unterstützt wurde, schrieb ihm mein Vater, er solle kommen.

Die Fahrt von Dresden nach Weinsberg war für Loeben bei seinem geschwächten Zustande, zumal es noch keine Eisenbahnen gab, eine lange und beschwerliche. Er brachte eigenen Wagen und Pferde mit, seine Frau

und ein Bedienter begleiteten ihn; sie stiegen im Gasthof ab, wo mein Vater Zimmer für sie bestellt hatte.
Der Graf war sichtbar erfreut, bei meinem Vater zu
sein, doch sah er unendlich leidend und bleich aus, und
wir Kinder erblickten ihn viele Tage nicht, wie er auch
später immer nur die größte Stille und Einsamkeit um
sich liebte, was auch seine Krankheit mit sich brachte;
er litt an peinlichen Nervenaufregungen, epileptischen
Anfällen, die sich oftmals des Tages wiederholten.
Mein Vater magnetisirte ihn und zugleich hatte er täglich Sitzungen am Mesmerischen Baquet. Die Gräfin
war eine geistreiche, liebenswürdige Frau und eine für
ihren kranken Mann treubesorgte Gattin, sie schloß sich
bald freundschaftlichst an meine Mutter an und war
von rührender Güte gegen uns Kinder. Dem Bedienten
aber, der in seiner hellblauen Livree mit den hohen
Gamaschen vor allem unsere Bewunderung erregte, waren
wir bloße Luft, er blieb immer steif und gemessen in
jeder Bewegung, und im Bewußtsein, gräflicher Kammer-
diener zu sein, war er von unbändigstem Adelsstolz, die
blaue Farbe seiner Livree schien in sein Blut über-
gegangen zu sein. Dies ließ er namentlich den armen
Hausknecht in der „Traube" fühlen, der sich ihm kame-
radschaftlich hatte nähern wollen. Diesem livreelosen
Subjekt zeigte er seine ganze Verachtung. Sonst aber,
was den Dienst bei dem kranken Grafen betraf, kannte
seine Pflichttreue und Aufopferung keine Grenzen, und
man mußte ihn darum doch hochachten, und dem Grafen
war er unentbehrlich. Er fuhr mit demselben täglich
aus, meist in geschlossenem Wagen, da sich auch während
der Fahrt, wenigstens im Anfang, die Anfälle öfters

wiederholten, später beschränkten sie sich mehr auf die Nacht, und der Patient zeigte auffallende Besserung. Er dichtete eine anmutige Rittergeschichte: „Der Pilger und die Pfalzgräfin", und widmete sie meinem Vater. Im Jahre 1825 fuhren sie wieder nach Dresden zurück. Der Abschied fiel allen schwer, und selbst der Bediente zeigte einige dankbare Rührung für meinen Vater. Nicht lange Zeit nachher starb der Graf an allgemeiner Entkräftung und auch die Gräfin folgte ihm bald im Tode nach.

Oberst Gustavson.

1826 trat ein schlanker blonder Herr, noch rüstig, aber durch die Jahre etwas gebeugt, mit einem ledernen, mit grüner Wachstuchdecke bekleideten Ränzchen auf dem Rücken und einem Stechpalmenstock in der Hand, als müder Wanderer ins Kernerhaus ein. Er legte im Vorzimmer Stock und Ränzchen ab und fragte meine Mutter, die aus der Küche trat: „Ist Justinus Kerner zu sprechen?" Sie bat ihn, ins Wohnzimmer einzutreten, und rief meinem Vater. „Sind Sie Justinus Kerner?" fragte er diesen. Auf seine Bejahung sagte er: „Und ich war einst Gustav IV., König von Schweden, jetzt durchirre ich als Oberst Gustavson wie Ahasver die Welt und will einige Stunden bei Ihnen weilen und vergessen, was mir die Menschen Böses gethan haben." Er aß bei uns zu Mittag, sprach mit großer Bitterkeit über sein Los und die ihm zugefügten Ungerechtigkeiten, „und doch," setzte er hinzu, „habe ich

als armer Oberst Gustavson und befreit von aller Eti=
kette und falschen Höflingen, die mich ins Verderben
führten, oft glückliche Seelenstunden, wie ich sie als
König nie hatte." Er sprach viel über Magnetismus,
Swedenborg, Ahnungen, bedeutungsvolle Träume und
war in allen diese Geistesrichtung behandelnden Schriften
wohl bewandert.

Nach Tisch ging er mit meinem Vater durch die
Gärten, auf den Turm, die Weibertreu und abends
nahm er wieder trotz des Zuredens meines Vaters,
länger zu bleiben, Stock und Ränzchen, um zu Fuß
über Heilbronn nach St. Gallen zurückzukehren. Mein
Vater sagte, er wolle ihn ein Stück weit begleiten und ich
solle das Ränzlein tragen. Ich war als neunjähriger Knabe
stolz darauf, das Ränzlein eines Königs tragen zu dürfen,
und streichelte unterwegs oft insgeheim das grüne Wachstuch.

Auf dem Galgenberg, eine halbe Stunde vor Heil=
bronn, nahm mein Vater gerührten Abschied und ich
bekam einen freundlichen Handpatsch. Als der König
etwa fünfzig Schritte gegangen war, schaute er zurück
und mein Vater auch, und der König blieb stehen, kehrte
um und ging auf meinen Vater wieder zu, mein Vater
ihm entgegen, sie umarmten sich und der König sprach:
„Dank! Dank für die unvergeßlichen Stunden bei
Ihnen, es ist mir ein großer Trost geworden;" und
mein Vater sagte: „Die Menschen haben Ihnen eine
Krone vom Haupte genommen, aber Gott hat seine
Hand segnend auf dasselbe gelegt und ein höheres,
geistiges Leben ist Ihnen aufgegangen."

Glückliche Kur.

Ein Bauer aus einem Dorfe unweit Heilbronn kam mit seiner kranken Frau zu meinem Vater, um sich Rats zu erholen.

Die Frau war im höchsten Grad schwermütig, sehr abgemagert, hatte bleiche Gesichtsfarbe, blaue Ringe um die Augen. Sie hatte schon viele Arzneien vergeblich eingenommen. Mein Vater diagnostizirte Bandwurm und sagte zu dem Bauern: „Gehen Sie nach Heilbronn zum Gärtner Pfau, der wird in seinem Gewächshaus einen Granatstock haben. Diesen kaufen Sie, es muß aber ein wurzelechter, kein auf Zwetschgenreis gepfropfter sein. Zu Haus schaben Sie von der Wurzel sorgsam die Rinde ab und sieden diese mit zwei Schoppen Wasser. Von diesem Thee soll Ihre Frau zwei Morgen hinter einander einen Schoppen nüchtern trinken, dann werden Sie Ihr Wunder erleben." Dieser Gärtner Pfau war damals der einzige Gärtner in Heilbronn, welcher Gewächshäuser hatte; ein Sohn von ihm, der als Dichter und Kunstkritiker rühmlich bekannte Ludwig Pfau, kam als Knabe oft in unser Haus als Frühlings= bote, indem er meinem Vater die erste Gurke aus dem väterlichen Frühbeet brachte.

Es mochten etwa acht Tage, seitdem der Bauer mit seiner kranken Frau dagewesen war, verflossen sein, da kam unter Singen und Peitschenknall ein Leiterwagen am Kernerhause angefahren und die ganze Gesellschaft, Bauer und Bäuerin, Kinder, Schwager, Vetter, Basen, wenigstens zwölf Leute, alle im Sonntagsstaat, mit

Sträußen an der Brust und auf den Hüten, stiegen ab
und stellten sich vor dem Hause auf, auch der Kutscher
mit einem roten Band an der Peitsche, dann riefen sie:
„Hoch, hoch! Doktor Kerner hoch!" bis mein Vater
ans Fenster kam, und der Bauer hielt hierauf eine Rede
und hob begeistert eine große weiße Flasche empor, in
der er den Bandwurm hatte, und als mein Vater zu
ihnen herabkam, sagte die Bäuerin, auf den Bandwurm
zeigend: „Dös Vieh hat einen ganz närrisch gemacht
gehabt!" Und zur Freude meiner Mutter trugen die
Basen einen Korb Eier und Butter in die Speisekammer.

Wilhelm Müller.

Im Herbst 1827 besuchte meinen Vater der durch
seine frischen Natur- und Wanderlieder, wie auch durch
seine Griechengesänge wohlbekannte Dichter Wilhelm
Müller, Bibliothekar in Dessau.
Mein Vater freute sich auf den
Besuch Müllers, den dieser ihm
schon vorher schriftlich angekündigt
hatte. Die Klage um Hellas hatte
mein Vater ja auch einige Jahre
früher im Grundstein unseres
Hauses niedergelegt und jetzt pflanzte
er dem Sänger der Griechen-
lieder zu Ehren eine griechische Fahne auf unseren
alten Turm, aber Müller sah sie wohl kaum, da er
erst mit einbrechender Abenddämmerung ankam und

früh morgens wieder abreiste. Ich glaube mich Müllers noch wohl zu erinnern, wie er auffallend bleich und krankhaft matt in der Sofaecke lehnte und hastig, als wäre keine Zeit zu verlieren, mit weicher, klagender Stimme nur Ernstes und Trauriges mit meinem Vater besprach, über Sterben, Leben nach dem Tode, vor= sagende Träume, Ahnungen; auch der nahe wohnen= den Seherin von Prevorst galt sein Besuch. Es war Mitternacht, als er zu Bett ging, um mit Tages= anbruch wieder weiterzureisen. Der Abschied morgens war traurig, er und mein Vater küßten sich herzlich, beide fühlten, es war ein Abschied auf ewig; dennoch kam meinem Vater die Todesnachricht Müllers, der nur kurze Zeit nach seinem Hiersein starb, unerwartet und berührte ihn schmerzlich; er weihte ihm folgendes Gedicht:

> „Du kamst zu mir, ein Stern in stiller Nacht,
> Warst mit der Sonne Wiederkehr verschwunden,
> Von Liedern nicht und nicht von Hellas Wunden
> Ward da gesprochen oder still gedacht.
>
> Nein! von des Erdentraumes kurzen Stunden,
> Vom Tag, wo unser Innerstes erwacht,
> Vom Wiedersehn in bess'rer Welten Pracht,
> Hat sich hier Geist mit Geist nur eng verbunden.
>
> Der Morgen kam und in des Nebels Schleier
> Sah ich dein bleiches Bild nun ferne schweben,
> Die Leichenfahn' vom alten Turme wehen,
> Die Glocken läuteten zur Sonntagsfeier,
> Und mir im Herzen fühlt' ich's mächtig beben:
> Fahr wohl! fahr wohl! Dich werd' ich wiedersehen!"

Mein Vater bemerkte hiezu: „Dem Sänger der Griechenlieder zu Ehren wollte ich bei seinem mir an=

gekündigten Besuche die griechische Fahne auf dem alten Turme an meiner Wohnung wehen lassen. Aus Unkenntnis der Farben dieser Fahne wurde auf dem weißen und hellblauen Grund ein schwarzes Kreuz gesetzt, wozu noch kam, daß in der Nacht Regen und Herbstnebel die leichtgefärbte blaue Farbe völlig auswuschen und dem bald vollendeten Sänger (er starb wenige Tage nachher) nun morgens statt der griechischen Fahne eine bedeutungsvolle weiße mit schwarzem Kreuze nachblickte".

Das Schlummerstündchen.

Der alte Kastanienbaum umschattet das halbe Gebäude und die Tannen und Birken rings um das Haus sind mit den Jahren schon so gewachsen, daß ihre Wipfel weit über das Dach ragen und ihre Aeste bis an die Fenster reichen.

Im Sommer, mag's draußen noch so lichter Sonnenschein sein — im ganzen Hause drinnen ist Dämmerlicht und Duft wie in einem Tannenwald und in den Zimmern ist es schattig und kühl wie in einer Laube. Aber im Winter, wenn der Schnee auf den Zweigen liegt und sie herniederbeugt, daß es unter ihnen wie in einem Zelt ist, da schlüpfen, wenn die Nacht kommt, die Spatzen und Buchfinken und was sonst zum kleinen geflügelten Straßenvolk gehört, durch die Nadeln in den grünen Versteck und machen sich's auf den Aesten bequem, sie sitzen nahe, ganz nahe zusammen und schlafen und träumen.

Sind aber keine Besuche da, so wird's auch im Hause innen in den Winternächten bald still.

Mein Vater ist, von den nächtlichen Krankenbesuchen müde heimgekommen, nicht mehr aufgelegt zum Schreiben. Da legt er sich dann nach dem Nachtessen nahe dem Ofen den langen Weg auf den Stubenboden und wir Kinder lagern uns neben ihn. Das nennen wir unser Schlummerstündchen oder auch „Sarganmessen", seit ein Fremder, der bei seinem Eintritt in das Zimmer uns so ausgestreckt auf dem Boden liegen sah, erschrocken ausgerufen hatte: „Aber was thun Sie denn da?" und ihm mein Vater mit dumpfer Stimme geantwortet hatte: „Wir messen uns unsere Särge an." Ach, wie war dieses Schlummerstündchen immer so gut! Der Boden war eben, man konnte auf keiner Seite hinausfallen, sich so behaglich ausstrecken und, was die Hauptsache war, wir ersparten noch eine oder zwei Stunden, die wir beisammen bleiben durften, nicht in das Bett mußten. Dann lagen wir die Arme unter dem Kopf, und sahen halb träumend der immer fleißigen Mutter zu, wie sie am Tische saß und spann, und hörten das Rädchen schnurren, leiser und leiser und wollten eben einschlafen, da — „hat es nicht eben ans Fenster gekopft?" sagte der Vater. — „Ja, wir haben's auch ganz deutlich gehört!" riefen wir Kinder. — „Von der Straße aus kann niemand ans Fenster klopfen, das ist viel zu hoch," meinte die Mutter. — „Steh einmal auf und sieh nach, Theobald!" sagte der Vater. — Ich steh' auf, und als ich behutsam gegen das Fenster gehe — „ei," rief ich, „jetzt habe ich ihn, den Ruhestörer! Da außen sitzt er auf dem Sims hart am Fenster und will Licht und Wärme profitiren, es ist ein ganz gewöhnlicher grauer Spatz, der hat an die Scheiben gepickt, und schaut mich jetzt mit seinen schwarzen Aeuglein an, als wollte er sagen: Ich weiß wohl, Du thust mir nichts." — „Das ist kein gewöhnlicher Spatz," scherzte mein Vater, „wahrscheinlich ist es ein verzauberter Handwerksbursch, der hat noch Licht in der Herberge gesehen, wagt aber nicht hereinzukommen, weil er kein Geld hat." — „Nun, dann soll er auch nicht klopfen!" sagte ich und legte mich wieder auf den Fußboden. Es war wieder still in der Stube, und das Rädchen schnurrte und die Mutter drehte den Faden. Was ist es doch so etwas Schönes, Wunderbares um den Flachs! dachte ich, wie silbern glänzt er, wenn ihn die Mutter leicht auf dem Tisch ausbreitet und flaumenweich um den Rockenstiel legt und ihn mit dem breiten farbigen Band umwickelt! Und wenn die Mutter den ganzen Winter über oft bis Mitternacht fleißig gesponnen hat, dann nimmt sie mit Stolz die vielen aufgehäuften Stränge vom Nagel und wiegt sie und bringt sie zum Weber. „Das ist einmal ein schönes Garn," sagt dieser, „und es ist so gleichmäßig gesponnen und fest, das gibt ein gutes Tuch!" und hat es der Weber nach dem angegebenen Dessein gewoben, dann wird das graue Tuch nach Blaubeuren auf die Bleiche geschickt, und kommt es von dieser schneeweiß und ohne Risse zurück, welche Freude! Dann geht es an ein Ausmessen und Schneiden und jedes Stück bekommt seine angemessene Verwendung. Auch ich kriege etwas davon ab zu Hemden. „Kein Bub in ganz Weinsberg und Stuttgart hat so schöne Leinwand wie Du!" sagt die Mutter. Ach, sie hat recht! Feiner mag vielleicht manche Leinwand sein, aber lieber ist keine, sie hat sie ja selbst gesponnen! Aus dem Tuch mit den gesteinten Desseins werden Tischtücher und Servietten gemacht, im Sommer, wenn die Gäste kommen, da kann man's wohl brauchen. Im Altanenzimmer decke ich dann den Tisch, ich breite zuerst das schneeweiße Tischtuch über den großen runden Tisch und zähle dann, wie viel Gäste sind's heut? Onkel Karl, Tante und Amalie Schoppe sind drei, Menzel, Heildeloff und Pfizer sind auch drei, dann die Eltern und wir drei Kinder — also elf Servietten brauche ich und für jeden zwei Zinnteller, ein flaches und ein tiefes, sind zweiundzwanzig, die placire ich alle schön der Reihe nach, und Löffel, Gabel, Messer, Salz, Brot, nichts darf vergessen werden, meine kleinere Schwester Emma stellt die Sessel zurecht, meine Schwester Marie trägt die Suppe auf, meine Mutter hat den Wein aus dem Keller geholt und stellt ihn auf — vier Flaschen. „So, jetzt kannst Du zum Essen rufen, Theobald," sagt sie, „die Gäste und der Vater sind im Garten unten." Ich springe schnell auf und rufe die Altane hinab mit lauter Stimme: „Zum Essen!" — „Er hat laut zum Essen gerufen! Er muß geträumt haben," lachen meine Schwestern und meine Eltern lachen und ich erwache aus meinem Traum auf dem Stubenboden. — „Kinder, es ist Zeit, daß ihr ins Bett geht," sagt meine Mutter und stellt ihren Spinnrocken in die Ecke, und ich sehe, daß die Spule ganz voll ist — ach, wie fleißig war sie, während wir schliefen! Und wir wünschen gute Nacht und geben den Eltern einen Gutenachtkuß und — „halt," sage ich, „ich muß noch nach meinem Spätzle sehen", und ich sah, wie es das Köpfchen unter dem Flügel hatte und schlief. „Gute Nacht, liebes Handwerksbürschle," sage ich, „morgen früh sollst du ein gutes Frühstück haben!"

Geisteskranke.

Unter den vielen Geisteskranken, die mein Vater in Behandlung und im Hause wohnen hatte, befand sich einer, den ich nicht für närrisch hielt, sondern für grundgescheit, denn er war noch viel gescheiter als ich. Wenn ich zu Hause an meinen Schulaufgaben saß — war es lateinisch, griechisch oder deutscher Aufsatz — so setzte er sich freundlich zu mir, korrigirte und half mir und belehrte mich und es war ihm ein Leichtes, alles besser zu machen als ich und so gut, daß mein Präzeptor allemal sagte: „Das ist auch nicht in Deinem Kopfe gewachsen, da hat Dir wieder Dein Professor geholfen!" Er war aber kein Professor, obgleich er es leicht hätte werden können, wenn er nicht zuviel studirt hätte. Er war als Theologe im Stift zu Tübingen gewesen, immer der erste in seiner Promotion und, so gelehrt er auch war, scharrte er doch immer noch mehr Gelehrsamkeit in sich hinein und dachte und sinnirte Tag und Nacht, daß sein Gehirn übersättigt und zum Bersten voll wurde. Jetzt sollten aber auch noch alle philosophischen Systeme darin Platz finden, er stopfte und stopfte, und das war zu viel! Es muß in der Nacht plötzlich einen Knall und einen Riß im Kopf gegeben haben. Eines Morgens war der sonst so stille

Theologe wie umgewandelt, er war aufs äußerste irritirt, stolz, rechthaberisch, hielt mit gewaltiger Stimme lange Sermone, sprach mit sich selbst, bekomplimentirte sich vor dem Spiegel, lächelte sich freudig zu, der ganze Wust der in ihm aufgespeicherten halbverdauten Philosophie war in Gärung geraten, trieb in seiner Phantasie die sonderbarsten Blasen, er hielt sich bald für Kant, bald für den Hegel, dann wieder für Schelling, Schleiermacher und so weiter, und als an Größenwahn leidend kam er von der Universität nach Heilbronn und bald darauf nach Weinsberg.

Ein fremder Herr, der allein im Wohnzimmer saß und meinen Vater, der Krankenbesuche machte, erwartete, erschrak einst nicht wenig, als der närrische Magister plötzlich aus dem Nebenzimmer auf ihn zutrat und in erhabenem Tone sprach: „Kennen Sie Spinoza?" — „Nein," sagte der Fremde demütig.— „Nun, so sehen Sie mich an! Ich bin Spinoza!" und dabei ging er mit stolzen Schritten vor ihm auf und ab, fixirte ihn wieder scharf und fragte: „Nun, wie gefalle ich Ihnen? Haben Sie sich Spinoza so gedacht?" Der Fremde war goldfroh, als mein Vater eintrat und der Magister ins Nebenzimmer verschwand. Durch das einfache Landleben in Weinsberg, tüchtiges Laxiren, angestrengte Märsche in Wald und Feld, wobei ihm mein Vater anriet, sich so viel als möglich vom Wind durchblasen zu lassen, verschwanden nach und nach die Phantasien und Ideen, er wurde aus einem überstützigen Philosophen wieder ein gewöhnlicher gescheiter Mensch. Von der Theologie und allem, was drum und dran hängt, wollte er aber nichts mehr wissen und wurde Landwirt.

Eine Dame aus Posen war bei meinem Vater in Kur, sie war verheiratet, Mutter mehrerer Kinder, hätte in den glücklichsten Verhältnissen leben können, jetzt war sie im höchsten Grade schwermütig. Einst sehr schön und noch im Alter von vierzig Jahren eine hübsche Erscheinung, sah sie doch, daß mit den zunehmenden Jahren Jugend und Schönheit abnehmen. Das machte sie traurig, sehr traurig; sie wurde menschenfeindlich, floh die Gesellschaft, wollte namentlich solche nicht mehr sehen, die sie in der Jugend gekannt hatten, und faßte die fixe Idee, sie müsse einen Arzt finden, der sie wieder jung machen könne.

Sie bat oft in den rührendsten Worten meinen Vater, er solle doch die Zauberei beginnen, oder wenn es eine Operation sein müsse, wolle sie dieselbe ruhig ertragen, auch wenn sie noch so schmerzhaft sei.

Unter anderen wirren Ansichten hatte sie auch die, der Mensch sterbe nur, wenn er nicht mehr den festen Willen habe, zu leben. „Mein Vater,“ sagte sie, „war ein braver, vorzüglicher Mann, alles liebte ihn. Wir waren sechs Kinder, alle noch jung, sein Leben war uns so notwendig! Plötzlich ist er gestorben, ließ uns in traurigster Lage zurück. Warum hat er das nicht bedacht? Warum ist er gestorben? Warum hat er uns verlassen? Warum ist er so schwach gewesen, an einer Krankheit, die so viele durchmachen, zu sterben? Das war nicht recht von ihm; diese Schwachheit kann ich ihm nie verzeihen!“

Mein Vater setzte ihr öfters aufs geduldigste auseinander, die Kunst, wieder jung machen zu können, besitze kein Arzt der Welt; wie die schönsten Blumen

welken müssen, sei es auch des Menschen Los, im Alter
der Jugend und Schönheit entsagen zu müssen; sie solle
sich freuen, die verlorene Jugend in ihren Kindern wieder neu erblühen zu sehen. Sie war zwei Monate bei
uns, da wurde sie ruhiger, zufriedener, die quälenden
Ideen erblaßten. Als bestes Zeichen beginnender Besserung
und lichteren Geisteslebens sah es mein Vater an, daß
Heimweh nach ihren Kindern sich einstellte, und, auf ein
Schreiben meines Vaters von ihrem Mann abgeholt,
fühlte sie sich bald dauernd glücklich im Kreise der Ihrigen;
die bösen Wünsche nach erneuter Jugend kamen nimmer
wieder.

Bei Frau Linsenmeyer.

Wenn mein Vater nach Heilbronn fuhr, kehrte er
gerne in dem vor dem Fleinerthor gelegenen Gasthof
zur Traube ein.

Die Wirtschaft führte eine schon hoch bejahrte,
grundbrave Witwe, Namens Linsenmeyer, mein Vater
hatte sie sehr lieb und unterhielt sich gerne mit ihr. ⸺
Im Winter, wenn draußen Schnee fiel und unfreund-
liches Wetter war und im Haus keine Gäste, seufzte
oft mein Vater und sagte: „Ach, ich wollte ich säße
bei der Frau Linsenmeyer und ich und Theobald tränken
miteinander dort ein Glas Bier."

„Nun so geh zu Deiner Frau Linsenmeyer!" sagte
meine Mutter dann und ging zur Thüre hinaus. Ich
setzte mich mit dem Vater an den Tisch und er klopfte
und rief: „Frau Linsenmeyer!" Da trat meine Mutter,

die unterdessen eine weiße Haube aufgesetzt und eine weiße Küchenschürze umgebunden hatte, ganz wie es die Frau Linsenmeyer anhatte, herein und sagte: „Ah, Sie sind's, Herr Oberamtsarzt? Und das ist Ihr Herr Sohn? Ach, was die jungen Leute heranwachsen, da sieht man erst, wie alt man wird! — Was befehlen Sie?" — „Bringen Sie uns ein Glas Bier!" sagte mein Vater. — „Ja, das ist gerade gut, ich habe erst vor einer Stunde ein frisches Faß anstechen lassen," antwortet sie und geht hinaus und bringt dann für jeden ein Glas Bier und sagt: „Wohl bekomm's!" und wir trinken und mein Vater unterhält sich mit der Frau Linsenmeyer. „Wir werden eben alt, Frau Linsenmeyer!" sagt er. — „Nun, das wünscht man sich ja schon in der Jugend," sagt die Frau Linsenmeyer. „Wollen die Herren vielleicht auch etwas speisen?" — „Ja, bringen Sie uns Emmenthaler Käs und noch einen Schoppen Bier." — Die Frau Linsenmeyer nimmt unsere leeren Gläser und geht hinaus, und bald stellt sie wieder zwei volle Gläser vor uns hin und jeder bekommt auf einem Teller eine Portion Käse und ein Stück Brot und ein Messer. Wir lassen's uns schmecken und mein Vater sagt: „Jetzt aber müssen wir heim= fahren, es ist schon spät, was sind wir schuldig?" — „Eine Portion Käs und Brot," sagt sie, „macht fünf Kreuzer und zwei Schoppen Bier sechs Kreuzer, macht elf Kreuzer, und der Herr Sohn hat das Nämliche — zusammen zweiundzwanzig Kreuzer." — „Ja, und was hat der Kutscher gehabt?" — „Ein Stück Backsteinkäs mit Brot vier Kreuzer, einen Schoppen Wein sechs Kreuzer, macht zehn Kreuzer, dann die Pferde Brot mit Salz achtzehn Kreuzer, alles zusammen fünfzig Kreuzer." — „Hier," sagt mein Vater und gibt der Frau Linsenmeyer einen Patsch und thut, als ob er ihr Geld gäbe, und jetzt: „Gute Nacht, liebe Frau Linsenmeyer, ich komme bald wieder." — „Wird mich sehr freuen, Herr Oberamtsarzt, ruhsame gute Nacht!" — Und die Mutter legt jetzt Haube und Schurz ab und mein Vater sagt: „Das Bier im Wirtshaus und bei der Frau Linsenmeyer schmeckt eben viel besser, als wenn man's zu Haus trinken würde," und wir lachen und sind fröhlich und meine Mutter sagt: „Horcht, ich glaub', ihr habt bei der Frau Linsenmeyer heute zu tief ins Gläschen geguckt!"

Die Asche der Toten.

Eines Tages kam ein Schotte und seine Tochter in unserem Hause an, sie waren beide in einfachem Touristenanzug, der hohe, schlanke Mann mochte etwa vierzig, die Tochter siebenzehn Jahre sein; er trug ein Felleisen auf dem Rücken, die Tochter an einem Riemen über der Achsel eine schwarzlackirte, blecherne Kapsel, über welche ein zusammengelegter Shawl herabhing. So, sagte er, wanderten sie fort und immer fort, alles zu Fuß, hätten schon viele Länder durchzogen; früher sei auch seine engelhaft schöne Frau fröhlich mitgewandert, vor Jahren sei diese unterwegs erkrankt und gestorben, da habe er sie verbrennen lassen und die Tochter trage jetzt die Asche der Mutter in der Kapsel mit, sie könnten sich beide nicht von derselben trennen, sie seien fröhlich dabei und es sei ihnen, als wandere die Frau immer noch mit. Er hatte mehrere Schriften meines Vaters gelesen, stellte an ihn viele spiritistische Fragen und dann nahm er wieder sein Ränzchen, sie die Kapsel mit dem Shawl, und fort ging's ruhelos weiter.

Frau von Krüdener.

Drei Jahre vorher, ehe mein Vater nach Weins-berg zog, im Jahre 1815, lebte auf einem einsamen Bauernhofe, genannt der Rappenhof, eine halbe Stunde von Weinsberg, eine vornehme Dame aus Kurland, die Juliane von Krüdener, geborene von Vietinghoff. Dieselbe, in ihrem sechzehnten Jahre an den russi-schen Gesandten von Krüdener verheiratet, später von ihm ge-schieden, war mit ihrem äußerst regsamen Geiste, ihrer Anmut und Schönheit einst die Zierde der vornehmen Pariser Kreise gewesen, mit den zunehmenden Jahren und nach einem wechselvollen Leben hatte sie sich, dem Mystizismus er-geben, durch ihr exaltirtes Wesen, ihren Hang zur Sektirerei und Geheimbündelei viel von sich reden ge-macht, und nachdem sie in mehreren Orten Württem-bergs kurze Zeit sich niedergelassen, hatte sie den Rappen-hof bei Weinsberg zum bleibenden Aufenthalt ausersehen. Ihr zur Seite stand eine Art von Hofmeister oder Verwalter, der sie in ihren Plänen unterstützte und in Heilbronn viele seidene Bänder einkaufte, die sie als Ordenszeichen an ihre Anhänger verteilte, wodurch sie sich die Ungnade des Königs zuzog und ihre Ausweisung aus Württemberg bevorstand.

In demselben Jahre übernachtete auf der Durchreise nach Paris Kaiser Alexander I. von Rußland in dem am Marktplatz gelegenen von Rauchischen Hause in Heilbronn.

Er hatte eine schlaflose Nacht und in qualvoller Sorge über die damalige Weltlage und wie er dabei einzugreifen habe, soll er vor seinem Bette knieend Gott gebeten haben, ihm einen Menschen zu senden, der ihm das Richtige rate. Plötzlich meldete ihm ein Adjutant, im Vorzimmer stehe eine sonderbare Dame, die lasse sich durchaus nicht abweisen und behaupte, sie m ü s s e den Kaiser sprechen, sie nenne sich Frau von Krüdener. „Sie soll eintreten, sie soll sogleich eintreten!" rief der Kaiser, „Gott hat mein Gebet erhört!" und er hatte eine lange Unterredung mit Frau von Krüdener. Den andern Morgen reiste er ab, zwei Tage darauf folgte ihm die geistreiche, abenteuerliche Frau und soll auf den zum Mystizismus geneigten Kaiser großen Einfluß geäußert und viel zur Stiftung der heiligen Alliance bei= getragen haben.

Wenn mein Vater vom Geisterturm oder der Weiber= treu aus den Fremden den Rappenhof zeigte und da= bei die Geschichte der Frau von Krüdener erzählte, setzte er oft scherzend hinzu: „Die heilige Alliance ist eigentlich in Weinsberg entstanden und gehört auch zu den kakodämonischen Erscheinungen."

Das Bild der Frau von Krüdener, das sie auf dem Rappenhof über ihrem Schreibtisch hängen hatte, erkaufte mein Vater in einer Auktion und es ist jetzt in meinem Besitz.

Der Totengräber als Kutscher.

Mein Vater hatte oft seltsame Kutscher. Lange Zeit war sein Kutscher und Diener der Totengräber von Weinsberg. Derselbe hatte den seltsamen Namen Zipperle.

Der Doktor in der Chaise, der Totengräber auf dem Bock, so machten sie Krankenbesuche auf dem Lande. Außer Kutscher und Totengräber war er auch Poet, doch seine Muse war immer eine Grabesmuse, er hatte aber bei seinem Berufe auch mehr als jeder andere Dichter das Recht, weltschmerzlich zu sein. Ein Gedicht von ihm besitze ich noch:

> „O schwarzer Gaul, wenn ich und du
> Mit unserm Herren fahre,
> Dann denk' ich an die ew'ge Ruh'
> Dort unten in der Bahre,
> Dort hört man keinen Peitschenknall.
> Es ist ganz still dort unten,
> Den Doktor, der die Krankheit heilt,
> Hat jeder dort gefunden."

Auch sonst war er ein Original. Einst, als es lange niemand zu begraben gab und ihm dadurch der Verdienst abging, sagte er: „Ich weiß gar nicht, warum die Leute gegenwärtig alle so geizig sind und nicht sterben wollen." Wenn er guter Laune war, summte

er einen Choral oder sang auch mit lauter Stimme
ein Sterblied, worüber einst ein Fremder (wenn ich
mich nicht irre, war es der unter dem Namen Willibald Alexis bekannte Dichter Häring), den mein Vater
in später Nacht nach Heilbronn fahren ließ und der
von dem Doppelberuf des Kutschers nichts wußte, in
argen Schrecken geriet. Er schrieb darüber an meinen
Vater: „Während ich so dahinfuhr, war es mir schon
einige Zeit zwischen Wachen und Träumen, als hörte ich
eine ferne traurige Melodie und meine Gedanken nahmen
davon unwillkürlich eine ernstere Richtung, plötzlich ertönte vom Bock außen in die schwarze Nacht hinein mit
dumpfer, trauriger Stimme das Lied:

,Alle Menschen müssen sterben!‘

und kein Vers wurde mir geschenkt, dann war es wieder totenstill; am Heilbronner Kirchhofe aber wandte
sich der Schauerliche nach mir um und sagte, mit der
Peitsche über die Kirchhofmauer deutend: ,Die da innen
liegen alle nicht regelrecht, alle gehören einen halben
Schuh tiefer, da mache ich's besser.‘

„,Ums Himmels willen, wer sind Sie denn?‘ rief
ich angstvoll, ,sind Sie denn nicht der Kutscher von
Doktor Kerner?‘ — ,O ja, aber auch der Totengräber
von Weinsberg,‘ sagte er mit unerschütterlicher Ruhe.
„Aber, lieber Herr Doktor, wie kann man auch einen
Totengräber zum Kutscher haben?

„Als wir am Gasthaus ,zum Falken‘ anhielten und
ich ihm eine Kleinigkeit für seine Mühe gab, zog er
feierlich seinen Hut und sagte: ,Ja, ja, so geht's!
Heute mir, morgen Dir!‘ Was er eigentlich damit
sagen wollte, weiß ich nicht, aber ich kann Sie auf

Ehre versichern, ich war recht froh, als ich wieder in der beleuchteten Stube und unter Menschen von saftigem Fleisch und Blut war; die ganze nächtliche Fahrt erschien mir wie ein Stück aus dem Totentanz, ich kam mir vor wie ‚der Reiter mit dem Tod‘ in Albrecht Dürers schauerlichem Bilde.‘‘

Meinem Vater war es immer sehr merkwürdig, daß sein Kutscher zugleich Totengräber war, und er störte ihn nie in seinem Berufe, manchmal mußte der Kranke, der dem Tode entweichen wollte, warten, bis sein Kutscher-Totengräber den, der dem Tode nimmer hatte entfliehen können, begraben hatte. „Haben Sie, wenn Sie oft nachts ein Grab gruben, nie eine Geistererscheinung gehabt?‘‘ fragte ihn einst mein Vater. — „Nein, aber ...‘‘ — „Was aber?‘‘ Dieses Aber beantwortete er nie, doch erinnere ich mich, daß er einmal erzählte, er habe einen längst Verstorbenen im Grabe nebenan, das er grub, schmazen hören, auch behauptete er, es habe ihn einmal ein Totenkopf, den er herausgeworfen, gebissen. Vielleicht war das dieses Aber.

Es war hier ein Chirurg K., der hatte einem andern Kollegen, dem er an Praxis und Verstand weit überlegen war, manchen Schabernack gespielt, wodurch sich eine große Feindschaft zwischen beiden entspann. K. starb und H. besaß doch so viel Kollegialität, mit seinem Leichenbegängnis zu gehen; es war ein kalter Wintermorgen und starkes Glatteis. „Diesmal führt mich der K. zum letztenmal aufs Glatteis,‘‘ sagte H., als er zum Kirchhof ging.

Im Heimweg fiel er, brach den Schenkelhals und

starb nach wenigen Tagen. Dies war der letzte Tote,
dem Zipperle ein Grab grub, bald darauf starb auch
er; mein Vater ging traurig hinter seiner Bahre.

Feuerlärm.

Es war im Jahre 1829; eine schöne warme
Sommernacht. Wir hatten mit den Gästen, bestehend
aus dem Professor Eschenmayer aus Tübingen, dem
Staatsminister C. v. Wangenheim aus Gotha, Gotthilf
Schubert und Frau aus München auf dem alten Turme
zu Nacht gegessen, und jetzt saß die Gesellschaft noch
traulich beisammen und unterhielt sich über alles mögliche,
was zum Nachtgebiet der Natur gehörte.

Das Gespräch interessirte mich wenig, ich war noch
zu jung, — kaum dreizehn Jahre alt — um es gehörig
zu verstehen, ja, wenn ich ehrlich sein will, es langweilte mich, und ich setzte mich abseits von den anderen
auf die oberste Stufe der Treppe, die vom Turme
herabführt. „Hier kann ich auch,“ dachte ich bei mir,
„unbemerkt die Augen ein wenig zumachen und schlafen,
ohne daß es heißt: ‚Theobald, geh lieber ins Bett!‘“
— Und es war eine so schöne Nacht! Der Mond
schien kristallhell vom blauen Himmel herab und weit
und breit war kein Wölkchen. Ueber des Nachbars
Dach schlich eine Katze. „Wahrscheinlich will sie eine
Fledermaus fangen,“ dachte ich und sah ihr gespannt
zu und war mäuschenstill. Jetzt erzählte mein Vater
den Gästen alte Weinsberger Geisterjagen, vom Pfarrer
Klüpfel, der wegen seiner Sünden als Geist laufen

muß, vom Schloßvogt auf der Weibertreu, vom Klopferle. Dieses Klopferle, sagte er, hat sich in Weinsberg
sozusagen das Ehrenbürgerrecht erworben, man spricht
nur mit größter Hochachtung von ihm; es ist ein Geist,
der in Gestalt und Kleidung einem ehrbaren Küfermeister vom Anfang des vorigen Jahrhunderts gleichen
soll. In einem alten, tiefen Keller, nicht weit vom
Marktplatz, treibt er sein Wesen, und es ist schon über
hundert Jahre her, daß er in diesen Keller gebannt ist.
Schon oft hat eins oder das andere, das in diesen
Keller hinabgestiegen, um Wein zu holen, den Geist
gesehen und ist nicht wenig erschrocken, wenn es den
unheimlichen Küfermeister hinter einem Faß hervor-
kommen sah, aber gethan hat er keinem etwas, im
Gegenteil, alle, die ihn gesehen haben, sagen, sein Gesicht sei freundlich und vertrauenerweckend gewesen und
es habe oft geschienen, als wolle er etwas sprechen.
Nun, solche Geister können in den besten Häusern vorkommen, es bleibt meist Familiengeheimnis und wird
nicht davon gesprochen. Dieses Klopferle aber, das
man füglich Herr Klopfer hätte nennen dürfen, verhält
sich das ganze Jahr still und bescheiden, aber in den
heiligen Nächten um Mitternacht zwischen zwölf und
ein Uhr, da hört man durch die Kellerlöcher herauf
plötzlich ein lautes Klopfen, wie an leere und volle
Fässer, bald hell, bald dumpf, dann fortgesetztes takt-
mäßiges Klopfen, als treibe man die Reifen an, kurz,
man könnte meinen, es sei ein Küfer unten in bester
Arbeit. Sieht man aber im Keller nach, so ist kein
Mensch unten und alles stockdunkel. Die aber, welche
auf der Straße an den Kellerlöchern vorbei gehen und

das Klopfen unten hören, rufen einander freudig zu: „Das Klopferle läßt sich wieder hören, der nächste Herbst bringt einen guten Wein!" und je lauter und länger das Geisterklopfen dauert, desto eklatantere Vorzeichen gibt das Klopferle, daß der nächste Herbst viel und edlen Wein gibt.

Ein viel schlimmerer Geist, fuhr mein Vater fort, ist in der Kirche da drüben, der Dietrich von Weiler. Am Ostersonntag 1525, als die Bauern Weinsberg belagerten, schoß er gegen alles Recht einen Herold der Bauern nieder, und als die Stadt erstürmt und viele der Ritter gefangen oder erschlagen waren, floh er in die Kirche und von da die Wendeltreppe in den Kirchturm hinauf und wehrte sich gegen die nachstürmenden Bauern tapfer, wurde aber verwundet und durch das Fenster des Turms herabgestürzt. An diese grause Todesstelle und in die Kirche soll nun der unselige Ritter als Geist gebannt sein; in der Nacht vom Ostersonntag auf Ostermontag soll er mit klirrenden Sporen und dröhnendem Schritt durch die Kirche schreiten und ein Mesner, der ihn gesehen haben wollte, beschrieb ihn als einen sehr großen und starken Mann mit rotem, struppigem Haar und Bart und von schreckbarem Aussehen. „Sie machen einen ja ordentlich gruselig," sagte die Frau Schubert zu meinem Vater, „trotz des schönen Mondscheins ginge ich jetzt doch um alles in der Welt nicht allein an die Kirche."

„O, aber ich ginge sogar hinein!" rief ich vorlaut aus meiner Ecke hervor.

„Kleiner Bramarbas!" rief mir Frau Schubert zu, und jetzt wurde wieder weiter fortgeplaudert.

Mich aber ärgerte die Rede der Frau Profefforin gründlich. „Sie hatte mich einen Bramarbas geheißen und die anderen haben dazu gelacht," brummte ich innerlich, „euch will ich's zeigen!" Leife fchlich ich die Treppe hinab, ging der Stadtmauer entlang und jetzt stand ich an der Kirche.

Nahe am Eingang in die Sakriftei und nur etwa vier Fuß vom Boden weg befindet fich eine viereckige in der dicken Kirchenmauer angebrachte Oeffnung, die einft als Fenfter einer Krypta diente. Ein Erwachfener hätte durch diefes Loch nicht in die Kirche fchlüpfen können, aber wir Buben thaten es bei unferen Spielen um die Kirche herum fehr oft und das fogenannte „Pfaffenloch" war uns ein wohlbekannter Eingang. Durch diefen alfo — Kopf und Arm voraus wie ein Küfer ins Faß — kam ich in die Krypta, die, klein und unfcheinbar, nur noch an einem großen Stein im Hintergrund, welcher wohl als Altar diente, als frühere Kapelle erkennbar ift. Von ihr aus einige Staffeln hinauf öffnet fich eine Thüre in die Kirche. Schnell war ich bei den Glockenfeilen, fie waren mir wie das Läuten wohlbekannt, da wir Buben Sonntags in die Kirche zu läuten gewohnt waren, und ich ergriff ein Seil und mit aller Kraft läutete ich etwa eine Minute lang, dann fchnell in die Krypta und zum Pfaffenloch hinaus, und ich war recht froh, als ich wieder außerhalb der Kirche auf dem mondbeleuchteten Pflafter ftand. Während ich zum Pfaffenloch herauskroch, war es mir immer gewefen, als wolle mich einer hinten an den Hofen packen. Jetzt fchlich ich wieder leife an der Stadtmauer hin und die Turmtreppe hinauf, meine Abwefenheit hatte keines bemerkt; sie sprachen eben noch davon, warum wohl auf dem Kirchturme geläutet worden sei? Da — ich traute meinen Ohren kaum — läutete es auf dem Rathaus, dann auf dem Wachtturm, es ertönten Feuerjorufe, überall riefen die Leute aus den Fenstern: „Wo brennt's?" jetzt rasselten auch Spritzen durch die Straßen, es war ein gräßlicher Tumult, der mich zu anderer Zeit sehr ergötzt hätte, so aber hatte ich ein böses Gewissen und das Herz schlug mir in Angst, was wohl aus der Sache werden könnte? Nun, es lief noch gut ab. Als der Ort des Brandes nicht zu erkunden war, lief man zum Mesner und mit diesem an die Kirche, denn da hatte es ja zuerst geläutet. Die Kirche war verschlossen gefunden worden, kein Mensch darin, nur das Glockenseil schwankte noch etwas. Das war sehr sonderbar und recht schwer zu erklären! Und manche im Städtchen mögen dabei wohl an Geisterspuk gedacht, den Herrn Dietrich von Weiler im Verdacht gehabt haben. Als wir aber mit den Gästen vom Turme herabstiegen, zupfte mein Vater mich am Ohrläppchen und flüsterte: „Hauptschlingel!" Ich ersah daraus, daß er mit väterlichem Instinkt schnell den Missethäter erkannte, der in die Kirche gestiegen und geläutet hatte, und daß er mir darob nicht böse sei.

Treue Liebe.

Ein Gast hatte einst bei der Abreise sein Hündchen mitzunehmen vergessen, wahrscheinlich hat er es aber mit Vorbedacht dagelassen, denn es war ein gar zu häßliches, kleines, mageres Hündchen, ein rauhaariger Rattenfänger, aber von scherenschleifermäßiger Abkunft, hatte einen Kopf mehr wie eine Eule als wie ein Hund, große schwarze Augen, die aber immer in trübem Schein glänzten, weil sie trieften, und es zitterte auch bei der größten Hitze. Weil es gar so schwächlich und arm war und einen wackeligen, steifen Gang hatte wie ein alter Kammerherr, fühlte mein Vater Erbarmen für dasselbe und gewann es lieb, hatte es oft auf seinem Schoße und nahm es bei auswärtigen Krankenbesuchen in der Chaise mit. Bei einer solchen Fahrt war es, daß es im Pfarrhaus in Willsbach, eine starke Stunde von Weinsberg entfernt, ein auch kleines, aber sehr schönes, rassiges Hündchen kennen lernte, ein Fräulein aus dem adeligen Geschlecht derer von Pintscher. Sie sehen und in Liebe für sie entbrennen war eins. Mein Vater und auch der Pfarrer lachten über seine ohnmächtigen Versuche, sich ihr von der besten Seite zu zeigen, aber sie unterschätzten die Macht der Liebe. Den andern Morgen fehlte das Mäuschen, so hieß der Günstling meines Vaters. Vergeblich suchte man ihn überall. Einige Stunden später brachte ein Bauernbube aus Willsbach den kleinen Verbrecher an einem Stricke um den Hals meinem Vater mit einem Briefe des Pfarrers. Der verliebte Flüchtling war trotz seiner

Schwäche bei Nacht und Nebel zu einem Rendezvous mit seiner Geliebten im Pfarrhaus angelangt und diese sei auch nicht unempfindlich gegen seine Verführungskünste geblieben. Er wurde nun sorgsam bewacht, da es ihm aber dennoch öfters gelang, zum Gegenstand seiner Liebe durchzukommen, band mein Vater einen langen Bindfaden, die große Papierschere am Ende, an sein Halsband. Ging er nun die Stiege hinab, so gab es ein großes Geklapper und er ward schnell wieder zurückgebracht. Aber einstmals gelang es ihm doch, unbemerkt das Freie zu erreichen, und er lief mit der schweren Papierschere hinter sich bis zum Pfarrhaus, dort sank er entkräftet nieder und starb. Der Pfarrer gönnte dem treuen Toggenburg trotz seines etwas unmoralischen Lebenswandels ein ehrliches Grab in seinem Hausgarten und mein Vater schenkte dem Pfarrer aus Dankbarkeit die große Papierschere.

Von Erfrorenen.

In Weinsberg war ein armer Weingärtner, derselbe war fleißig und mäßig und arbeitete als Taglöhner auch öfters in unserem Garten. Er hatte eine böse Frau, die ihm durch Zänkereien das Leben oft recht unleidlich machte. Wenn ihm der Unfriede im Hause zu arg wurde, flüchtete er sich allemal in den kleinen Weinberg, den er an der Weibertreu besaß, setzte sich zu seinen Reben und suchte da sein Elend zu vergessen. In einem bitterkalten Winter, am Tag vor

Neujahr, tobte die Frau wieder zu sehr und sagte unter anderen bösen Reden, der Weinberg müsse verkauft werden, es sei ihr schon ein Angebot gemacht. Dieser Gedanke, auch seinen lieben Weinberg nimmer haben zu dürfen, brach ihm das Herz; er zog insgeheim seine Sonntagskleider an und besuchte seine Freunde und Bekannten, auch meine Eltern, denen er ein glückliches Neujahr wünschte. Mein Vater schenkte ihm einen Gulden, mit diesem kaufte er sich einen Krug Schnaps und ging um Mitternacht in seinen Weinberg, dort trank er den Krug aus, schlief ein, und als die Sonne am Neujahrmorgen aufging, lag er steif und erfroren.

*

Der Kameralverwalter von Weinsberg fuhr einst in einer kalten Winternacht von Heilbronn nach Weinsberg. Als er in die Nähe des Städtchens kam, sah er einen Mann im Graben liegen, er stieg aus und bemerkte zu seinem Schrecken, daß er einen Erfrorenen vor sich hatte. Schnell fuhr er nach Weinsberg und machte dort Anzeige. Der Verunglückte, ein Handwerksbursche, wurde in die Stadt und in die Scheuer eines Wirtshauses gebracht. Der Chirurg des Orts wurde beauftragt, Rettungsversuche anzustellen; er zog dem Erfrorenen die Kleider aus, legte ihn auf Schnee und rieb nach Kräften. Richtig, nach einer Stunde anhaltenden Reibens gelang es ihm, wieder Leben in den Erfrorenen zu bringen, derselbe schlug die Augen auf, und lallte einige Worte. „So, Alterle," sagte der Chirurg, „eine Ehr' ist die andere wert, ich habe Dich wieder zum Leben gebracht und mir hat das Reiben entsetz-

lichen Durst gemacht, ein Schöpplein Wein darf ich mir
jetzt wohl gönnen."

Damit ging er in das nahe Bäckerhaus, erzählte
dort, wie durch seine Kunst ein Toter wieder zum Leben
erstanden sei, ließ sich sein Schöpplein gut schmecken,
und als er zu seinem Handwerksburschen wieder zurück-
kehrte, lag derselbe steif und still und war zum zweitenmal erfroren, diesmal aber gründlich.

Gefährliche Russen.

In Hohenheim studirte ein junger Russe Namens
Borborikin. Derselbe war Offizier gewesen, wurde wegen
Insubordination nach dem Kaukasus versetzt, dort verwundet geriet er in tscherkessische Gefangenschaft, kam
später, um Landwirtschaft zu studiren, nach Hohenheim.
Bald zeigten sich bei demselben Spuren von Geistes-
krankheit, die bei Vollmond in hochgradige Exaltationen
ausarteten; in einer solchen ergriff er einen seiner Kom-
militonen und hielt denselben mit herkulischer Kraft frei
in der Luft am Rockkragen zum Fenster hinaus, daß
er erbärmlich schrie.

Auf das hin kam Borborikin in die Irrenanstalt
nach Winnenthal; dort schien er sich zu bessern und
eines Tages präsentirte er sich in Weinsberg bei meinem
Vater mit einem Briefe vom Anstaltsdirektor, Hofrat
Zeller. Dieser schrieb, er halte den Russen, dessen
Krankheitsgeschichte er beilegte, für geheilt, doch sende
er ihn, ehe er ihn ganz entlasse, meinem Vater zur

Probe, ob er sich beim Vollmond und in der Freiheit auch in Weinsberg vernünftig aufführe. Borborikin war ein auffallend hoher, breitschulteriger Mann mit schönem blondem Vollbart, wußte gut zu erzählen, und wir waren bald gut Freund, er logirte bei mir im Gartenhaus.

In einer Nacht erwachte ich an einem sonder- baren Gemurmel. Borborikin kniete vor seinem Koffer, den er in das Wohnzimmer, das zwischen unseren beiden Schlafzimmern lag, getragen hatte, und ent- nahm demselben ein großes Paket Briefe; er entfaltete diese, küßte jeden einzeln und schichtete sie aufeinander. Ich sah alles genau, da der Mond hell ins Zimmer schien. Dabei summte er eintönig ein Lied in russischer Sprache. Mir war die Sache ziemlich unheimlich, doch da er jetzt betete und weinte, wollte ich ihn nicht stören und hoffte, das Ganze nehme einen ruhigen Verlauf. Plötzlich aber ging er an seinen Nachttisch, holte ein Streichholz und zündete unter lautem Gebet den Haufen Briefe an. Nun war das Gartenhaus leicht gebaut, im untern Stock und oben unter dem Dache lag viel Heu aufgehäuft. Als die Briefe aufloderten und die Flamme emporschlug, sprang ich aus dem Bett, schüttete schnell auf die Briefe ein gefülltes Waschbecken und zerdrückte die Funken. „Donnerwetter, was sind das für Narrheiten!" rief ich, „auf der Stelle gehen Sie in Ihr Bett!" Es war, wie wenn er aus einem Traume erwachte. Demütig ging er seinem Bette zu und bald hörte ich, daß er gut schlief. Morgens war er früh aufgestanden und stumm fortgegangen. Wäh- rend ich mich anzog, sah ich, wie er im Garten auf einer Bank saß und mit seinem großen Jagdmesser an einem Pfahl schnitzte.

Ich öffnete das Fenster und rief: „Guten Morgen!" Da drehte er sich nach mir um und schrie: „Glauben Sie, ich hätte vergessen, was heute nacht geschehen ist? Sie haben die Briefe meiner Geliebten mit Wasser begossen und sie mit Füßen getreten, und darum müssen Sie jetzt sterben!" Das war mir doch über den Spaß. Schnell sprang ich die Stiege hinab und schloß die Hausthüre ab. Jetzt kam er mit dem Messer in der Hand heran, und als er die Thür verschlossen fand, versuchte er an dem Rebenspalier heraufzusteigen, es brach aber unter seiner Last, was ihn noch mehr aufregte. Er wollte nun die Thür mit der Schulter eindrücken. Als dieses nicht gelang, nahm er eine große Baumstütze und rannte damit gegen die Thüre. Dieselbe hielt stand, aber da er die Stöße immer stärker fortsetzte, fürchtete ich, sie möchte doch aus den Angeln gehen, und dann, wenn er in der Wut herausspringt, bin ich verloren! dachte ich. Leise ging ich die Stiege hinab, und eben als er wieder gestoßen hatte, schloß ich schnell die Thüre auf und trat rasch auf ihn zu. „Ich verbitte mir Ihre Tollheiten!" rief ich und sah ihn dabei fest an; „augenblicklich legen Sie Messer und Stange weg, oder ich lasse Sie ins Zwangshemd stecken!" Gottlob, er ließ sich einschüchtern, doch war ich recht froh, als ich mit heiler Haut im Wohnhaus drüben ankam. Dort erzählte ich's meinem Vater, der nahm die Sache ruhiger auf, als ich geglaubt hatte. „Es war heute nacht Vollmond," sagte er, „mit dieser Explosion wird wieder auf einen Monat Ruhe eintreten," und da kein anderes Zimmer frei war, mußte ich weitere Nächte mit Borborikin im Gartenhause zubringen, doch gebe ich zu, daß ich einige Zeit recht angstvoll zu Bett ging, übrigens mit Unrecht; es schien, als wollte er durch vermehrte Liebenswürdigkeit sein exaltirtes Betragen vergessen machen, freilich nach seiner Art. So hatte er eine schöne hölzerne Tabakspfeife mit originellem silbernem Beschlag und künstlerisch eingelegter russischer Inschrift, das Rohr hatte eine große Bernsteinspitze. „Sehen Sie diese Pfeife," sagte er zu mir, „sie ist sehr wertvoll und mir besonders lieb und heilig, weil sie ein Geschenk von einem verstorbenen Freunde ist. Ich würde sie Ihnen gerne schenken, dann aber würden Sie daraus rauchen, und das darf nicht sein; aber daß Sie sehen, daß ich Sie lieb habe, opfere ich die Pfeife Ihnen," und knick, knack, ein Druck mit seinen gigantischen Fingern, und die Pfeife war zerbrochen. Die Ueberreste besitze ich noch.

Einige Tage später ereignete sich etwas Sonderbares. Das Pferd, mit dem mein Vater auf die Praxis fuhr, war schon die ganze Woche krank, es war dämpfig, atmete schwer, zitterte an allen Gliedern, eine Ursache des Leidens war nicht zu entdecken. Jetzt auf einmal kam der Kutscher: „Kommen Sie schnell in den Stall, ich wußte schon lange nicht, warum der Russe immer zu dem Pferde hineingeht, jetzt habe ich ihn erwischt." Wir eilten hinab, da stand der Russe in Hemdärmeln und rieb das Pferd mit einem Strohwisch, so stark er konnte, dann faßte er dessen Kopf mit beiden Händen und blies ihm mit Leibeskräften in die Nase, daß es schnaubte und sich bäumte.

„Was, zum Teufel, treiben Sie da?" rief mein
Vater. — „So macht man es bei den Tscherkessen,"
entgegnete er, „das gibt den Pferden Kraft." Nun
war's meinem Vater doch zu bunt, zuerst der einzige
Sohn fast gemetzelt und jetzt das Pferd bei lebendigem
Leib aufgeblasen — er schrieb an Medizinalrat Zeller,
er solle den unheimlichen Gast abholen lassen. Später
starb derselbe in einer Kaltwasserheilanstalt.

*

Eines Morgens stürzte in sichtbarer Hast und Aufregung ein Herr ins Haus; derselbe hatte kurzgeschorene
rote Haare, einen großen, spitzen Schnurrbart, vorstehende
Backenknochen, glänzend stechende Augen, eleganten Reiseanzug. „Sind Sie der Doktor Kerner?" — „Ja."
— „Wo ist Ihre Somnambule?" — „Ich habe gegenwärtig keine." — „Was, Sie haben keine? Freilich
haben Sie! Stehen Sie auch gegen mich im Bunde?
Ich lasse mich aber nicht abweisen, ich komme direkt
von Moskau her, bin Tag und Nacht gereist, kann die
Verfolgung nimmer länger aushalten — o Herr Doktor,
helfen Sie mir! Seien Sie barmherzig, helfen Sie
mir!" — „Setzen Sie sich," sagte mein Vater, „und
sagen Sie mir ruhig, was Sie eigentlich wollen." —
„Was ich will? Ruhe will ich, Frieden will ich, nicht
gequält sein will ich. O, es ist schrecklich! Hören Sie
nicht? Eben lachen sie wieder und zischen mir in die
Ohren: ‚Er meint, er bekomme uns los, der hoch-
mütige Esel! Aber der Doktor kann ihm auch nicht
helfen!' Ich werde verfolgt von einer unsichtbaren
Bande, Tag und Nacht gepeinigt und beschimpft. Ich

will wissen, wo diese Rotte ist, aus welchen Personen sie besteht; o, ich erwürge sie, und wenn ich aufs Schafott komme! Hören Sie, wie sie wieder lachen und mir nachhöhnen! Schafott, Schafott!"

„Dauert diese Verfolgung schon lang?" — „Schon jahrelang! Und dabei saugen sie an mir, nehmen mir alle Nervenkraft, rauben mir den Schlaf, machen mir Kopfweh und Gesichtsschmerz und rufen mir immer zu: ‚Stirb doch, stirb doch!' Hören Sie, eben rufen sie: ‚Dazu ist er zu feig! Er will nicht sterben!'" — „Ihr Nervensystem scheint sehr zerrüttet zu sein!" sagte mein Vater. — „Was, Nervensystem! Das gibt Ihnen nur die Bande ein! Personen, lebende Personen sind es, ich sehe ja die Fäden, die sie nach mir spinnen, mich daran ziehen. Wo ist Ihre Somnambule? Sie muß mir sagen, wo meine Peiniger sind, wo sich die Bande befindet! Ich will sie vernichten!" — „Es thut mir leid, aber ich habe in der That gegenwärtig keine Somnambule, die Ihnen Auskunft geben könnte, aber reisen Sie nach Paris, der berühmte Magnetiseur Graf Scapary kann es Ihnen mitteilen," sagte mein Vater. — „Ja, das will ich thun!" rief er und stürzte hinaus. Mein Vater war froh, den Narren fort zu haben, aber nach fünf Tagen war er wieder da und noch aufgeregter als vorher. — „Der Graf Scapary hat gesagt, ich sollte nur wieder zu Ihnen reisen, Sie seien der einzige, der den Aufenthalt der Verschwörerbande wisse." — „Nun," sagte mein Vater, der in der Angst zu dieser Notlüge griff, „ich weiß es, die Somnambule hat es mir gesagt, Ihre Verfolger sind in einem Frauenkloster, drei bis vier Stunden von Moskau,

Näheres wußte sie mir nicht zu sagen." — „Ha, ich weiß es jetzt schon," rief er ganz vergnügt, „ich kenne das Kloster, eine Verwandte von mir ist darin!" und blitzschnell eilte er fort. Ist er bei Moskau als Würgengel in ein Kloster eingebrochen? Wurde er als Narr irgendwo festgehalten? Gottlob, wir erfuhren nichts mehr von ihm.

Der schlechte Sitz.

Zu den seltenen Fällen, in denen mein Vater einem Begräbnisse beiwohnte, gehörte der des Bürgermeisters Plank. Man hatte sich im Trauerhause versammelt, der Leichenwagen setzte sich in Bewegung, die wenigen Equipagen des Orts fuhren der Reihe nach vor, um Pfarrer, Verwandte und die Beamten der Stadt zum Kirchhof zu führen. Der Oberamtmann, welcher durch Krankheit verhindert war, mitzufahren, hatte dem Oberamtsrichter und meinem Vater seine zweisitzige Chaise zur Verfügung gestellt. Als sie einsteigen wollten, bemerkten sie mit Schrecken, daß der Sitz vollständig fehlte. Derselbe war nämlich — wie man's früher öfters hatte — eine Art Holzkoffer mit Kissen belegt, zum Herausnehmen gemacht, und der Kutscher hatte ihn beim Reinigen der Chaise herausgenommen und wieder hineinzuthun vergessen. „Ach, ums Himmels willen," raunte ihnen der Kutscher flehentlich zu, „steigen Sie schnell ein und thun Sie, als ob Sie sitzen thäten, Sie wissen ja, wie mein Herr ist, er würde mich aus dem Dienst jagen, wenn er meine Nachlässigkeit erführe." Was war zu thun? Der arme Kerl dauerte sie. Nun war aber der Oberamtsrichter wie mein Vater groß und schwer, und es kostete sie nicht geringe Mühe, den langen Weg durch die Stadt und bis an den Kirchhof die gekrümmte Stellung Sitzender beizubehalten und dazu noch bei der Trauerfeierlichkeit angemessen ernste Gesichter zu bewahren. Als sie wieder aus dem Gottesacker heraustraten, hatte der Kutscher unterdessen einen starken Prügel über die Sitzstelle gespannt, auf diesem saßen sie beim Heimfahren.

Auf dem Kirchhof hatte ich einst das steinerne Köpfchen einer Frau gefunden, welches, der mittelalter= lichen Haube nach zu schließen, wohl einst einem Grab= stein aus dem fünfzehnten Jahrhundert angehört haben mochte. Ich brachte es voll Freude heim, da aber den Tag darauf eines im Hause erkrankte, mußte ich das Köpfchen wieder auf den Kirchhof hinaustragen und auf dieselbe Stelle niederlegen, von der ich es genommen.

Somnambule.

Christiane Käpplinger.   Karoline Stähle.

Im Jahre 1822 wurde mein Vater fast zu gleicher Zeit zu zwei Mädchen als Arzt berufen, welche nach seiner ersten Diagnose an ausgebildetem Hysterismus litten. Die Entstehungsursache dieser Krankheit war bei beiden die gleiche. Die eine, Christiane Käpplinger, hatte ihren Bruder, an dem sie mit höchster Liebe hing, durch den Tod verloren, die andere, Karoline Stähle,

ihre Mutter. Die Trauer um diese Toten, das be-
ständige Sehnen nach denselben, der unbesiegbare Drang,
ihre Seele so viel als möglich von dem Leibe loszu-
lösen, um die Heimgegangenen in höheren Sphären zu
finden, sie dort in seligem Zustande wiederzusehen,
steigerten bei beiden Mädchen das Gefühlsleben aufs
höchste, erregten krankhaft ihre Phantasie, erzeugten in
ihnen Schlafwandeln, Schlafreden, Somnambulismus,
kataleptische Zustände, Hellsehen, in dem die eine ihrem
Bruder, die andere ihrer Mutter nahe zu sein glaubte,
sie in seligem Zustand, in verklärter Gestalt oder als
lichte Wölkchen, Sonnenstrahlen zu schauen wähnte.
Dem Hellsehen gingen meist die schrecklichsten Krämpfe
voran. In diese verfielen sie auch bei unerwarteten
Gemütsbewegungen, Erschrecken, Nahen ihnen anti-
pathischer Personen, Berührung mancher Metalle. Aus
diesem somnambulen Zustande wurden sie erweckt durch
Glas, das man ihnen in die Hand gab oder auf die
Herzgrube legte. Beide Mädchen kannten sich nicht zuvor, lebten auch in verschiedenen Verhältnissen. Die
Käpplinger, neunzehn Jahre alt, lebte bei ihren um
ihre Erziehung und Gesundheit sehr besorgten braven
Eltern und war in gesunden Stunden mit regem Fleiß
in der Landwirtschaft thätig; die Karoline Stähle,
siebenzehn Jahre alt, diente als Haushälterin in der
Familie des Stadtpfarrers. Obgleich ihr dort aufopfernde Pflege und Geduld zu teil wurde, sehnte sie
sich doch fortgesetzt nach Stuttgart zurück zum Grabe
ihrer Mutter. Da ihr Vater und sie selbst gegen das
Magnetisiren waren, so unterließ mein Vater bei ihr
jede magnetische Behandlung und besuchte sie nur täg-

lich, um ihren Zustand zu beobachten und Aufzeich-
nungen darüber zu machen, worin ihn auch der Stadtpfarrer unterstützte. Da das Hellsehen, das Schauen in
die Ferne, immer wieder zu Tage trat, so daß sie im
schlafwachen Zustande genau angeben konnte, was in
kleiner oder in stundenweiter Entfernung manche Menschen thaten, mit fest verbundenen Augen oder in der
Nacht Geschriebenes und Gedrucktes auf der Herzgrube
zu lesen vermochte und sich dieses magnetische Sehen
auch in ihre Finger verpflanzte, berief mein Vater befreundete Aerzte der Umgegend, um alles ernstlich zu
prüfen und ihre Erfahrungen zu konstatiren. Es waren
dies Dr. Uhland von Ludwigsburg, Dr. Höring von
Schwaigern, Dr. Off von Löwenstein, Dr. Seyffer von
Heilbronn und andere; auch Lehrer und Beamte, welche
Zutritt hatten, überzeugten sich wie die vorgenannten
Aerzte von der Richtigkeit und Wahrheit dieses magnetischen Schauens.

Allmälich minderten sich alle krankhaften Erscheinungen,
und sie kehrte wieder zu ihrem Vater nach Stuttgart
zurück. Dort verblieb sie mehrere Monate, ihr Somnambulismus hatte sich anscheinend gehoben, und sie
trat wieder bei dem Stadtpfarrer, welcher unterdessen
als Pfarrer nach Murrhardt gekommen war, in Dienst.
Nach einigen Wochen wurde sie, ohne einen Grund angeben zu können, traurig, übellaunig, verfiel in Kata-
lepsie und erwachte aus derselben mit vollkommen klarem
Bewußtsein, es war der 4. Juli 1823, sie glaubte aber
fest, es sei der 4. September 1822, der Tag, an dem
ihr somnambuler Zustand angefangen hatte, und sie sei
in Weinsberg. Alles, was seit dem 4. September 1822

mit ihr vorgegangen war, war völlig aus ihrem Ge-
dächtnis verwischt.

Die Christiane Käpplinger magnetisirte mein Vater
jeden Tag und führte ein regelmäßiges Tagebuch über
sie. Außer den Visionen, welche sie in schlafwachem
Zustande hatte und die sich hauptsächlich auf ihren
verstorbenen Bruder bezogen, waren ihr Empfinden und
ihre Erörterungen über das Wesen und die Wirkung
der Pflanzen merkwürdig, sie verordnete auch den
Kranken, in deren Leiden sie einzugehen vermochte, mit
Glück die der Natur der Krankheit entsprechenden Heil-
mittel; meist waren es Kräuter, welche, frisch dem
Walde entnommen, als Thee getrunken werden mußten.
Am 8. Februar 1823 war, wie sie Monate vorher
vorausgesagt, ihr letzter magnetischer Schlaf, und sie
blieb von da an gesund und war in der Haushaltung
thätig.

Für meinen Vater fühlte sie immer große Dankbarkeit und kam öfters in unser Haus. Im Jahre 1872,
zehn Jahre nach dem Tode meines Vaters, schenkte ein
Herr aus Siebenbürgen, den ich längere Zeit magnetisch
behandelte, der Käpplinger, welche er bei mir kennen
lernte, eine große Prachtbibel mit Illustrationen; sie
hatte eine innige Freude an ihr, legte sie immer neben
sich auf das Kopfkissen und, das Haupt auf ihr, starb
sie im Juni 1873, siebenzig Jahre alt.

Die Seherin von Prevorst.

Am 25. November 1826 kam eine schwerkranke Frau, Friederike Hauffe, unter Begleitung des Dr. Off von Löwenstein und einer Verwandten in Weinsberg

an, um sich meinem Vater in Behandlung zu geben; sie fand im Parterrezimmer eines klei= nen Hauses, nicht weit von dem meiner Eltern, Unter= kunft.

Die Kranke war den 23. September 1801 in Prevorst, einem zwei Stunden von Löwenstein in Württemberg

entfernten Gebirgsort geboren, wo ihr Vater Förster war. Als Mädchen hatte sie ihre Jugend meist bei dem Großvater, Kaufmann Schmidgall in Löwen= stein, zugebracht, war gesund und lebhaft, erzählte aber manchmal von Ahnungen, voraussagenden Träumen, glaubte auch Geister zu sehen. Von ihrem siebenzehnten bis neunzehnten Jahr war sie bei ihren Eltern in Oberstenfeld, wohin ihr Vater als Revierförster befördert war. Blühend aussehend und in Gesellschaft munter und lebendig, erschien sie körperlich und geistig gesund und verlobte sich, ihrer Neigung entsprechend, mit einem Vetter, Kaufmann Hauffe in Kürnbach. Es war ein braver, verständiger Mann, und die Ehe, welche mit zwei Kindern gesegnet war, hätte eine glückliche sein können, wäre nicht der kranke physische und psychische

Zustand, in den die Frau bald nach der Verheiratung verfiel, mit wenigen Intervallen, ein immer mehr trauriger, hoffnungsloser geworden, gleich qualvoll für sie wie für die Ihrigen, welche dem geheimnisvollen Leiden und den erschreckenden Nervenzufällen ratlos gegenüberstanden und vergebens sich nach Hilfe umsahen. Darum auch die vielen, oft entgegengesetzten Kuren, unter denen die Kranke immer elender, körperloser, vergeistigter wurde. Mein Vater, der die dem Tode Verfallene nur ungern noch in Behandlung nahm, hoffte anfangs durch ein rein ärztliches homöopathisches Verfahren noch einigermaßen helfen und sie aus dem somnambulen Zustande herausbringen zu können, aber immer mehr nahm die Schwäche zu und stündlich war der Tod zu erwarten. Da vermochte mein Vater nicht zu widerstehen und versuchte als letztes Mittel den Magnetismus. Gleich nach den ersten Strichen fühlte sie sich gestärkt, waren ihre Leiden gemindert, konnte sie sich etwas aufrichten. Nun setzte mein Vater diese Behandlung fort, sie wurde dadurch immer mehr in die somnambulen Kreise gezogen, und was sie in diesen Zuständen fühlte, erschaute und sprach, ihr ferneres Leben und Ende, das alles ist in meines Vaters weit verbreitetem, in sechs Auflagen erschienenem Buch „Die Seherin von Prevorst" ausführlich enthalten und genugsam bekannt. Ich war zehn Jahre alt, als die Kranke nach Weinsberg kam, und kann mich deshalb noch gar gut erinnern. Das totenblasse, von Krankheit und Schmerzen abgemagerte feine Gesicht, nonnenartig umrahmt von einem großen weißen Tuch, das Haare und Schultern umhüllte, die großen, in seltsamem

Lichte strahlenden Augen mit den langen schwarzen
Wimpern und den schön gebogenen Augenbrauen, die
elfenbeinweißen, durchsichtigen Hände, — wer sie einmal
gesehen, konnte sie nimmer vergessen, und ich sah sie
jahrelang und täglich, saß oft an ihrem Bette wie ein
Schmetterling an der Nadel und sehnte mich aus der
trüben Krankenstube hinaus in den Sonnenschein. Meine
Jugend mochte machen, daß ich für die Seherin ein
kleines Nichts war, sie konnte meine Gegenwart zu jeder
Zeit ertragen. Mein Kommen und Gehen, allerdings
immer so still als möglich, störte sie nicht, und befielen
sie Krämpfe oder übergroße Bangigkeit, so war ich doch
kein zu verachtender Krankenpfleger, es that ihr dann
wohl, wenn ich meine Hand auf ihre Stirn legte oder
ihre Handgelenke fest umfaßte oder ihr magnetisirtes
Wasser und von ihren Tropfen — meist Baldrian=
wasser mit Kirschlorbeerwasser — ein Löffelchen zu
trinken gab.

Gar häufig, wenn mein Vater über Feld zu
Kranken mußte und nicht zur gewohnten Stunde die
Seherin magnetisiren konnte, magnetisirte er mich vor
seiner Abreise, und trat ich dann, mit diesem unwäg=
baren Fluidum beladen, zu angegebener Zeit bei der
Seherin ein, so war ich besonders willkommen, ich
mußte mich still und ruhig an ihr Bett setzen, sie faßte
fest meine Hand und ich mußte unbewegt ausharren,
bis sie das mir anvertraute Fluidum aufgesogen hatte,
ihre Augen sich schlossen, ihre Hände sich lockerten, dann
stand ich leise auf, schlüpfte zur Thüre hinaus und ließ
mich womöglich den ganzen Tag nimmer bei der an
meiner Nervenkraft saugenden Spinne sehen. Diese

Sitzungen und Samariterdienste bei der Seherin hatten nämlich für mich auch oft einen bösen Nachgeschmack. Ich kam durch sie häufig zu spät in die Schule und vernachlässigte meine Hausaufgaben. Während ich im Glauben zunahm, nahm ich im Wissen ab, und mein Präzeptor ließ mich oft schmerzlich fühlen, daß es schwer ist, zweien Herren zugleich zu dienen. Doch dieses mir oft recht gründlich beigebrachte Schmerzgefühl kümmerte meinen Vater nicht. Alle Augenblicke, wenn ich an der Feder nagte und meine Lateinaufgaben schreiben oder sonst der Gelehrsamkeit huldigen wollte, hieß es: „Such zu Versuchen bei der Seherin schnell diese und jene Pflanzen!" Da mußte ich in Wald und Feld rennen, Baldrianwurzel, Farnkraut, Ringelblume, Fenchel, Holunder, Kartoffelblüte, Sauerampfer, Brunnenkresse und so weiter holen; bei dem Johanniskraut mußte ich meist schon in der Morgendämmerung aufstehen, es noch mit dem frischen Tau zur Seherin bringen. Dann kam wieder ein Professor, der sprach mit meinem Vater über die Wirkung der Wünschelrute, hatte aber noch keine gesehen. „Schnell, Theobald, bring eine!" rief mein Vater, und ich mußte die gabelförmigen Zweige einer Haselnußstaude von einer Hecke suchen und abschneiden. Je mehr der Anlauf wißbegieriger Fremder, welche die Seherin sehen und prüfen wollten, zunahm, desto notwendiger wurden meine Dienste als Portier, und das war mitunter für mich ein schweres Amt. Es gab viele ungeschlachte Gesellen, welche glaubten, unangemeldet wie in eine Schaubude bei der Seherin eintreten zu können, diese mußte ich unter allerlei Ausreden gründlich abweisen; andere fragten mich ganz

manierlich, wann sie wohl Zutritt haben und wann
sie meinen Vater sprechen könnten? und so weiter.

So machte ich die Bekanntschaft mit berühmten Natur=
forschern, Aerzten, Philosophen, was mir aber wenig
nützte, da ich noch zu jung war, um ihren Wert er=
kennen zu können.

Es kamen damals der Seherin zu lieb auf Tage,
oft auch auf Wochen J. Görres, Fr. Baader, F. J.
Schelling, Lad. Pyrker, G. Schubert, Eschenmayer, D.
Strauß, Passavant, Schleiermacher, Wangenheim, Schön=
lein, Köstlin, Georg Jäger, Gläubige und Ungläubige
und Philosophen, Doktoren, Professoren und Schrift=
gelehrte aller Art, der liebste Besuch war mir aber
immer Stadtschultheiß Titot von Heilbronn. Dieser
hatte eine große Mineraliensammlung und brachte aus
derselben oftmals verschiedene Steine, mit denen mein
Vater bei der Seherin Versuche machte. Von diesen
Steinen schenkte Titot mir zuweilen, so daß ich all=
mälich eine kleine Steinsammlung hatte. Außer diesen
in greifbarer Menschengestalt erscheinenden Besuchen
kamen auch unheimlich körperlose zu der Seherin; ich
hörte diese mit ihnen reden, doch sprechen und antworten
hörte ich die Geister nie, ich habe auch nie einen ge=
sehen, weshalb ich bald alle Angst vor ihnen verlor.
An ihr Dasein glaubte ich wohl, zumal, wenn die
Stubenthüre auf unerklärbare Weise von selbst auf= und
zuging und es oft sonderbar im Zimmer rauschte, aber
im stillen hielt ich sie für recht langweilige, traurige
Gesellen.

Heilbronner Künstler.

In Heilbronn waren zwei Maler. Der eine Namens Dörr, ein großer, dicker, lebenslustiger Mann, unendlich gutmütig, war Landschaftsmaler, hatte auf seinen Reisen in der Schweiz viele Skizzen gemalt, nach denen er zu Hause ein vielfältiges großes Panorama, nicht ohne künstlerischen Wert, verfertigte, mit dem er zuweilen herumzog und es um Geld sehen ließ. Auch unser Haus mit Turm und Weibertreu war in diesem Panorama zu sehen, es war Nacht, der Mond schien durch Wolken, eine Herbstgesellschaft, darunter viele Heilbronner Freunde, zog mit Fackeln am Hause vorbei; meine Eltern schauten aus dem Fenster.

Maler Wagner war Zimmermaler, versuchte sich aber auch im Porträtiren; er malte meine Eltern lebensgroß in Oel, es waren aber horrible Bilder, die man nur aus Höflichkeit für Wagner einige Zeit aufhing. Mein Vater liebte Wagner wegen seiner Originalität. So oft man zu ihm kam, hatte er irgend eine neue Erfindung in seinem Fach oder dem Haushalt vorzuzeigen. Seine Fußböden waren sorgsam mit angenageltem dickem Pappendeckel belegt, den er kunstvoll bemalt hatte, man durfte aber nur behutsam auf denselben gehen, sonst that's ihm in der Seele weh. Zu dem am Kernerhause angebauten Schweizerhaus hat Wagner den Plan gemacht.

In künstlerischer Begabung und Ausbildung hoch über diesen beiden stehend war ein dritter Heilbronner, der Historienmaler Alexander Bruckmann. Derselbe

war längere Zeit in Rom gewesen. Auf der Weiber=
treu wollte er auf einer „der Mantel" benannten hohen
Mauer, welche einst gebaut war, um die Burg gegen
Geschosse vom nahen Schemelsberg her zu schützen, ein
großes Freskogemälde malen, dasselbe sollte die Be=
lagerung der Burg durch Kaiser Konrad und die treuen
Weiber von Weinsberg, wie sie ihre Männer herab=
tragen, darstellen.

Aber bald sah Bruckmann ein, daß Frost und
Regen und böses Volk das Bild schnell zerstören würden,
und verewigte seinen Namen durch das große Oel=
gemälde „die Weiber von Weinsberg", das jetzt eine
Zierde der Stuttgarter königlichen Bildergalerie bildet.
Auf diesem Bilde hat Bruckmann den weiten steilen
Weg von der Burg bis zur unten gelegenen Wiese,
auf der Kaiser Konrad mit seinem Heere postirt war,
den Weibern mit ihrer schweren Bürde erspart und läßt
den Zug aus einem Festungsthore der Stadt unmittel=
bar zu dem Kaiser und seinem Gefolge herantreten, so
daß die Männer nicht weit zu tragen waren, einige
von den Frauen sich's auch bequemer machten und zu
zwei einen Mann trugen. Die Herzogin Welf aber,
die erste im Zug, eine starke Brunhildengestalt, hat
ihren Mann mit beiden Armen umfaßt und setzt ihn
mit kräftigem Schwung vor dem Kaiser nieder.

Historisch habe ich beizufügen, daß der Kaiser seinen
Worten getreu zwar die Männer frei von dannen ziehen
ließ, aber weiter erstreckte sich seine Galanterie nicht,
er ließ, ungerührt von den Bitten der Frauen, Stadt
und Burg Weinsberg durch Feuer zerstören.

*

Ein lieber Freund meines Vaters war auch der Silberarbeiter Peter Bruckmann, ein hochsinniger Künstler, aus dessen Fabrik herrlich geformte Pokale, Ornamente und so weiter nach den Zeichnungen des leider zu früh gestorbenen Konrad Weitbrecht hervorgingen.

*

Aus einer Künstlerfamilie stammend und einst als Kupferstecher rühmlich bekannt, hatte sich D. im hohen Alter aus der Residenz nach Heilbronn zurückgezogen und lebte da still und bescheiden, doch nicht ohne liebe Freunde, die ihn wegen seines liebenswürdigen Charakters hochschätzten und an seiner feinen, lehrreichen Unterhaltung Gefallen fanden. Auch mein Vater freute sich, wenn er ihn sah, doch geschah dies in letzter Zeit selten; es hieß, er sei krank und menschenscheu geworden. Aber unerwartet trat er eines Morgens in unser Wohnzimmer, gab meinem Vater freundlich lächelnd die Hand und erzählte, er sei von Heilbronn zu Fuß über den Wald hieher gegangen und werde auch denselben Weg wieder nach Hause machen.

Mein Vater belobte ihn wegen seiner jugendlichen Rüstigkeit, worauf er wehmütig sagte: „Sie sollten recht haben! Ich möchte noch gerne ein paar Jahre im rosigen Lichte leben, haben Sie aber die Güte und kommen Sie mit mir hierher ans Fenster und jetzt — betrachten Sie meine Zunge und sagen Sie mir offen Ihre Meinung als Arzt." Mein Vater starrte auf die Zunge, wurde bleich und schwieg. Da sagte D.: „Ich danke Ihnen für Ihre ehrliche Antwort. Ihr Stillschweigen sagt mir so viel und noch mehr, als mir die anderen Aerzte, die ich befragt habe, gesagt haben; ich leide an unheilbarem Zungenkrebs, werde mir und anderen zum Greuel!"

Haſtig griff er nach ſeinem Hut, drückte meinem Vater die Hand und entfernte ſich mit eiligen Schritten. Eine Stunde darauf kam die Nachricht ins Städtle, im Walde oben liege ein alter Herr mit weißen Haaren tot unter einer Eiche. Das Terzerol, mit dem er ſich erſchoſſen, hatte D. ſchon auf ſeinem Todesgange nach Weinsberg bei ſich und wollte hier nur noch unumſtößliche Beſtätigung ſeines furchtbaren Leidens haben.

An dieſem Tage und die darauffolgenden war es recht ſtill und traurig im Kernerhauſe.

Schullehrer Wurſt.

Auf dem Turme war einſt eine luſtige Geſellſchaft, unter andern ein Neffe meines Vaters, der Regierungsrat Steinbeis, ſpäterer Präſident der königlich württembergiſchen Zentralſtelle für Gewerbe und Handel (1893 geſtorben). Da kam ein alter Schulmeiſter aus dem nahen Dorfe S., welcher meinem Vater über ſeinen kranken Pfarrer rapportirte und ſelbſt wegen einer bedeutenden Beule am Kopf ſich Rats erholte. Der Pfarrer nämlich hatte den Tag vorher, am Sonntag, in der Kirche gepredigt; anſcheinend ruhig habe er die Kanzel beſtiegen, doch während des Predigens ſeien ſeine Bewegungen immer heftiger, ſeine Stimme gereizter geworden, ſo daß alles ſich ſagte: „Was hat nur unſer Pfarrer?" Auf einmal habe er mit Donnerſtimme gerufen: „Ihr Bauern ſeid Spitzbuben, weil der Schultheiß ein Spitzbub iſt, und der Schultheiß iſt ein

Spitzbub, weil der Oberamtmann ein Spitzbube ist“ —
und so habe er immer höher hinauf gemacht zu den
Geheimeräten, Ministern und bis zum König hinauf
und immer ärger getobt und geschrieen und von Ober-
und Unterteufeln im Staate gesprochen und die Weiber
Sturmrateten des Satans genannt und die Prälaten
Motten im Pelzrocke Gottes und so gewaltig dazu mit
der Faust auf die Kanzel gedonnert, daß alles vor
Schrecken starr geworden sei. Endlich habe der Schultheiß gerufen: „Orgel spielen!“ und er, der Schullehrer,
habe dann Orgel gespielt und die Kinder hätten dazu
gesungen, damit man den Pfarrer nimmer hören
solle. Der Schultheiß sei dann die Kanzelstiegen hinauf-
gegangen und habe gütlich versucht, den Pfarrer herunter zu bringen. Dieser aber habe gerufen: „Hier
stehe ich und ich kann nicht anders!“ und sei immer
rabiater geworden. Auf das habe der Schultheiß
kommandirt: „Bürger, vor!“ und diese hätten den
Pfarrer herunter reißen wollen. Der aber habe das
Kanzelthürchen zugemacht und mit dem Gebetbuch drein-
geschlagen, und da das Kanzelstiegle eng und steil sei,
habe nur ein Mann hinaufkommen können und die
anderen hätten nachgedrängt, so daß dieser Mann, der
Heiligenpfleger, nimmer hätte zurück gehen und aus-
weichen können und habe vom Pfarrer erbärmlich Hieb
bekommen. Endlich sei einer von der andern Seite
auf die Kanzel geklettert und habe den Pfarrer von
hinten umarmt, dann habe man ihn heruntergetragen
und ins Pfarrhaus und ins Bett geschafft, die ganze
Gemeinde sei nachgeströmt und einzelne Weiber hätten laut
geheult. Der Chirurg habe dem Pfarrer zu Ader gelassen

und kalte Umschläge gemacht, darauf sei er ruhig ge=
worden und habe auch geschlafen. Diesen Morgen aber
habe er, der Schullehrer, den Pfarrer besucht und sei
an sein Bett getreten und habe ganz höflich ge=
sagt: „Guten Morgen, Herr Pfarrer, wie geht es
Ihnen?" Da habe der Pfarrer freundlich geantwortet:
„O, recht gut, Herr Schullehrer!" und habe ihm dabei
mit dem blechernen Leuchter, der auf dem Nachttische
stand, eines tüchtig über den Kopf geschlagen — „wie
hier zu sehen!" schloß der Schullehrer seinen Rapport,
auf sein mächtig geschwollenes Horn auf der Stirne
deutend.

Nun, die Verwundung erwies sich als ganz un=
gefährlich und der Schullehrer ließ sich gerne bereden,
länger der Gesellschaft beizuwohnen, zu deren Erheiterung
er viel beitrug. So fragte er den mit einer auffallend
großen Nase begabten Direktor Kohlhaas, der sich freund=
lichst mit ihm über Landwirtschaft unterhielt, plötzlich:
„Ist Ihre Nase krankhaft oder Erbstück?" — „Erb=
stück!" sagte dieser. — „Mütterlicher= oder väterlicher=
seits?" — „Väterlicherseits!" — „Ich habe einen
Vetter, er ist jetzt im Rheinbayrischen," fuhr der Schul=
lehrer fort, „der hat seine Nase — sie ist aber nicht so
lang, sondern dick und breit — mütterlicherseits be=
kommen; seine Mutter hat ihn nämlich, als er drei
Jahre alt, die Staffel hinabfallen lassen, und da hat
er sich das Nasenbein eingedrückt." Mein Vater, an
die Begebenheit mit dem Pfarrer (welcher, nebenbei ge=
sagt, später im Irrenhause starb) anschließend, erzählte,
wie er vor zwei Jahren einer ähnlichen, doch minder
tragischen Ursache wegen schnell nach dem Dorfe Wald=

bach berufen wurde. Der Pfarrer W. daselbst, ein herzguter Mann, aber zum Tiefsinn und Grübeln geneigt, hatte an einem Sonntag Morgen schon den Kirchenrock an und war im Begriffe, in die Kirche zu gehen, da sagte zu ihm die Frau Pfarrerin: „Du, die Hirschwirtin hat vorhin einen Korb mit Quitten gebracht; wenn Du sie siehst, so vergiß nicht, ihr zu danken." Der Pfarrer ging in die Kirche, bestieg die Kanzel und begann zu predigen. Da plötzlich gewahrte er unten gegenüber der Kanzel die Hirschwirtin. Sinnend ruhte sein Auge auf ihr. „Dieser Hirschwirtin mußt du danken!" raunte ihm eine innere Stimme zu. Mühsam predigte er weiter und immer mühsamer und schwerer wurde es ihm, die innere Stimme flüsterte immer dringender, ließ ihm keine Ruhe mehr. Er wäre zerknallt, wenn er ihr nicht gefolgt wäre, hat er nachher gesagt. Mitten in der Predigt also: „Ei, Frau Hirschwirtin, ich danke auch für die Quitten!" sagte er und nun war's heraus und ihm wieder leicht. — „Nicht Ursach', Herr Pfarrer," antwortete die Hirschwirtin und machte einen Knix und die Predigt ging jetzt meisterhaft weiter und ungestört bis ans Ende. Der Pfarrerin wurde aber doch bang und sie sandte einen Expressen nach dem Arzt.

Der Schullehrer, dem diese Geschichte längst bekannt sein mochte, hatte unterdessen nachdenklich zur schwarz-rot-goldenen Fahne auf dem Turm hinaufgestarrt und jetzt sagte er: „Ei, Herr Doktor, warum haben Sie eigentlich eine Fahne hier auf dem Zeltdach und warum die Farben gelb, rot, schwarz gewählt?" — „Ja," sagte mein Vater, „das hat seine eigene Bedeutung. Sie wissen doch, ich bin Oberamtsarzt; als solcher habe ich für die Gesundheit des Oberamts zu sorgen. Nun bin ich aber durch die Besuche häufig abgehalten, den Bezirk zu bereisen, deswegen gebe ich von diesem Turme aus durch diese Fahne den Bauern und Chirurgen ein Zeichen, was sie thun sollen. Stecke ich eine rote hinaus, so heißt's: ‚Leute, es ist entzündlicher Zustand in der Luft, ihr müßt Ader lassen!‘ Stecke ich eine gelbe hinaus, so bedeutet das: ‚Es ist gallige Komplikation, nur recht vomiren und laxiren!‘ Stecke ich aber eine schwarze auf, dann heißt's: ‚Leute, es hilft keine Arznei mehr, schickt nur zum Pfarrer!‘ Ist sie aber wie heute schwarz, rot, gelb, dann heißt's: ‚Ihr könnt thun, was ihr wollt, ihr habt die Freiheit!‘“

Der Schullehrer hörte der Erklärung andächtig zu, mein Vater aber, der den alten Mann nicht länger zum besten haben wollte, dachte, jetzt muß man auch ernsthaft sein, und sagte: „Hier stelle ich Ihnen meinen Neffen, den Regierungsrat Steinbeis, vor.“ — Da fuhr der Schullehrer entrüstet auf: „Steinbeis! — Steinbeis — Ihr Wort sonst in Ehren, Herr Oberamtsarzt, aber S t e i n b e i s heißt kein Mensch!“

Einige Tage darauf kam Uhland, wir speisten auf dem Turme, mein Vater erzählte ihm von dem Schulmeister und was er ihm über die Fahne gesagt. Uhland lachte gar herzlich.

„Eines hättest Du ihm aber doch auch noch von der schwarz-rot-goldenen Fahne rühmen können,“ sagte Uhland, „daß sie ungeheuren Appetit macht. Zwar, Du, Kerner, hast's nicht nötig, es ist bekannt, daß Du, wenn Dich liebe Freunde besuchen, vor lauter Freude

einen Kalbsschlegel allein aufzehrst, aber auch mir
schmeckt's noch einmal so gut, wenn die schwarz-rot-
goldene Fahne über mir flattert, sie gemahnt mich mit
ihren Farben an ein trauliches Lagerfeuer im Walde." —
„Um das die Zigeuner sitzen und einen Igel braten," setzte
der steife Direktor Kohlhaas mit trockenstem Humor hinzu.

Die Barometerfüße.
Das Regenbogenschüssele. Das Rezept auf dem Hams.

In Weinsberg lebte ein Weingärtner, Hansjörg
Wirth, ein braver Mann, der jedesmal, wenn meine
Eltern verreist waren, zum Schutze des Hauses darin
übernachten mußte. Mein Vater unterhielt sich gerne
mit ihm, derselbe war ihm auch in mancher Hinsicht
merkwürdig. So hatte er nach seiner Aussage einen
Schönwetterfuß und einen Böswetterfuß. That ihm
der rechte weh, so gab es schön Wetter, die Schmerzen
im linken bedeuteten nahenden Regen, Schnee oder
Sturm. Er sagte, die Schmerzen im rechten und linken
Fuß seien aber verschieden, bei dem einen ein hüpfendes
Stechen, bald oben, bald unten, bei dem andern ein
fortgesetztes Ziehen und Reißen das ganze Bein entlang. Wegen dieser barometrischen Fußeigenschaft wurde
Wirth häufig um Auskunft gebeten, und wenn eine
Hausfrau eine große Wäsche im Freien trocknen wollte,
freute sie sich, wenn es den Wirth im rechten Fuß
schmerzte. — Ferner hatte er ein sogenanntes Regen-
bogenschüssele von purem, gediegenem Gold, er hatte

dasselbe nach einem Gewitterregen auf einer von einem Regenbogen grell beleuchteten Wiese gefunden. Nach Ansicht der Gelehrten war es eine alte römische Münze, die statt der Prägung nur den rundlichen Eindruck einer Fingerspitze hatte.

*

Als einst mein Vater mit Freunden spazieren ging und schon eine Viertelstunde von Weinsberg entfernt war, kam eine kranke Bauernfrau ihm entgegen und wollte ein Rezept. Was thun? Papier und Bleistift war nicht zur Hand, und zurückkehren oder die Frau warten lassen, wollte er auch nicht. Da kam zufällig Hansjörg Wirth des Wegs daher. „Haben Sie nichts zum Schreiben bei sich?" fragte mein Vater. „Nichts als ein Stückchen Kreide," sagte Wirth, der, wie damals bei den Weingärtnern gebräuchlich, gelbe Lederhosen und ein dunkelblaues Tuchwams anhatte.

„Nun, so bleiben Sie ruhig stehen!" sagte mein Vater, nahm die Kreide und suchte zuerst auf den hintern Teil der Lederhose, da wo der Schönwetterfuß seinen Anfang nahm, zu schreiben, aber es ging nicht, das Leder war zu fett und glatt. „Jetzt, lieber Wirth, müssen Sie sich's schon gefallen lassen, daß ich auf Ihr blaues Wams schreibe, es gibt keinen Flecken und läßt sich gut wieder abbürsten," sagte mein Vater und schrieb ihm das Rezept auf den Rücken. „So, jetzt seien Sie so gut und gehen mit der Frau in die Apotheke, aber daß Ihnen auf dem Wege ja niemand auf den Rücken klopft!"

Wirth kam wohlbehalten in der Apotheke an. Das

Wams wurde auf dem Tisch ausgebreitet und die Arznei lege artis darnach gemacht.

Merkwürdige Heilungen.

Ein Schuhmacher vom Lande klagte, er müsse jeden Tag härter schnaufen, er ersticke fast. Der Mann war von starker Konstitution, wohlgebaut, aber sein Gesicht aufgedunsen, die Lippen bläulich, die Augen hervorgedrückt. Mein Vater glaubte anfangs, er habe es mit einem Asthmatiker zu thun, bei näherer Untersuchung aber sah er, daß der Körper von einer Fett- und Schmutzkruste förmlich überzogen war.

„Haben Sie schon lange nicht gebadet?" fragte er.

„Als Knabe öfters im Sommer in unserem Bach, seitdem nimmer."

„Und am Leib gewaschen haben Sie sich auch nicht?"

„Nein, ich fürchte die Erkältung, es ist mir auch zu umständlich."

„Aber Sie leiden an einer sehr gefährlichen Hautkrankheit, die sich auf die Lungen gesetzt hat, und wenn Sie nicht thun, was ich sage, werden Sie einmal plötzlich sterben."

„Ach, ums Himmels willen," wimmerte der Schuster, „helfen Sie mir, Herr Doktor, ich habe Weib und Kinder!"

„Nun, so beherzigen Sie genau, was ich sage: Arzneien nützen nichts mehr, man muß Sympathie treiben. Drei Wochen hinter einander müssen Sie —

wohlverstanden! — jeden Mittwoch, Freitag und Sonn=
tag morgens, präzis um sieben Uhr, denn das ist eine
heilige Zahl, sich tüchtig den ganzen Leib dick einseifen,
dann tauchen Sie eine rauhe Bodenbürste in Sand und
Wasser und fahren damit am ganzen Körper, zuerst
auf der linken Seite, dann auf der rechten rasch auf
und ab, bis die Haut feuerrot wird, flößen sich hierauf
mit frischem Wasser ab und trocknen sich mit einem
großen rauhen Tuch. Wenn Sie das alles pünktlich
drei Wochen lang gethan haben, kommen Sie wieder
zu mir!" Schon nach vierzehn Tagen kam der Schuster
wieder und fragte, ob er die Kur jetzt aussetzen dürfe,
er fühle sich pudelwohl.

„Ja nicht aussetzen," sagte mein Vater, „nur in
vermindertem Maßstabe damit fortfahren, jeden Freitag
präzis um sieben Uhr!"

Nachträglich sagte mein Vater: „So erstickt mancher
im Schmutz an verstopften Hautporen wie ein Frosch,
den man lackirt. Aber das ist nicht allein bei armen
Leuten auf dem Lande der Fall, auch mancher Akten=
mensch in der Stadt welkt langsam dahin, dem es
wohlthäte, er sandelte zuweilen statt der Akten sich selbst
und riebe sich mit Wasser ab."

*

Ein vermöglicher Bauer, aber durch seine kleinliche
Sparsamkeit, bei der er sich selbst nie etwas Gutes
gönnte, bekannt, kam zu meinem Vater und klagte über
Schwäche, Mattigkeit und Magenweh. „Ich wüßte
Ihnen schon zu helfen," sagte mein Vater, nachdem er
ihm den Puls gefühlt hatte, „aber die Arznei ist etwas
teuer und muß öfters wiederholt werden."

„Das thut nichts, ich füge mich in alles, wenn ich nur wieder gesund werde," entgegnete der Bauer.

„Nun, so gehen Sie jetzt in den Gasthof zur Traube, bestellen sich ein Beefsteak und eine Flasche guten alten Wein. Wenn Sie das verzehrt haben, kommen Sie wieder zu mir!"

Der Bauer sah meinen Vater verblüfft an, befolgte aber pünktlich seinen Rat. Nach einer Stunde kam er wieder mit leuchtendem, gerötetem Gesicht.

„O Herr," rief er, „das war aber eine Arznei! Ich habe gar nicht gewußt, daß es so etwas Gutes auf der Welt gibt! Mein Magenweh ist ganz vorbei und ich fühle mich stark und dabei doch federleicht!"

„Nun," sagte mein Vater, „lassen Sie sich diese Arznei nur öfters machen, wenigstens zweimal in der Woche, dann sparen Sie an Doktor und Apotheker und haben doch auch etwas vom Leben."

Der Tätowirte.

Im Weinsberger Armenspital lag ein alter Mann auf dem Sterbelager. Derselbe hatte ein bewegtes Leben gehabt, war lange Soldat, dann Stößer bei einem Apotheker und zuletzt Kräutersammler; er brachte meinem Vater oft schöne Blumen aus dem Wald, namentlich Orchideen. Als Soldat hatte er sich auf die ganze Brust Christus am Kreuz mit allen bei der Kreuzigung angewandten Werkzeugen, Speer, Geißel, Nägel, Hammer, Leiter eintätowiren lassen. Das Bild war meisterhaft gut gelungen, und oft ließ ihn mein Vater kommen, um die Tätowirung Fremden zu zeigen.

Nun aber, da mein Vater am Totenbette des Armen stand, bat dieser ihn flehentlich, eine letzte Bitte zu erfüllen. „Wenn ich gestorben bin," sagte er, „so werde ich, weil ich zu arm bin zu einem ordentlichen Begräbnis, auf die Anatomie geführt, und die Studenten machen sich lustig über mein Heiligenbild auf der Brust, das mein einziger Stolz war, und sie lösen die Haut ab und lassen sie gerben. — Dieser Gedanke quält mich Tag und Nacht und läßt mich nicht ruhig sterben, könnten Sie nicht dafür sorgen, daß mein Leichnam nicht auf die Anatomie kommt?" — „Dieser Wunsch soll Ihnen werden, ich werde Ihr Begräbnis bezahlen, Sie sollen auf dem Weinsberger Kirchhof ein ehrliches Grab haben, hier meine Hand darauf!" sagte mein Vater. — „Dank, Dank!" stammelte der alte Mann, und Thränen rollten ihm in den grauen Bart. Mein Vater ließ eine Tanne auf sein Grab setzen; sie ist jetzt ein großer Baum geworden, höher als alle anderen Bäume im Kirchhof.

Der alte Chirurg.

In Weinsberg war ein alter Chirurg und Barbier, der sich aus der Lateinschule, in die er als Knabe ein paar Jahre gespannt war, noch einige gelehrte Brocken in sein hohes Alter herauf gerettet hatte, mit denen er den Bauern imponirte, weßhalb sie ihn allgemein „Herr Doktor" nannten. Das, daß er gegen sie zugleich sack-

grob war, erhöhte sein Ansehen, es gab ihm etwas
Beamtenmäßiges. Das Schröpfen, Blutegelsetzen, Hühner-
augenschneiden verstand er aus dem Fundament, er
kannte die Zehen der ganzen Stadt, vor allem war er
auch im Zahnausreißen sehr geschickt, und wenn die
Kinder auf der Straße lärmten und schrieen und er
langte im Vorbeigehen in die Tasche und zeigte seine
Zahnzange, da klappten sie schnell ihre Mäuler zu und
wurden mäuschenstill, denn vor dem Zahnausreißen
hatten sie allen Respekt.

So grob er mit seinen Bauernkunden umging, so
überhöflich in seinen Redensarten war er gegen die
sogenannten Honoratioren, namentlich gegen die Herren
Beamten; doch war es ihm schwerlich ernst damit, er
wollte dadurch nur seine feine Bildung zeigen, und aus
dem Uebermaß der Unterwürfigkeit konnte man leicht
den Schalk erkennen. So sagte er zum Beispiel, mit
dem nötigen Apparat vor das Bett des Kranken tretend:
„Nach höherem Auftrag" (damit meinte er den Oberamtsarzt) „soll ich Euer Hochwohlgeboren ein unter-
thäniges Klysma appliziren," oder: „Wollen Sie mir
den Anblick Ihrer hochverehrten Zunge gestatten?"

In seiner Jugend machte er als Feldscher die Be-
freiungskriege mit und leistete längere Zeit niedere
chirurgische Dienste in einem Spital, wo die Mehrzahl
der Verwundeten und Typhuskranken österreichische Kü-
rassiere waren. Bald kam ein Seckler und bat ihn,
ihm die Lederhosen, die den gestorbenen Kürassieren
meist mit ins Grab gegeben wurden, insgeheim gegen
gute Bezahlung zu überlassen; er that das und ver-
diente sich dabei ein ziemliches Geld. Da sagte zu ihm

ein sterbender Kürassier, dem er viele Dienste geleistet hatte. „Wenn ich tot bin, dann trennen Sie an meinen Lederhosen den Bund auf, dort verwahren wir unser Geld." Er that es und fand bald mehr, bald weniger Geld auch in den anderen Lederhosen, die er auftrennte. Der Seckler aber wollte auf einmal keine Lederhosen mehr kaufen.

Pfarrer Kindermann.

Einige Jahre hindurch kam im Sommer fast alle vierzehn Tage ein Pfarrer aus der Gegend von Wimpfen zu meinem Vater. Es war ein dicker, leicht schwitzender, doch in Bewegung und Gesprächen sehr lebhafter Mann, von immensem Wissensdurst. In der Angst, in seinem abgelegenen Pfarrdorfe geistig abzumagern, kam er immer in unser Haus, um sich frisches geistiges Futter zu holen, er graste da mit Liebhaberei die Fremden ab. Sobald er ins Zimmer trat, fragte er meinen Vater: „Nichts Neues auf dem Lager?" Er meinte damit neu angekommene Gäste, und wenn er einen fand, aus dessen Unterhaltung er zu profitiren glaubte, namentlich, wenn es ein Norddeutscher und gar Theologe oder Schulmann war, so war der Fremde für diesen Tag geliefert, der Pfarrer hing sich blutegelartig an ihn, saugte ihn mit Fragen aus, abends ging er dann wohlgesättigt nach Haus und notirte sich das geistig Empfangene.

Der Pfarrer hatte viele Kinder und behauptete, jedes derselben sei in seiner Art ein großes Genie,

tauge aber darum nicht in die Welt. Mein Vater
nannte den Pfarrer immer Kindermann, obgleich er
einen andern Namen hatte, denn an einem Sonntag
Morgen, da er auf der Kanzel stand und seinen Bauern
eine feurige Rede hielt, wurde es ihm selbst so heiß
dabei, daß er schwitzte und in die Tasche griff, um sich
die Stirne zu trocknen. Als er aber das Sacktuch
herauszog, sah er zu seinem Erstaunen, daß es über
Gebühr lang und breit war und Aermel auf der Seite
hatte; statt des Sacktuchs hatte er zu Hause in der
Eile ein Kinderhemd eingeschoben.

Wohl wenige der Zuhörer hätten es bemerkt, doch
die Frau Pfarrer im Kirchenstuhl, nahe der Kanzel,
rief im Schrecken: „Aber, Christian!"

Musikalisches.

Mein Vater hatte große Freude an der Musik, er
selbst war Meister auf einem jetzt fast vergessenen Instrumente, der Maultrommel, auch Brummeisen genannt.
Diese Maultrommeln waren in jedem Eisenladen zu
kaufen und so wohlfeil, — vier Kreuzer das Stück —
daß sie den Kindern gegeben wurden. Doch waren
nicht alle gleich gut, und mein Vater mußte oft lange
in den Eisenläden Maultrommeln probiren, bis er taug-
liche fand. Er spielte auf zweien zugleich. Durch Auf-
drücken von einem Kügelchen Wachs ward die eine
tiefer gestimmt. Die Töne, die er ihr entlockte, waren
fein und geisterhaft, wie gehaucht, so daß man sie nur

8

bei größter Stille deutlich hörte, weshalb, um die Aufmerksamkeit zu konzentriren, meist die Lichter ausgelöscht
wurden, ehe das Spiel begann.

Einst kaufte mein Vater Maultrommeln in einem
Eisenladen in Heilbronn und spielte dabei, um sie zu
probiren, mehrere Stückchen. Den Sonntag darauf kam
ein Gehilfe des Eisenladens, Namens Eulenstein, zu
meinem Vater und bat ihn, ihm zu zeigen, wie man spiele.
Er that ihm gern den Gefallen, und nun kam Eulenstein
öfters und machte auf dem Instrument die erfreulichsten
Fortschritte, zumal er sehr musikalisch und Virtuose auf
der Guitarre war. Bald auch begnügte sich Eulenstein
nicht mehr mit der einfachen Spielweise meines Vaters;
auf mehr als zwei Maultrommeln zugleich konnte er
allerdings auch nicht spielen, aber er machte sich den
Apparat dadurch komplizirter und tonreicher, daß er
viele Maultrommeln, etwa zwanzig, große und kleine
und verschieden gestimmt, auf einem mit Nummern versehenen weißen Papier vor sich ausbreitete und während
des Spiels schnell mit den Maultrommeln wechselte,
auch brachte er durch verstärkte Stahlstäbchen stärkere
Töne hervor, so daß die Musik auch einem größeren
Hörerkreise zugänglich wurde. Eulenstein trat nun aus
dem Eisengeschäft und gab sich ganz der Erlernung des
Maultrommelspiels hin, und als er sich Meister darauf
fühlte, reiste er mit Empfehlungen meines Vaters nach
Stuttgart und kündigte „Konzerte auf der Maultrommel"
an. Die Neuheit und Eigentümlichkeit des Instruments,
das, ursprünglich aus Steiermark stammend, bei uns
nur als Kinderspielzeug bekannt war, zog viele Zuhörer
an, und bald durfte er sich auch bei Hof auf der Maul-

trommel hören lassen, wo er viel Beifall erntete. Nun durchreiste er, überall Konzerte gebend, Städte und Länder, spielte in Paris vor Karl X. und wandte sich dann nach England. Auch in London fanden seine Konzerte viele Neugierige, doch bald erlosch der Reiz der Neuheit, und der Verlust mehrerer Zähne zwang ihn, das Maultrommelspiel aufzugeben und sich als Sprach- und Musiklehrer in London niederzulassen.

*

Im Jahre 1843 gaben Therese und Marie Mila= nollo in Heilbronn ein Konzert, dem auch mein Vater anwohnte. Den Tag darauf besuchte ihn das Ge= schwisterpaar in Begleitung ihres Vaters in Weinsberg, sie brachten ihre Geigen mit und schickten sich an, meinem Vater etwas vorzuspielen. Derselbe wehrte ihnen aber und sagte: „Nein, meine lieben Kinder! Ich habe euch gestern gehört und werde ewig mit Freuden an euer herrliches Spiel denken, aber bei mir dürft ihr nicht spielen, da müßt ihr eure armen Nerven ausruhen lassen."

*

Manche Jahre später, als mein Vater erblindet war, redete ich, weil ich wußte, wie ihm Musik und gemütliche Unterhaltung wohlthat, dem vortreff= lichen alten Hofmusikus Gottlieb Krüger in Stuttgart zu, meinen Vater zu besuchen. Derselbe, ein herzlieber Mann und Meister auf der Flöte, war so freundlich, auf acht Tage zu uns zu kommen nach Weinsberg. Seine Unterhaltung und sein herrliches Spiel war meinem Vater ein hoher Genuß und nur ungern sah er ihn scheiden.

*

Bald darauf wollte ich meinem Vater eine ähnliche
Freude bereiten und bat den alten Konzertmeister Bohrer,
einen berühmten Violoncellisten, meinen Vater mit seinem
Instrument zu besuchen. Ich wußte nun zwar, daß
Bohrer viele Eigenheiten hatte und daß er nicht immer
liebenswürdig war, aber er hatte einst mit seinem Instrument die halbe Welt durchreist, war in Frankreich,
England, Spanien, Aegypten, Brasilien und so weiter
gewesen und konnte da gewiß viel Merkwürdiges erzählen,
und mein Vater liebte vor allem das Violoncell, da
gab's also wieder viel Unterhaltung und Aufheiterung.
So dachte ich, aber es sollte anders kommen.

Bohrer traf abends in Weinsberg ein. Schon beim
Nachtessen war er etwas verstimmt, der weiße Tischwein
behagte ihm nicht, er sei Bordeaux gewöhnt, meinte er.
Als man solchen brachte, wurde er etwas gemütlicher;
da fragte unglücklicherweise die Hausjungfer meinen
Vater: „Wo soll der Herr Konzertmeister logiren?" —
„Im Sargzimmer oben," entgegnete er. — „Was sagen
Sie, im Sargzimmer?" rief Bohrer und fiel vor Schrecken
fast vom Stuhle. — „Nun ja, so heißt man dieses
Zimmer wegen seiner gewölbten Decke," sagte mein
Vater, „es hat selbst nichts Schauerliches an sich, die
meisten Fremden logiren dort, namentlich hat es Uhland
gern." Bohrer schien beruhigt und ging bald darauf
zu Bett. Eine Stunde darauf — alles im Hause lag
im Schlafe — kam plötzlich Bohrer die Treppe herab,
trat vor das Bett meines Vaters und erklärte, er könne
es oben im Sargzimmer nicht aushalten, er müsse immer
an seine verstorbene Frau denken. Man wollte ihm ein
anderes Schlafzimmer anweisen, aber auch dagegen

sträubte er sich, seine Nerven seien jetzt zu sehr irritirt
und seine Einbildungskraft aufgeregt, er könne unmög=
lich allein schlafen. Was war zu thun? Man bettete
ihn zu meinem Vater. Andern Morgens nach dem
Frühstück wollte sich mein Vater mit Bohrer über seine
Reisen unterhalten. Da stellte sich aber heraus, daß
die Gasthöfe, wo er eingekehrt, die Konzerte, bei denen
er Triumphe errungen, das einzige waren, was seinem
Gedächtnisse sich eingeprägt hatte, alles andere war
spurlos an ihm vorübergegangen, und als mein Vater
ihn bat, ihm auf dem Violoncell etwas vorzuspielen,
sagte er, mein Vater möge ein Konzert in Weinsberg
arrangiren, anders lasse er sich nicht hören, das wäre
gegen seinen Künstlerruhm. Jetzt ging auch meinem
Vater die Geduld aus und er rief: „Nun, es ist auch
nicht nötig, daß Sie selbst spielen, Ihre dicke Geige ist
ja noch im Sargzimmer oben, ich lasse mir heute nacht
darauf von den Geistern vorspielen." — „Nein, nein,
nein! Das dulde ich nicht," jammerte Bohrer, „ich
bleibe keine Nacht mehr hier, o, ich habe so Heimweh
nach Stuttgart!" und nach dem Mittagessen reiste er ab.

*

Häufig sangen Liederkränze, welche Weinsberg und die
Weibertreu besuchten, vor dem Hause meinem Vater einige
seiner Lieder, meist: „Wohlauf noch getrunken!", „Der
reichste Fürst" und „Zu Augsburg steht ein hohes Haus".
Mein Vater ging dann zu ihnen hinab, gab ihnen die Hand
und lud sie auf seinen Turm ein, wo sie wiederum sangen.

So sehr solche Vorträge meinen Vater erfreuten,
meinte er doch, durch die Liederkränze gehe der echte Volks=
gesang verloren. Wie das Bier schlechter geworden sei,

seit gelehrte Chemiker sich der Bereitung desselben annehmen, so verliere durch das schulmeisterliche Eindrillen der Lieder und das ängstliche Sortiren und
Hinaufschrauben der Stimmen der Volksgesang sein Ursprüngliches, man merke überall den Taktstock heraus
und das Bestreben, es den Städtern nachzuahmen.
Auch die Lieder seien meist keine Volkslieder mehr;
durch die Liederkränze seien aus freien Lerchen Dompfaffen gemacht worden, die nach der Orgelpfeife singen.

Der Staatschemikus.

Viele, die in den dreißiger Jahren nach Weinsberg
kamen, erfreuten sich an der Originalität des alten
Staatschemikus Salzer. Er war von Karlsruhe, wo
er seinen hochtönenden Titel erhalten hatte, nach Weinsberg übergesiedelt. Ein guter, gelehrter Chemiker, voll
der abenteuerlichsten, sein Fach betreffenden Projekte,
dabei immer guten Humors und eifrig bemüht, sich
allen nützlich zu zeigen, hatte man ihn allgemein gern,
doch waltete ein eigener Unstern über allem, was er
that. Bei seiner Gutmütigkeit ließ er es sich nicht
nehmen, zu den Herbstfesten eine Menge Feuerwerks
selbst zu bereiten, ging es aber ans Abbrennen, so
flüchtete alles schon im voraus, denn man wußte aus
Erfahrung. Salzers selbstgemachte Raketen flogen nach
unten oder nach der Seite, statt nach oben, die Feuerräder, statt sich im Kreise zu drehen, warfen ihren
Feuerregen immer nur nach einer Seite, und bei den

Fröschen und Schwärmerkasten vollends konnte man
von Glück sagen, wenn kein größeres Unglück geschah:
hier blieben Frösche und Schwärmer, statt sich als ent-
bundene Feuergeister lustig in der Luft zu tummeln,
ruhig im Pappkasten liegen, und plötzlich geschah ein
dumpfer Knall wie ein Kanonenschuß, alles war auf
einmal losgegangen und der Druck der Luft hatte den
Staatschemikus umgeworfen und seine Hand war
schwarz, wie man auf alten Bildern die Hand Mein-
eidiger abgemalt sieht. Bei einer andern Gelegenheit
hatte die Explosion eines Kessels ihm ein paar Zähne
gekostet und den Mund bleibend schief auf die Seite
gedrückt, ihn auch auf mehrere Wochen bettlägerig gemacht. — Da sich nun niemand gern in die Luft sprengen
läßt, gab es bald keinen mehr, der den gefährlichen
Gast ins Logis genommen hätte, und Salzer baute sich
an der Friedhofmauer eine Hütte aus Brettern und
Tannenreis und vegetirte da einen Winter lang. Mitten
unter Eis und Schnee hatte aber ein neues Projekt in
ihm gekeimt, das er im Frühling in Ausführung bringen
wollte. Weil er aber arm war wie eine Kirchenmaus
und in Weinsberg nicht die gehörige finanzielle Unterstützung seines Projekts fand, siedelte Salzer wieder
nach Karlsruhe über, um dort eine Aktiengesellschaft zu
gründen. Das Projekt, zu dem er aber auch in Karlsruhe keinen Teilhaber fand, bestand darin: Künstlicher
Regen wird dadurch erzeugt, daß mit besondern Che-
mikalien angefüllte Schweinsblasen durch Luftballone in
die Luft getragen und oben durch Elektrizität entzündet
werden.

Der Herr mit der Nase.

Oft kam ein Fabrikant aus der Umgegend, ein gemütlicher, lieber Herr, zu uns, den wir alle gern hatten,
obgleich man sich an seinen Anblick etwas gewöhnen
mußte. Er war von großer, dicker Statur, aber das
alles erschien noch klein im Verhältnis zu seiner Nase.
Diese lag ihm in schauerlicher Größe wie ein geschwollener
Drache zwischen Augen und Mund und schillerte in
allen Farben. So oft er kam, fiel unser erster Blick auf die
Nase, und wir fanden sie gewachsen und mit größerem
Schuppenpanzer bedeckt. Das war besonders das letztemal
der Fall, als er zu uns sagte: „Kinder, ich mache eine
große Reise, komme mehrere Wochen nicht, vergeßt mich
unterdessen nicht!"

Es mochten zwei Monate darüber vergangen sein,
da kam rasch ein Herr zur Thüre herein, rief uns und
den Eltern ein herzliches Grüßgott zu und sagte: „Da
bin ich wieder!" Er kam uns allen bekannt vor, aber
doch — nein, er konnte es nicht sein! „Sind Sie der
B. oder nicht?" fragte mein Vater. „Nun ja, freilich
bin ich's, ich hätte nie geglaubt, daß eine andere Nase
so sehr verändern — fast hätte ich gesagt, entstellen —
könnte, obgleich meine neue Nase ja viel schöner und
eleganter ist als das dicke Ungetüm, das ich mir in
Heidelberg habe wegschneiden lassen. Nicht so ängstlich,
Kinder, meine neue Nase ist ganz zahm und beißt nicht!"

„Ach, die arme, gute, alte Nase!" jammerte meine
jüngere Schwester.

„Sie war viel gemütlicher!" sagte ich.

„Hört, Kinder, macht mich nicht wild!" rief er; „eine saubere Gemütlichkeit war das! Wo ich hinkam, und wollte ich auch noch so bescheiden und unerkannt bleiben, waren alle Blicke nur auf meine Nase gerichtet, und sah ich die Leute an, so fuhren sie schnell mit ihren Augen weg, als hätte ich sie auf einer Schlechtigkeit ertappt, und das war es auch, sie haben alle gedacht: ,Ei, was hat der für eine abscheuliche Nase! Wie viel Wein, Bier und Schnaps muß dieser Mann getrunken haben, bis er eine solche Nase bekam!' Nein, ich bin ganz zufrieden mit meinem Nasen= wechsel, er hat mich auch viel Geld und Schmerzen gekostet! Meine neue Nase ist von Silber und fein mit Farbe über= zogen und an der Brille befestigt; ihr werdet euch schon an sie gewöhnen und sie liebgewinnen."

Dem war aber nicht so, so sehr wir uns auch Mühe gaben. Zu der fein gewölbten silbernen Nase, die seinem Gesichte etwas Oberflächliches, Leichtsinniges gab, konnten wir nicht das alte Vertrauen fassen, sie blieb uns immer ein Fremdling; auch seine Stimme schien uns etwas verändert, sie hatte nimmer den alten, gemütlichen, fetten Ton. Es war, als ob unserem Freunde zugleich mit der Nase auch ein gutes Stück Seele, die darin ihren Sitz hatte, wäre abgeschnitten worden.

Der Hofkoch.

Einst besuchte meinen Vater der Hofkoch Sch. von Stuttgart. Mein Vater ließ sich von ihm über die Einrichtung der Hofküche, die daselbst zubereiteten Speisen und Delikatessen erzählen. Endlich sagte der Koch:

„Wenn man etwas Gutes, aber einfach Bürgerliches essen will, so nehme man Schweinskoteletten, schneide alles Häutige und Knorpelige von denselben ab, löse das Fleisch von der Rippe, klopfe und hacke die Koteletten und reibe sie mit Salz und Pfeffer ein, umbinde sie mit Salbeiblättern, backe sie in heißer Butter und servire sie mit Zitronenrädchen, dann schmecken sie wie Aal und sind ganz vortrefflich! Uebrigens Ihre Gedichte," setzte er hinzu und verbeugte sich höflichst gegen meinen Vater, „sind gleichfalls ganz vortrefflich!"

Wahrscheinlich war ihm, während er vom Kochen sprach, der Gedanke gekommen, er müsse jetzt doch auch einen idealeren Standpunkt einnehmen und zeigen, daß er wisse, mit wem er rede. Mein Vater freute sich herzlich über diese kulinarische Rezension seiner Gedichte.

„Jetzt weiß ich doch, wohin ich mit meinen Gedichten gehöre," sagte er; „ich schraubte mich hinauf und glaubte bereits in meiner Eitelkeit, ich sei ein gesulzter Wildschweinskopf mit einem Lorbeerzweig hinter den Ohren."

Die Pfannkuchenreise.

Morgens zehn Uhr, als wir von Krankenbesuchen heimgingen, blieb mein Vater plötzlich stehen und sagte: „Ich möchte wissen, wer in Weinsberg die besten Pfannkuchen backt?"

Wir deliberirten und vereinigten uns auf drei Frauen, die nach Aussehen und Charakter die besten Pfannkuchen baden könnten; es war die Gerichtsbeisitzer Theurer, die Pfarrerswitwe Koch, die Stiftungspfleger Weber.

Wir gingen stracks zur Frau Gerichtsbeisitzer Theurer. „Liebe Frau Theurer," sagte mein Vater, „wir kommen in einer eigenen Angelegenheit, nämlich ich und mein Sohn wissen, daß Sie die besten Pfannkuchen im Städtchen baden, und da möchten wir gerne —"

„Was, Sie wollen mich uzen?" unterbrach ihn die Frau Gerichtsbeisitzerin; „ich weiß wohl, es ist Ihnen viel zu gering, bei uns zu essen, obgleich — ich will mich nicht rühmen — aber meine Pfannkuchen sind so gut und noch besser als die vieler anderen Leute."

„O, das wissen wir," sagte mein Vater, „und es ist unser voller Ernst, wir möchten gar zu gerne einen oder zwei Pfannkuchen bei Ihnen essen."

„Nun, Spaß oder Ernst, Sie sollen die Pfann= kuchen haben, setzen Sie sich einstweilen," sagte die Frau und ging hinaus.

Bald hörten wir, wie es in der Küche brodelte und zischte, und heiß aus der Pfanne stellte sie uns zwei Pfannkuchen hin und ließ es auch an Tellern, Messern und Gabeln nicht fehlen. Die Pfannkuchen waren offenbar zu hastig und halb im Zorn gebacken, sie waren lederzäh, an einigen Stellen verbrannt. Die Frau Gerichtsbeisitzerin hatte etwas an Fett und Eiern gespart. Wir aßen sie aber säuberlich auf und dankten beim Abschied höflichst.

Den andern Tag um zehn Uhr sagte mein Vater: „Die Pfannkuchen gestern waren nicht besonders gut, wir wollen heute sehen, wie sie bei der Pfarrerswitwe sind." Wir traten bei ihr ein und mein Vater sagte: „Liebe

Frau Pfarrerin, nicht jedem ist es gegeben, gute Pfannkuchen zu backen, aber ich und mein Sohn sind überzeugt, daß Sie diese Gabe in hohem Grade besitzen,
und da uns eine unbändige Lust befallen hat, einen
oder zwei Pfannkuchen zu essen, so haben wir uns die
Freiheit genommen, zu Ihnen zu kommen."

Sie entgegnete: „Verehrter Herr Oberamtsarzt, ich
wollte zwar gerade ausgehen und die kranke Frau Dekanin besuchen, aber da Sie und der Herr Sohn mir die
große Ehre schenken, etwas bei mir genießen zu wollen, so
kann ich diesen Besuch wohl aufschieben; doch, ich meine,
Pfannkuchen sind morgens schwer verdaulich, darf ich
Ihnen für Ihren verdorbenen Magen nicht ein Beefsteak
oder einen Heringssalat oder saure Nieren bereiten?"

„Nein, nein," sagte mein Vater, „ich habe durchaus keinen verdorbenen Magen und ein Pfannkuchen
wäre uns das Liebste."

„Nun, so will ich Ihnen mit meinen schwachen
Kräften so schnell als möglich einige seine Pfannkuchen
bereiten," entgegnete sie und ging hinaus, und sie
brachte bald einen großen Teller mit wenigstens sechs
Pfannkuchen, aber sie waren klein und weiß und dünn
wie Postpapier.

Wir aßen mit großem Appetit alle auf und em-
pfahlen uns gerührt. Unterwegs sagte mein Vater: „Die
Pfannkuchen der Frau Pfarrerin schmeckten sehr gut,
ich hätte noch mehr essen können, aber Pfannkuchen
waren es eigentlich nicht, es waren Flädlein. Ich setze
all meine Hoffnung auf die Stiftungspflegerin."

Am dritten Tag gingen wir zu dieser; mein Vater
brachte seine Bitte um einen guten Pfannkuchen vor.

„Ja, ja, Herr Doktor,“ sagte sie, „die Pfannkuchen sind Ihr Leibessen, und Sie machen gegenwärtig eine Pfannkuchenreise im Städtle herum, ich habe es schon von der Frau Gerichtsbeisitzerin und von der Frau Dekanin, der es die Frau Pfarrer Koch erzählt hat, gehört und ich weiß, morgens um zehn Uhr hat man den meisten Hunger, und da schmeckt so etwas gut, ich will Ihnen und dem Herrn Sohn einen bereiten, mit dem Sie gewiß zufrieden sind, und Sie werden sagen: Die Weberin, die versteht’s! Aber Sie müssen mir eine halbe Stunde Zeit lassen.“ Und sie deckte den Tisch säuberlich, setzte auch neben die Teller zwei Gläser hin, was uns innerlich erfreute. Richtig, nach einer halben Stunde stellte sie einen immens großen, dicken, schön gebräunten Pfannkuchen vor uns auf und auch eine Flasche roten Wein.

Der Pfannkuchen war excellent, doch es war kein rechter Pfannkuchen, mehr ein Zwiebelkuchen, auch der Wein dazu behagte uns sehr. Sie sah mit Freuden zu, wie es uns so gut schmeckte, und zum Abschied sagten wir: „Auf baldiges Wiedersehen!“

Als wir die Stiege hinabgingen, sagte mein Vater: „Du, wer backt die besten Pfannkuchen?“

„Die Mutter, die Mutter!“ rief ich.

„Ja, Du hast recht, die Mutter, die gute Mutter backt doch die besten Pfannkuchen,“ sagte er, „und es war unrecht von uns, daß wir anderswo bessere suchten. Wir wollen ihr auch Abbitte thun und ihr gestehen, warum wir seit drei Tagen beim Mittagessen keinen rechten Appetit mehr hatten.“

Nikolaus Lenau.

Es war im Spätsommer 1831, als bei uns in Weinsberg ein Gast eintraf, der für geraume Zeit unser aller Aufmerksamkeit in nicht geringem Grad erregte und beschäftigte. Es war ein junger Mann von neunundzwanzig Jahren, der folgenden, an meinen Vater gerichteten Brief mitbrachte:

„Geliebter Kerner!

„Hier schicke ich Dir Herrn Niembsch von Strehlenau aus Wien, einen Ungar, einen herrlichen Dichter und Menschen, wovon Du Dich bald überzeugen wirst. Er hat bei mir gewohnt und ist für ewig mein Freund geworden; wir sind auch bei Uhland in Tübingen gewesen und um Deinetwillen reist er über Weinsberg nach München. Dich, Rickele und die Kinder grüßen Sophie und ich aufs innigste; vielleicht lassen wir uns um die Herbstzeit bei euch einen Augenblick sehen.

Innig und ganz Dein

G. Schwab."

In der Person und dem Charakter des also Eingeführten vereinigten sich Eigenschaften von teilweise einander geradezu entgegengesetzter Art, wie sie vielleicht durch Vererbung oder durch einen absonderlichen Erziehungsgang ins Leben gerufen und zur Entfaltung gebracht waren. Sein Vater, Franz Niembsch Edler von Strehlenau, 1777 zu Tartos in Oberungarn als

Sohn eines k. k. Stabsoffiziers geboren, war als
Kadet im Dragonerregiment Fürst Lobkowitz ein wilder,
leichtsinniger Junge gewesen. Dieser „schöne Niembsch",
wie man ihn zu nennen pflegte, heiratete schon mit
zweiundzwanzig Jahren, im August 1799, nachdem er
sein Entlassungsgesuch eingegeben, gegen den Willen der
beiderseitigen Eltern, die Tochter des Oberfiskals Mai-
graber, Therese. Dieser Ehe entsprangen drei Kinder:
Magdalene, Therese, Franz Nikolaus. Nikolaus wurde
am 13. August 1802 unter den traurigsten Verhältnissen geboren. Der leichtsinnige, ausschweifende Lebenswandel des Familienhauptes, namentlich dessen unaufhaltsame Spielsucht, warfen immer tiefere Schatten
auf das eheliche Verhältnis und zehrten das kleine
Vermögen schnell auf. — Ein Vorfall, welchen Anton
Schurz, der Schwager Lenaus, erzählt, mag ein Bild
entwerfen von dem, was die Mutter Entsetzliches
unter der Gewissenlosigkeit ihres Mannes zu erdulden
hatte.

„Ich weiß nicht," schreibt der Genannte, „war es
noch vor der Geburt Lenaus oder doch nicht lange
darnach, etwa im Januar 1803: das nun dreijährige
Lenchen litt schwer an der furchtbaren Gehirnhöhlen-
wassersucht. Als das Kind immer kränker wird, verlieren die Eltern das Vertrauen zu dem Ortschirurgen
und der Vater eilt nach Temesvar, um einen tüchtigen
Arzt von dort zu holen. Vergebens erwartet die ein-
same Mutter mit steigender Sorge und Ungeduld den
Gatten. Stunde um Stunde vergeht. Das Kind
schlägt beständig mit einem Händchen nach dem leidenden Haupt, es beginnt zu röcheln, es ist tot, und die

Mutter bricht, von Schmerz überwältigt, zusammen, der Vater aber kommt nicht. Da endlich öffnet sich die Thür und herein tritt — nicht der Vater, nicht der Arzt, nein, zwei wildfremde Menschen präsentiren der unglücklichen Mutter eine Schuldverschreibung über siebenzehntausend Gulden, die derselbe an diese Genossen im Spiel verloren. Sie verlangen die Unterschrift der Gattin als Bürgschaft, widrigenfalls ihr in Temesvar zurückgehaltener Mann unnachsichtlich dem Schuldturm und der Schande überliefert werden solle. Vernichtet, halb bewußtlos, verpfändet sie sich wirklich durch ihre Namensunterschrift zu Opfern, die sie erst mehrere Jahre darauf nach dem Tode ihrer Mutter in der That zu bringen vermochte."

Endlich, an Körper und Geist gebrochen, starb der unglückselige Mann im April 1807, neunundzwanzig Jahre alt. Die Großeltern wollten nun den jungen Nikolaus zu sich nehmen, was wohl das beste gewesen wäre. Die Mutter aber verweigerte ihn trotz aller Armut, und nun gab es jahrelang Streit zwischen der eigensinnigen Affenliebe der Mutter und den vernünftigeren, bessergestellten Großeltern, welche Nikolaus eine geregelte Erziehung geben wollten. Durch diese unstäte, unruhige Mutter wurde Lenau zu seinem Schaden immer wieder von jedem ernsteren Lernen abgehalten und an ein zigeunerhaftes Herumwandern gewöhnt. Als die Mutter 1811 sich mit einem bisherigen Militärarzt, Dr. Karl Vogel, welcher in Pest praktizirte, wieder verehelichte, durfte Lenau vier Jahre das Gymnasium daselbst besuchen, wo er tüchtig lernte, nebenbei auch mit Vorliebe Musikstunden auf der Violine und Guitarre nahm und ein Meister im Pfeifen, besonders im Nachahmen von Vogelstimmen ward.

Da aber sein Stiefvater Vogel einer besseren Praxis wegen nach Tokay zog, war Lenau wieder ein Jahr ohne irgend einen Unterricht, während die Großeltern wiederholt baten und sogar gerichtliche Schritte thaten, ihren Enkel in ihre Obhut zu nehmen und ihn geregelt erziehen zu lassen. Die Anstellung eines eigenen Haus= lehrers überschritt die Mittel der Mutter, und so zog sie es vor, ihren Mann zu veranlassen, mit ihren vier Kindern — zwei hatte sie aus zweiter Ehe — wieder nach Pest zu ziehen.

Dort lebte die Familie unter den größten Entbeh= rungen; Nikolaus aber studirte fleißig, bestand ehrenvoll ein Examen und schrieb, da die Not unausstehlich wurde, einen versöhnenden Brief an die Großeltern, welche ihn freudig aufnahmen und 1819 zu fernerem Studium nach Wien sandten. Hier zeichnete er sich bei Prüfungen in Mathematik und Physik aus, nahm bei Josef Blumen= thal Unterricht im Violinspielen und fing auch an zu dichten; eine weitere Freude war ihm, daß seine Schwester Therese, mit Anton Schurz vermählt, in Wien lebte. Aber die abenteuerliche Mutter zog von Pest nach Preß= burg und ruhte nicht, bis ihr Nikolaus nachfolgte, an= geblich, um dort ungarisches Recht zu studiren, ein Schritt, den er nur zu bald bereute und wogegen auch die Großeltern sich energisch ausgesprochen hatten. Un= vermutet kam er zu den Großeltern nach Stockerau und erklärte ihnen, er wolle wieder nach Wien. Dies war das letztemal, daß er seinen Großvater sah, welcher im Juli 1822 starb. Im August schrieb Lenau seiner

Großmutter, er wolle statt Jus lieber Philosophie studiren, aber auch dabei blieb er nicht lange; er wollte Landwirt werden und bezog deshalb die Ackerbauschule in Ungarisch-Altenburg, wohin ihm auch seine Mutter mit Mann und Kindern folgte. Doch auch an der Landwirtschaft hatte er nur kurze Freude; er ging wieder nach Wien, um sich auf die Medizin zu werfen. Die Mutter mit Mann und Kindern war ihm auch dahin nachgereist. Am 24. Oktober 1829 starb seine Mutter, im September 1830 seine Großmutter, von der er zehntausend Gulden erbte. Schnell wollte er diese Summe durch Börsenspekulation verdoppeln und verlor dabei die Hälfte.

Er dachte nun daran, in Heidelberg Medizin weiter zu studiren; zugleich wollte er seine Gedichte im Druck herausgeben. Im Juni 1831 reiste er über Gmunden, Salzburg, München, Karlsruhe nach Heidelberg. Als sich eine Antwort von Gustav Schwab, dem er zwei Gedichte fürs Morgenblatt von Karlsruhe aus gesandt hatte, verzögerte, reiste er nach Stuttgart. Von Schwab freundlichst aufgenommen, las er ihm und dem gerade anwesenden Gustav Pfizer einige seiner Gedichte vor. G. Schwab schloß ihn entzückt in die Arme, und auf seine Veranlassung unternahm Cotta den Verlag von Lenaus Gedichten, welche im Sommer 1832 im Druck erschienen. Niembsch wohnte, mit kurzen Unterbrechungen, über ein Vierteljahr bei Schwab, welcher ihn in Stuttgarter litterarische Kreise einführte, mit ihm Ausflüge zu Uhland und Karl Mayer machte und ihn am 20. August 1831 mit dem oben angeführten Briefe nach Weinsberg sandte. —

Lenau wurde von meinem Vater freundlich auf=
genommen. Anton Schurz schildert Lenaus äußere Er=
scheinung zu damaliger Zeit folgendermaßen: „Eher
klein als groß, aber stämmig, um die Schultern breit,
von vortrefflicher Lunge und Brust, mit sehnigen Armen
und Beinen, dazu voll Mut und Verwegenheit und stets
ein gewaltiger Herr des Worts — wäre er ein vor=
trefflicher Husarenoberst gewesen. Sein sehr großer
Schädel zeigt die Hilfsmittel des Dichters in höchster
Ausbildung; das Haupthaar auf dem gedankenvollen
Scheitel etwas dünn, Backen= und Schnurrbart dunkel=
braun, die Stirne besonders breit, über der kräftigen,
sanft geschwungenen Nase gern sich stark faltend, die
Brauen wie bei Vieldenkern oft sich zusammenziehend,
die Backenknochen wie bei Slaven etwas hervorragend,
die schmalen Lippen energisch geschlossen, das Kinn
wie abgehackt, endlich in den braunen Augen zwei
unergründliche Brunnen voll Geist, Tiefsinn und
Schwermut — welch ein herrliches Gesicht! Hand und
Fuß aristokratisch fein und klein, die Haltung ein ge=
mächliches Sichgehenlassen; meist gebeugt sitzend oder
bequem liegend, auf gebogenen Knieen sich schwingender
Gang, in Kleidung gewählt und zierlich fast, stets rein
behandschuht und auf das Aeußere mehr haltend, als
man es gewöhnlich trifft — so war Lenau zu jener
Zeit, als sein Name zuerst durch die Welt flog.“

Schurz hat bei Entwerfung dieses Bildes etwas
geschmeichelt — für einen Husarenoberst war Lenaus
Gestalt zu klein und dürftig. Dies fiel namentlich auf,
wenn er stand, da seine Beine in Verhältnis zum
Oberleib sehr kurz waren; auch weiß ich niemand, dessen

Gesichtsausdruck, Hautfarbe, Stimme und Haltung sich
je nach der Stimmung so sehr veränderten als bei Lenau.
Wenn er seine gute, übermütige, kokette Stunde hatte,
bezaubernden Eindruck machen wollte, da konnte Emma
Niendorf in ihrem ehrlichen, aber überphantastischen
Wesen wohl sagen: „Er lehnte neben mir, nah' an
dem Trumeau, und so plauderten wir einige Zeit,
wobei er mir mit seinen ganz geistleuchtenden Augen
bis ins Herz hineinsah. Merkwürdige Augen! Eine
Geisternacht. Es hat wirklich etwas Schauerliches,
Ueberwältigendes, Holdes zugleich. Er elektrisirt damit.
Er kann einen so freundlich und ganz besonders ansehen.
Diese Blicke, wozu die stolze, hochgetragene Stirne sich
etwas senkt, sind Lichtpfeile und, wie aus dunklem Ge-
wölke dringend, von doppelter Wirkung." — Aber ein
kleines Unwohlsein, namentlich körperlicher Schmerz
(Zahnweh, Kopfweh), eine schlaflose Nacht oder ein
mißstimmender Brief machten, daß er gelb, welk aussah,
tiefe Falten hatte, gebückt ging. An solchen Tagen war
nicht gut mit ihm auszukommen; er wußte es auch und
zog sich auf sein Zimmer zurück, blieb am liebsten
allein. Plötzlich konnte er dann wieder erscheinen, frisch,
heiter, fast übermütig, und — „die Schlange hat sich
wieder gehäutet!" sagte er dann lachend.

Doch ich will jetzt von seinem ersten Besuche im
Kernerhause sprechen.

Lenau kam kurz vor dem Mittagessen, zu dem ihn
mein Vater natürlich einlud; er war aber nicht der
einzige Gast; noch ein Dr. Wagemann war da, dieser
war ein geistreicher Mann und berühmter Arzt gewesen,
aber durch zu vieles Trinken vollständig herabgekommen.

Da alle Mäßigkeitsermahnungen nichts fruchteten, be-
schränkte sich mein Vater darauf, ihm bei Tische stets
nur eine Flasche leichten Weines vorzusetzen; aber auch
da wußte sich Wagemann zu helfen. Er rührte während
des Essens die Flasche nicht an, ließ sich aber nach
Tisch einen Löffel und einen tiefen Teller geben, goß
die Flasche hinein und löffelte den Wein aus — dann
fand doch eine berauschende Wirkung statt. Dies Ma-
növer interessirte uns Kinder, mich und meine zwei
Schwestern, sonst immer sehr, aber heute war unsere
Aufmerksamkeit nur auf Lenau gerichtet.

Ein Ungar! ein Magyar! Trotz der vielen Fremden war uns die Erscheinung dieses Mannes doch etwas
Neues. Sein feiner, schwarzer, mit einigen Schnüren
verbrämter Anzug gab ihm in unseren Augen etwas
Vornehmes, dann die gebräunte Gesichtsfarbe, der dunkle
Schnurr- und Backenbart, die hohe Stirne, die fein
gebogene Nase, seine tiefe, sonore Stimme imponirten
uns gewaltig. Zudem sah er uns mit seinen schwarzen
Augen oft lange starr an, daß uns wahrhaft bange
wurde, und machte dann schnell mit dem Kopf eine
scherzhafte Bewegung gegen uns, wie ein Rehbock, der
mit den Hörnern stoßen will, woraus wir sahen, daß
er auch Spaß verstand, was uns sehr für ihn einnahm. Er hatte nun meinem Vater viel zu erzählen
von Gustav Schwab, Karl Mayer, Gustav Pfizer,
Uhland, von Wien und Ungarn, den Zigeunern und
Räubern. Doktor Wagemann hatte unterdessen seinen
Wein ausgelöffelt und sich manierlicher als sonst em-
pfohlen.

„Auch bei uns in Ungarn," sagte Lenau, „findet

man viele solcher Unglücklichen, die dem unseligen Drang, sich betrinken zu müssen, nicht widerstehen können, aber unsere Weine machen kürzeren Prozeß und drehen ihnen schnell den Kragen um. In Tokay wachsen wunderschöne Melonen, und die Gomörer Wassermelonen sind berühmt. Man höhlt sie aus, gießt Wein oder Arak hinein und stellt sie einige Zeit in den Keller oder aufs Eis, dann schmeckt es wie der beste Sorbet. Da sieht man oft solche Gewohnheitstrinker, welche täglich vor einer riesenhaften ausgehöhlten Melone sitzen und den Wein auslöffeln."

Lenau las nun viele seiner Gedichte vor, die meinem Vater gar sehr gefielen, und als er abends nach Heilbronn wollte, um morgens weiter zu fahren — es ging damals noch keine Eisenbahn — bat ihn mein Vater, bei uns zu übernachten, was er gern annahm, uns alle dadurch innig erfreuend. Den andern Tag bei dem Frühstück sagte er: „Ich träumte von meiner Mutter heute nacht und fühlte beim Erwachen eine selige Ruhe; es steht ein guter Stern über diesem Hause; o, ich komme bald wieder!"

„Ja, thun Sie das, aber auch gewiß," entgegnete mein Vater; „mein Haus soll Ihnen eine Heimat sein!"

Und Lenau hielt Wort, er kam oft und blieb zuweilen wochenlang. Im gotischen Zimmer unseres alten Gefängnisturmes schrieb er einen Teil seines „Faust". Wir aßen damals — auch wenn Gäste da waren — immer auf Zinntellern; auf den Rand derselben kritzelte Lenau, häufig in Gedanken verloren, halb unleserlich den Namen irgend einer Person, die er lieb im Herzen trug; nicht selten auch stach er im Eifer des Gesprächs mit dem Messer ins Tischtuch, was meine Mutter, die als gute Hausfrau viel auf den guten Bestand ihres Weißzeugs hielt, immer mit sichtbarem Schrecken erfüllte.

Einst kam er in bester Laune aus dem Turmzimmer und sagte nach dem Mittagessen: „Jetzt, Frau Rikele, muß ich Ihnen das Neueste aus meinem Faust vorlesen. An zwei Stellen habe ich dabei an Sie gedacht."

Und nun las er die Scene, „Die Schmiede" betitelt, wo Faust bei dem Schmied zu Nacht speist. Als er die Verse gelesen hatte:

> „Ich hab's erfahren oft auf meinen Reisen,
> Der Frauen Herz voll rätselhaften Zügen
> Erprobt sich stets am Wohlschmack ihrer Speisen.
> Wenn so ein gutes Weib kocht, brät und schürt
> Und in den Topf den Wunsch des Herzens rührt,
> Daß es den Gästen schmecke und gedeihe,
> Das gibt den Speisen erst die rechte Weihe!"

reichte er meiner Mutter die Hand und sagte:

„Das, gute Mama, ist ganz aus meiner Seele gesprochen; es schmeckt mir nicht umsonst so gut bei Ihnen, ich glaube auch, es ist Hexerei dabei; wer bei Ihnen ißt, dem ist es, als äße er die Lieblingsspeisen seiner Jugend."

Und weiter las er:

> „Oft schon ergötzte mich auf meiner Fahrt
> Der guten Hausfrau'n wunderliche Art,
> Daß sie am Tischzeug hängen fast abgöttisch,
> Daß so ein Stich auf ihre weiße Linnen
> Ins Herz sie trifft!' Er stößt die Messerspitze
> Tief durchs geblümte Tuch, und aus der Ritze
> Sehn alle schreckensbleich Blutstropfen rinnen.'

„Sehen Sie, liebe Mutter, schon Faust hatte diese böse Gewohnheit; ich habe es von ihm geerbt und

darum müssen Sie mir verzeihen. Auch mein Kritzeln
in die Zinnteller soll morgen eine Stelle in meinem
Faust finden."

Lenau wohnte, wenn er nach Weinsberg kam, meist
im Alexanderhäuschen, das hat ein Wohnzimmerchen
und zwei Schlafzimmer. Eines der letzteren hat eine
Tapete, welche Lenau besonders gefiel. Auf ihr sind
in Medaillonform verschiedene Scenen aus Maria
Stuart, Egmont, den Wahlverwandtschaften, dazwischen
wieder ein Christus am Kreuz, ein Knabe, welcher
angelt, ein Handwerksbursche, der mit schwerem Bündel
über eine Brücke schreitet. „Es läßt sich bei dieser
Tapete zwischen Wachen und Träumen so viel denken,
und ich spinne oft die Bilder zu einer Geschichte zusammen,"
sagte Lenau.

Oftmals brachte er seine Violine mit nach Weins=
berg, auf der er in bunter Abwechslung Beethovensche
Sonaten und ungarische Tänze herrlich spielte; auch
wußte er gar nett zur Guitarre zu pfeifen und auf ihr
mit den Fingern zu trommeln. Er gab sich viele Mühe,
das „Blätteln" zu lernen. Unsere Bauernburschen legen
ein Birnen= oder Birkenblatt auf die Zunge und bringen
damit flageoletartige Töne hervor und spielen auf diesem
einfachsten aller Instrumente weithin tönende Melodien.
Vor unserem Hause konnte man dies an schönen Sommer=
abenden täglich hören. Aber so viel er sich Mühe gab
und sich von den Burschen unterweisen ließ, wollte es
ihm doch nicht recht gelingen, diese schlichte Musik nachzu=
ahmen. „Man muß hiezu schon einen besonders formirten
Bauernschnabel haben," bemerkte er dann unmutig.

„Heute werde ich Dir noch einen Geistergruß her=

übersenden," sagte Lenau öfters, ehe er ins Gartenhaus
schlafen ging, und dann geigte er oft spät in die Nacht
hinein, was ihm aber von meinem Vater nicht selten
Vorwürfe eintrug. „Du sollst Deine Nerven schonen
und Deiner Seele Ruhe gönnen," sagte er dann zu
Lenau. Er wußte, daß dieser nach einer solchen schlaf=
losen Nacht den andern Tag elend, verstört aussah, als
hätten ihn nächtliche Gespenster geplagt, und dann war
auch seine Stimmung finster und ernst, und er floh,
wenn Gäste kamen, oder war gegen diese bis zur Un=
höflichkeit störrisch und schweigsam. Ermunterte ihn dann
mein Vater: „Ach, rede doch auch etwas, Lenau!" so
konnte er ungescheut sagen: „Glaubst Du, ich sei eine
Spieluhr und lasse mich aufziehen?"

Ja, man hatte oft recht viel unter seinen Launen
zu leiden, und dies nahm zu, je mehr er in seinem
Dichterruhm stieg und in Stuttgart Vergötterung fand.
In den ästhetischen Kreisen daselbst war den Damen
alles so unbeschreiblich interessant und unfehlbar an ihm,
daß er sich am Ende selbst dafür hielt und jeder Wider=
spruch ihn aufs äußerste reizte. So mäßig sonst Lenau
im Essen und Trinken war, so schadete er sich doch
offenbar durch das allzu viele Kaffeetrinken. Man konnte
ihm den Kaffee nie stark genug machen, und jeden Tag
sollte frisch für ihn geröstet werden; so sei er es von
Wien aus gewöhnt, meinte er. — Auch das übermäßige
Rauchen starker Cigarren und ungarischen Tabaks aus
kurzen Meerschaumpfeifchen mag seine Nerven oftmals
überreizt haben. — „Ich vermöchte keine Zeile zu
schreiben ohne meine Pfeife im Munde," sagte er, „nur
beim Rauchen kommen die Gedanken; es konzentrirt."

Doch mehr als Kaffee und Tabak zerrüttete sein Nervensystem der Weihrauch, der ihm gestreut wurde. Er, der ehemalige Sohn der Wildnis, konnte das auf die Dauer ohne Gesundheitsstörung nicht ertragen; es schmeichelte ihm, auf dem pythischen Dreifuß zu sitzen und jeden seiner Aussprüche angestaunt zu finden. Selbst wenn er sagte: „Gottes Allmacht wedelt auch aus einem Hundsschwanz," wurde das als vielbedeutend aufgeschrieben, und mochte er sprechen, vorlesen oder schweigen, immer war er sich des hohen Eindrucks, den er machte, bewußt, und die Hohepriesterin schrieb nieder:

„Da saß er, bleich, im schwarzen Rocke, auf dem Haupt eine Violettsammetmütze mit goldener Quaste, und las mit seiner klangvollen, tiefen Stimme eintönig wie der klagende Wind oder wie Wellen oder wie ein Geist — höchst melodisch; es ist, als spräche jetzt nicht Niembsch, nicht Lenau, nur der Genius. Auch in den Zügen kein wechselnder Ausdruck, alles großartige Schwermut, ruhiges Versinken, man sah darin eine ganze Schöpfung," und so weiter.

Das einemal war er „ganz Teufel, ließ die Augen fürchterlich blitzen," ein anderesmal „teilte er mit seinen Blicken geistige Gnaden aus." Von Heidelberg schrieb er einst meinem Vater: „Ich war bei Herrn Zimmern, dem lieben, alten, ehrwürdigen Juden, es war ziemlich zahlreiche Gesellschaft vorhanden, da sprach ich über Geistergeschichten mit solcher dämonischen Weihe, ließ meine Augen dabei so kurios herumschweifen, daß die Mädchen anfingen zu weinen vor Schauder. Ja, Bruder, ich trage ein ganzes Nest voller Gespenster in mir herum; wenn das Nest einmal ausfliegt und um mich herumschwärmt wie im Frühling die erwachten Fledermäuse um den hohlen Eichenbaum, worin sie den Winter über gesteckt, ja, ja, das ist eine kuriose Geschichte!" — Der Nachtschmetterling machte immer engere Kreise um das Licht, in dem er einst verbrennen sollte.

Eines Tages fuhr mein Vater mit Lenau nach Oehringen und führte ihn in den ihm zu Ehren erleuchteten Hofkeller, auf dessen großes Faß Lenau später sein bekanntes Gedicht machte:

> „Ich stand als höchster grüner Baum
> Vor Zeiten froh im Waldesraum."

Hierauf besuchten sie eine Witwe B. und ihre schöne Tochter, einen Backfisch von sechzehn Jahren. Nach dem Kaffee las Lenau Gedichte vor. Das Mädchen hörte ihm staunend zu und ihre Blicke hingen voll Andacht an ihm, was Lenau wohl bemerkte. Als es ans Fortgehen kam, schlich Lenau, unbemerkt von der Alten, aber von den Augen des Mädchens verfolgt, in ihr neben dem Wohnzimmer befindliches Schlafzimmer und küßte schnell das Kopfkissen und das auf dem Nachttisch liegende Gebetbüchlein, den Thomas a Kempis.

„Jetzt muß das nette junge Mädel oft an mich denken, ich habe sie magnetisirt und kam mir vor wie Mephisto im Schlafzimmer Gretchens," erzählte er im Heimfahren meinem Vater, der ihm über diese Koketterie ernste Vorwürfe machte; aber den stärksten, der fast zu einem Zerwürfnis führte, bekam er wohlverdienterweise, als mein Vater eine Begebenheit erfuhr, die ihn fast an Lenaus Herzen irre machte.

Lenau reiste mit dem Polen Matuschinski nach

Stuttgart. In Heilbronn bestiegen sie zugleich mit einer Dame, die nach Stuttgart wollte, einen Fiaker. Die Gesellschaft der Dame genirte Lenau, der sich gern bequem ausgestreckt hätte; er verabredete daher mit Matuschinski, er solle einen Arzt vorstellen, der einen Wahnsinnigen in eine Irrenanstalt zu bringen hätte, und bald benahm er sich so seltsam, machte solche Grimassen, sprach so konfus und fixirte die Dame mit so unheildrohenden Blicken, daß derselben himmelangst wurde. Als er vollends einen Tobanfall simulirte, indem er auf die Dame losstürzen wollte und Matuschinski ihn scheinbar mit Gewalt bändigen mußte, hielt es die Frau nimmer länger aus, verließ in Besigheim unter Thränen das Gefährt und war nicht zu bewegen, weiter mitzufahren.

Matuschinski erzählte später, Lenau habe den Wahnsinn so gräßlich natürlich dargestellt, daß er selbst nimmer recht gewußt habe, ob es Täuschung oder Wahrheit sei.

Wie oft streifte Lenau mutwillig, oft aber auch sich selbst unbewußt, vom Verhängnis immer mehr dem Abgrunde zugedrängt, an der Grenze desselben! Nicht selten überfiel ihn, scheinbar ohne Grund, eine tiefgehende Melancholie. In einer solchen Stimmung schrieb er an meinen Vater am 15. November 1831:

„O Kerner! Kerner! Ich bin kein Asket, aber ich möchte gerne im Grabe liegen. Helfen Sie mir von dieser Schwermut, die sich nicht wegscherzen, nicht wegpredigen, nicht wegfluchen läßt. Mir wird oft so schwer, als ob ich einen Toten in mir herumtrüge. Helfen Sie mir, mein Freund! Die Seele hat auch ihre

Sehnen, die, einmal zerschnitten, nie wieder ganz werden. Mir ist, als wäre etwas in mir zerrissen, zerschnitten. Hilf, Kerner!"

Einmal — es war in späteren Zeiten — kam Lenau unerwartet, während er sonst meist vorher sein Kommen meldete, nach Weinsberg. Er sah blaß, verstört aus, aß bei Tisch wenig und starrte schweigend vor sich hin; man sah ihm an, daß ihn ein Kummer drückte oder er etwas auf dem Herzen habe.

„Was ist Dir?" fragte mein Vater; „die Reise scheint Dich angegriffen zu haben, Du bist krank."

„Ja, das bin ich," sagte Lenau; „o lieber Justel, gehe mit mir auf mein Zimmer, ich habe mit Dir allein zu sprechen." Dort sagte er: „Setze Dich auf das Sofa und mich lasse so neben Dich liegen, daß mein Kopf an Deiner Brust ruht und ich Deinen Herzschlag höre; ich will Dir beichten, Du sollst mein Seelsorger, mein Priester sein!"

Und nun enthüllte er vor meinem Vater sein ganzes Leben, sprach unter Thränen von allem, was ihn drückte und beängstigte, von seiner verstorbenen Mutter, von dem Heimweh nach ihr, von den Kämpfen, die sie mit seinem Vater erduldete, wodurch er ganz gewiß schon im voraus zu einem Unglückskind gezeichnet worden sei, von seiner armen und doch so schönen Jugend, von seinem vierjährigen Zusammenleben mit Bertha, der Sehnsucht nach seinem Kinde, von dem er oft träume, von seiner reinen Liebe zu Lotte Gmelin, die er, der Verdammte, dauernd an sich zu ketten nicht würdig und auch zu arm gewesen sei. Schon einmal habe eine schwarze Katze ihm Unglück gebracht, er spüre, sie komme wieder, der Dämon des Unglücks verfolge ihn, wenn er glücklich sein wolle; zum höchsten Heiligtum irdischen Glücks habe ihm Priesterhand dauernd die Eingangs= pforten zugeworfen, entsetzliche Träume wecken ihn nachts und stehen, riesengroß wachsend, wie Gespenster vor ihm; dann sei er in Schweiß gebadet und fühle sich matt, todesmatt.

Mein Vater drückte Lenau fest an sich, streichelte ihm die Haare und sprach ihm Trost und Mut ein. Allmälich beruhigte er sich auch und sagte:

„Es ist mir wieder gut, aber die Beichte war mir notwendig, Du trägst jetzt mit mir; wir sollten ein Jahr fern von den Menschen allein miteinander auf einer Insel wohnen, Du müßtest dann die Wellen mag= netisiren, daß keine bösen Gedanken und Träume landen und mich erfassen können. Am besten wäre es eigent= lich, wir wären zusammengewachsen!“ Und nun mußte er selbst über diesen Gedanken lachen, spann ihn weiter aus und sagte: „Das wäre ein Hauptspaß, wenn wir zusammengewachsen durch die Straßen Stuttgarts gingen, und was würden die Kritiker dazu sagen?“

Obschon solchermaßen die so traurig begonnene Beichte ein freundliches Ende nahm, war mein Vater durch dieselbe arg angegriffen und in Sorge über Lenaus physischen und geistigen Zustand; er sagte meiner Mutter, er sei ganz krank von all dem Grausigen, was er habe anhören müssen, es sei ein wilder Chaos von Gedanken gewesen. — „Wenn ein Meer mitten im Sturme mit haushohen Wogen plötzlich zu Stein erstarrte, könnte es nicht schauerlicher sein, als es in Niembschs Seele aussehe.“

Oft hatte Lenau aber auch ausnahmsweise glückliche
Tage, an denen ihm kindliche Heiterkeit aus allen Zügen
sprach. Das war namentlich, wenn er mit Graf Ale=
xander von Württemberg nach Weinsberg kam. Im
offenen, mit zwei windschnellen ungarischen Pferden
bespannten Wagen fuhren sie in frischer Morgendämme=
rung von Eßlingen weg; die fröhliche, lustige Fahrt,
die lebhafte Unterhaltung, das ungebundene, treuherzige
Wesen Alexanders thaten Lenaus Nerven wohl; er war
dann ganz auch er selbst, ohne schauspielerische Zuthaten
und brachte einen guten Appetit mit. Erzählte er dar=
auf nach Tisch von seinen Wiener Freunden und Ori=
ginalen schnurrige Aussprüche und Anekdoten, sprach
er mit Begeisterung von Steiermark, ergriff er seine
Geige und spielte Zigeunerweisen oder pfiff oder trom=
melte er lustig zur Guitarre, da mußte man ihn lieb
haben, und es that einem von Herzen leid, daß solche
Sonnenblicke so selten bei ihm waren. — Einer komischen
Begebenheit erinnere ich mich auch, bei der Lenau hell
auflachte und wie ein ungezogenes Kind vor Freuden
mit den Füßen strampfte. Wir saßen an einem Sommer=
tag mit Lenau und Hofrat Reinbeck nebst dessen Gattin
beim Mittagessen im Garten. Da kam der Hausknecht
aus der „Traube“ und brachte zwei Visitenkarten: „Graf
Crivelli“ — „Herr von Starkenberg“. „Die Herren
möchten gern ihre Aufwartungen machen.“

„Sie sollen nur kommen,“ sagte mein Vater, und
nun sprach man davon, wer wohl der Herr von Starken=
berg sei. Den Grafen Crivelli kannten Reinbecks —
er war österreichischer Gesandtschaftsattaché — aber der
Starkenberg?

„Am Ende ist es der Prinz Montfort Napoleon,“ sagte die Reinbeck, „das Montfort ist ins Deutsche über= setzt, und ihn und Crivelli sieht man oft zusammen gehen.“

Die beiden Herren kamen.

„Es ist Prinz Montfort,“ flüsterte die Reinbeck, wir standen auf, die Ankömmlinge zu begrüßen, und ein besonders tiefes Kompliment machte die Frau Hof= rat; sie wollte zeigen, daß sie, als Dame aus der Re= sidenz, wisse, was sich gehöre; der Hofrat aber blieb zu unser aller Verwunderung sitzen und beugte nur den Oberkörper etwas vor, und schon diese kleine Höflichkeit schien ihm schwer anzukommen.

Der Prinz enthüllte seine Anonymität und mein Vater stellte den beiden Herren seine Gäste, Lenau und Reinbecks, vor. Wieder große Verbeugung der Frau Hofrat, Reinbeck aber blieb abermals sitzen und wurde kirschrot im Gesicht. Die Unterhaltung, während deren Frau Reinbeck ihrem Mann höchst mißbilligende Blicke zuwarf, wurde sehr animirt, Lenau beteiligte sich leb= haft am Gespräch, dann nahmen sie Abschied und mein Vater begleitete sie auf die Weibertreu. Großes Auf= stehen und Verbeugung, Sitzenbleiben des Hofrats. Jetzt brach das Gewitter über den armen Reinbeck los.

„Nein, da hört doch alles auf!“ zürnte die Gattin; „welch unhöfliches Benehmen von Deiner Seite! Was fiel Dir denn ein? Nicht einmal aufzustehen! Was wird der Prinz von Dir denken!“

„Ja, Du hast vollkommen recht, und niemand thut es mehr leid als mir,“ sagte Reinbeck mit kläglicher Stimme. „Ach, Theobald, sei doch so gut und sieh einmal nach, ich kann nicht aufstehen, ich bin an den Stuhl wie angewachsen."

Ich untersuchte a posteriori. Aus dem schweren Gartenstuhl, worauf Reinbeck saß, hatte sich ein langer Nagel hervorgespielt und sich schräg in das Beinkleid Reinbecks hineingeschoben; wenn Reinbeck aufstehen wollte, haftete der Stuhl fest an ihm und leistete tapferen Widerstand.

Mit vielem Scharfsinn und, nachdem ich Reinbeck — nach Erweiterung der Hosenwunde — zu einer starken seitlichen Bewegung in der dem bösen Nagel abgewandten Richtung veranlaßt hatte, erlöste ich ihn von der Anhänglichkeit des Gartenstuhls. Die hiedurch geschaffenen urkomischen Situationen, die Niedergeschlagenheit Reinbecks, der Zorn seiner Gattin, versetzten Lenau in tolle Lustigkeit, und der arme Reinbeck mußte unter seinen Witzen viel leiden. Als derselbe der Reparatur halber weggegangen war, machte die Hofrätin Lenau Vorwürfe, er habe ihren Mann allzu kindisch behandelt, ihn lächerlich gemacht. Lenau wollte sich diesen Vorwurf nicht gefallen lassen, eine spitze Rede gab die andere, und endlich sprach Frau Reinbeck unter Thränen: „Ich weiß wohl, Sie verstehen mich — ich mag thun und sagen, was ich will, und Ihre oft recht ungerechtfertigten Launen mit der größten Sanftmut ertragen — doch immer geflissentlich —"

„Miß, miß, miß!" unterbrach sie Lenau lachend. „Ach, dieses spät hintendrein wackelnde ,miß' hat etwas gar zu Rührendes; ihm zu lieb bitte ich Sie herzlich um Verzeihung, lassen Sie uns wieder gute Kameraden sein!"

Die gute Emilie hatte mit ihrem unbändigen ungarischen Schützling, an dessen Verzärtelung sie eben selbst große Schuld trug, gar manches auszustehen; mein Vater verglich sie einer Henne, die ein Entlein ausgebrütet habe und nun angstvoll am Ufer auf und ab tripple und seinen waghalsigen Schwimmkünsten zuschaue. Nicht umsonst klagte sie später einmal in einem Briefe:

„Lenau war diesmal bei seinem Hiersein mißmutig, schroff und kalt; ich muß gestehen, daß mich oft eine wunderbare Scheu vor allen Berühmtheiten anwandelt, die so groß dastehen vor der Welt und in ihrer Eitelkeit so klein sind."

Im Jahr 1832, als die Polen durch Weinsberg kamen, wollte Lenau mit einem derselben nach Amerika, er hieß Matuschinski; Lenau schrieb über ihn an seinen Schwager Schurz: „Ich habe einen sehr lieben Freund zum Reisegefährten, einen polnischen Stabsarzt, durchaus gebildet und sehr liebenswürdig. Matuschinski heißt mein Pole, er ist Virtuos auf der Flöte und sehr empfänglich für Poesie, hat auch einen richtigen Geschmack —"

Aber die geträumten frohen Aussichten auf die Amerikareise trübten sich immer mehr; auch war Lenaus Vermögen bedeutend zusammengeschmolzen, so daß doppeltes Ueberfahrtsgeld zu teuer geworden wäre, und so blieb Matuschinski zurück.

Was Lenau zu der Reise nach Amerika bestimmte? Es war teils der ihm von der Mutter anererbte Wandertrieb, teils versprach er sich gar viel von den poetischen Eindrücken, die auf ihn das Meer, die Urwälder, der Niagara machen würden; auch glaubte er, trotz aller

Warnungen, fest, er könne sich dort schnell durch Güter-
ankauf eine große Rente sichern. So schrieb er von
Amsterdam aus an seinen Schwager Schurz:

„Ich werde mir in Amerika eine Strecke Landes
kaufen von etwa tausend Morgen und den Philipp
(seinen Bedienten) als Pächter darauf setzen. Ein ge-
wisser Ludwig H., Zimmermeister aus Württemberg,
geht auch mit samt seinen Söhnen und kauft sich ebenfalls an in Amerika. Dieser ist nun der rechtschaffenste,
tüchtigste Mann, den ich jemals aus derlei Ständen
kennen gelernt habe; der übernimmt die Oberaufsicht,
der ganze Vertrag wird natürlich vor Gericht ratifizirt.
In drei bis vier Jahren hat sich dann der Wert meines
Eigentums wenigstens auf das Sechsfache gesteigert.“

Richtig ging Lenau auch einen solchen Vertrag im
März 1833 in Amerika ein, aber die Spekulation er-
zeigte sich als ziemlich nichtig. Der brave Zimmermann
wirtschaftete schlecht, ging mit seinen Söhnen nach
Kanada durch, und erst in späteren Jahren, als Lenau
schon im Irrenhause war, kam durch einen andern Besitzer wieder einiges von dem Gelde zurück. — Amerika
machte auf Lenau, der von diesem Lande weniges und
auch dieses nur in den Wintermonaten und in übelster
Laune gesehen hatte, einen schlechten Eindruck. Nachdem er am 8. Oktober 1832 in Baltimore gelandet,
schrieb er am 16. Oktober an Schurz:

„Der Amerikaner hat keine Weine, keine Nachtigall.
Diese Amerikaner sind himmelanstinkende Krämerseelen,
tot für alles geistige Leben, maustot. Die Nachtigall
hat recht, daß sie bei diesen Wichten nicht einkehrt.
Das scheint mir von ernster, tiefer Bedeutung zu sein,

daß Amerika gar keine Nachtigall hat. Es kommt mir vor wie ein poetischer Fluch, eine Niagarastimme gehört dazu, um diesen Schuften zu predigen, daß es noch höhere Götter gebe, als die im Münzhause geschlagen werden."

Lenau war erst acht Tage in Amerika und nicht über Baltimore hinausgekommen; was bewog ihn schon zu einem so harten Urteil über ein ganzes Volk?

Seine Eitelkeit fühlte sich daselbst beleidigt, und er ward unglücklich, aufgeregt, nervös, wie einer, dem das gewohnte Morphium entzogen wird; ihm fehlte das süße Gift der Bewunderung. Die Amerikaner wußten noch nichts von Lenau, die Damen dort waren weniger leicht mit Blicken zu hypnotisiren als die in der weichen Theeluft Stuttgarts. Die Amerikaner urteilten in ihrer naturwüchsigen Unbefangenheit wie die Schwarzwälder Magd meiner Eltern, die einst zu meiner Mutter sagte: „Ich weiß nicht, warum die Besuche sich so viel aus unserem Herrn machen; ich sehe ihn täglich und finde gar nichts Besonderes an ihm."

Im März 1833, nachdem er in Lisbon, einem Städtchen am Ohio, an Rheumatismen krank gelegen, schrieb Lenau:

„Als Schule der Entbehrung ist Amerika wirklich sehr zu empfehlen. Wenn so ein langer, einsamer Winter obendrein gewürzt ist mit heftigen rheumatischen Leiden und schlaflosen Nächten, wie er es mir war, dann müßte man doch sehr verstockten Wesens sein, wäre man im Frühling nicht ein wenig vernünftiger, als man im Herbst gewesen. Nächsten Monat werde ich mich in New-York einschiffen, ich hoffe, bis fünfzehnten Mai in Stuttgart zu sein."

Lenau besuchte mit Beginn des Frühlings den Nia=
gara, besah sich einige Urwälder und kehrte über New=
York nach Europa zurück. Ende Juni 1833 landete
er in Bremen und fuhr von da über Heidelberg nach
Weinsberg. Mit den Worten trat er ins Zimmer:
„Alter, da bin ich halt wieder; aber das sind keine
vereinte Staaten, das sind verschweinte Staaten." Die
Reise hatte ihm nicht gut gethan, auch nicht poetisch
erregend auf ihn eingewirkt; er sah gealtert, sorgenvoll
aus und sprach nur ungern von Amerika. Bis Herbst
blieb er in Stuttgart, reiste dann über Gmunden nach
Wien, wo er ehrend empfangen wurde und darüber an
Karl Mayer schrieb:

„Ich habe ins Ausland müssen, um Wert und Be=
deutung zu Hause zu bekommen; es geht mit Dichtern
in Oesterreich wie in Bremen mit Cigarren: die in
Bremen gefertigten werden ins Ausland geschickt, dort
bekommen sie die ausländische Signatur und wandern
dann wieder heim, und alles wundert sich über den
charmanten Geruch, den sie jetzt haben, während sie
früher keinem Teufel schmecken wollten."

Im Frühling 1834 ließ sich Lenau von dem be=
rühmten Maler Karl Rahl in Wien für meinen Vater
malen. Die Ankunft des herrlichen, so wohlgetroffenen,
ideal aufgefaßten Oelbildes machte uns große Freude
und bekam gleich den Ehrenplatz an der Wand, wo es
jetzt noch als Schmuck des Kernerhauses prangt. Wie
oft zeigte es mein Vater in späteren Jahren den Frem=
den und sagte: „Ja, ja, so sah mein armer Lenau aus
in seinen glücklichen Tagen!"

Zu jener Zeit lernte Lenau auch die Schwester

feines Freundes Kleyle, Sophie, die Frau des Dichters
Max Löwenthal, kennen und fühlte sich von ihr sympathisch angezogen; bald war sein Herz in unauflösliche
Bande geschlagen, gegen die er vergeblich anrüttelte.
Die Macht ihres Geistes imponirte ihm, er stellte sie
über George Sand; die frühere Liebe zu Lotte Gmelin,
die spätere zu seiner Braut, erblaßten in ihrem Umgang
und kamen im Briefwechsel mit ihr in Vergessenheit.
Auch Stuttgart verlor an Anziehungskraft, worüber
seine schwäbischen Freunde oft klagten. Sein krankhafter Wandertrieb, die vielfachen Buchhändlergeschäfte
mit Cotta trieben ihn zwar vielmals nach Stuttgart,
aber war er dort, so quälte ihn eine innere Unruhe,
fühlte er sich krank, unbehaglich und zog es ihn ge-
waltsam seinem Oesterreich zu, wo sie weilte. Mit
dieser hoffnungslosen Liebe wuchs immer mehr der Zwie-
spalt seines Innern; er gab sich alle Mühe, dieselbe zu
übertäuben, hatte einst den festen Entschluß, die berühmte
Sängerin Karoline Unger zu heiraten, aber das Verhältnis zerschlug sich zum Glück für beide.

Im Mai 1840 schrieb Lenau von Stuttgart aus
an Sophie Löwenthal: „Sobald ich wieder führbar bin,“
(er war krank gewesen), „soll es mein nächstes sein, den
armen, unglücklichen Justinus Kerner zu besuchen. Er
ist in größter Gefahr, starblind zu werden. Seine
ohnedies geschwächten Augen wurden es durch das an-
haltende, heftige Weinen um den verstorbenen Bruder
noch mehr, und in einem Grade, daß die Bildung eines
grauen Stars bereits eingetreten ist und totales Er-
blinden bevorsteht. Schauerliche Ironie! Dafür, daß
Kerner niemals ein Genüge auf Erden fand und stets

darüber weg mit geisterseherischem Auge in eine andere
Welt hinaus trachtete, dafür, so scheint es, will die reale
Sinnenwelt eifersüchtig und rächend sich seinen Blicken
für immer entziehen. Der beiden Welten, Mensch, darfst
Du nur eine schauen! Diese Nachricht hat mich sehr
erschreckt. Wenn ich mich des Spaziergangs erinnere,
den ich mit Ihnen und Ihren lieben, fröhlichen Kindern
an jenem herrlichen Frühlingsabend auf den Gartenberg
bei Hietzing gemacht, und wenn ich dabei gedenke, wie
die Erde an mancher Stelle und zu mancher Stunde
so schön ist, so erfüllt mich die Vorstellung, daß der
gute, liebe Kerner blind werden soll, mit großer
Traurigkeit."

Und er kam, bald mit Reinbecks, bald allein, nach
Weinsberg und war da so lieb und herzlich und suchte
meinen Vater zu trösten und zu erheitern, daß dieser
einmal zu ihm sagte: „Ich wollte gerne blind sein,
wenn ich nur immer Deine liebe Stimme hören könnte."

Oft aber klang diese Stimme auch wieder rauh und
hart, und Lenau selbst bedurfte des Trostes, wenn er
sich, geistig und körperlich krank, niedergeschlagen fühlte,
bitter klagend über seine immer mehr zunehmende Melancholie und seine krankhafte Empfindlichkeit, unter der
er selbst am meisten leide. Dann jammerte er, er habe
ein verlorenes, verfehltes Leben, das sich ganz anders
hätte gestalten können, wenn er nicht das Glück ver-
säumt und in jüngeren Jahren ein liebes Weib ge-
heiratet hätte.

Jahr um Jahr nahm die innere Unruhe, das geheime Angstgefühl bei ihm zu und trieb ihn ratlos von
einem Ort zum andern. Kaum in Stuttgart, überfiel

ihn Heimweh nach Wien, und in Wien verlangte es
ihn wieder nach Stuttgart, dessen Luft hinwiederum
Schuld an all seinen Leiden tragen sollte. So schreibt
er im Mai 1844 an Sophie Löwenthal:

„Liebe Sophie! Beständiges Unwohlsein, Kopfschmerz,
Schlaflosigkeit, Mattigkeit, schlechte Verdauung, Rhabarber,
Druckfehler und Aerger über den trägen Fortschlich meiner
Geschäfte, das waren die Freuden meiner letzten Wochen.
Emilie will es nicht gelten lassen, daß die Stuttgarter
Luft nichts als die Ausdünstung des Teufels sei, doch
mir ist es zu auffallend, daß ich in Heidelberg frisch
und gesund war und nun, kaum wieder nach Stutt=
gart gekommen, bresthaft und elend sein muß. Ver=
dammtes Kloakenthal! Die Luft ist zwischen diesen
fleißigen, abgeschwitzten Weinbergen so dumpf und matt,
so verbraucht und beschmutzt, als wäre sie durch meilen=
lange Windungen von Eingeweiden hindurch gezogen,
ehe man sie in Nase und Lungen bekommt. O, meine
Nerven, mein unglückseliges Sonnengeflecht! Ich schnappe
nach Gebirgsluft wie ein Spatz unter der Luftpumpe.“

Um diese Stuttgarter Luft mit besserer zu vertauschen,
reiste Lenau im Juni nach Baden=Baden. Dort schien
sich seine Gesundheit bald zu bessern, und ein lichter
Sonnenstrahl fiel in sein Leben, als er im Englischen
Hof, wo er gewöhnlich speiste, zwei Damen erblickte,
von denen die jüngere augenblicklich sein großes Inter=
esse erregte.

„Wer sind die Damen?“ fragte Lenau den Kellner.

„Eine Frau Behrends mit ihrer Nichte aus Frank=
furt — und sehr reich!“ berichtete der Kellner.

Lenau ließ sich seinen Platz bei Tische neben ihnen

anweisen, und bald war er mit den Damen im eifrigen
Gespräch. Die Nichte — sie hieß Marie und war die
Tochter des verstorbenen Bürgermeisters Behrends in
Frankfurt — gefiel ihm in ihrer Anmut und Bescheiden=
heit so sehr, daß er den festen Entschluß faßte, sie um
ihre Hand zu bitten. Den andern Morgen sandte er
ihr seine Gedichte mit einer Widmung und war mehrere
Tage bis zu ihrer Abreise ihr steter Begleiter.

Obgleich er wußte, daß sie ihn liebte, zögerte er
doch mit der Erklärung: er wollte zuerst die Mutter
und Verwandten in Frankfurt kennen lernen und reiste
dorthin; die Verwandten, welche kaum etwas von ihm
gelesen hatten, gefielen ihm weniger; die Mutter gab
gerne ihr Jawort, gestand ihm aber offen, daß ihr
Vermögen gering sei und sie ihrer Tochter nur wenig
mitgeben könne. So beglückt er nun auch sich durch
die Liebe seiner Braut fühlte und dies den Freunden
gegenüber äußerte, so nahten doch jetzt immer mehr
Stunden der Sorge und Reue, und die Zukunft, welche
er sich so hell gedacht hatte, umdüsterte sich zusehends
vor seinem ängstlichen Gemüt. An eine Geldheirat
hatte er nicht gedacht, aber es doch als weitere Gunst
vom Schicksal hingenommen, daß er durch seine Heirat
allen Geldsorgen, die ihn oft sehr drückten, enthoben
werde, fortan ein freies, poetisches Leben führen und
auch die Seinigen unterstützen könne. Statt dessen trat
jetzt die Prosa des Lebens doppelt an ihn heran. Sein
Vermögen bestand nur aus etwa viertausend Gulden,
dem bisherigen Erlös für die Auflagen seiner Gedichte,
seines Faust, Savonarola, der Albigenser. Er reiste
nun zu Cotta und beschwor diesen, ihm für sämtliche

Auflagen seiner erschienenen und noch zu erwartenden Dichtungen eine feste Summe zu geben, wozu Cotta auch endlich seine Einwilligung gab. Der Vertrag lautete auf zwanzigtausend Gulden, in Terminen innerhalb fünf Jahren zu zahlen, und für jeden Band weiterer zu erwartenden Schriften zweitausendfünfhundert Gulden.

Nun glaubte sich Lenau auf einige Zeit der pekuniären Sorge um die Zukunft enthoben und hätte sich seines Glückes voll und ganz freuen können, würde nicht eine andere schwere Sorge ihn gedrückt haben: Was wird Sophie Löwenthal zu seiner Heirat sagen? In seinem letzten Briefe aus Baden hatte er ihr geschrieben: „Es geht mit beschleunigter Geschwindigkeit holpernd und stürzend bergab," und nun sollte er als glücklicher Bräutigam schreiben? Er fand nicht den Mut dazu und wollte lieber zu ihr reisen und mündlich alles sagen; aber die Kunde seiner Verlobung war in Wien schon durch die Zeitung bekannt, und als er bei Sophie eintrat, fragte sie ihn:

„Niembsch, ist es wahr, was die Zeitungen von Ihnen berichten?"

„Ja!" antwortete er; „doch wenn Sie es wünschen, verheirate ich mich nicht; ich erschieße mich dann aber auch."

Weitere unliebsame Gedanken stürmten auf ihn ein; er war katholisch, seine Braut protestantisch. Eine Mischehe bereitete damals in Oesterreich große Schwierigkeit, er faßte darum den festen Entschluß, protestantisch zu werden.

Dann verdarb ihm sein Schwager Schurz die Freude

an dem Kontrakt mit Cotta; er stellte ihm vor, daß dadurch für sein Alter schlecht gesorgt sei, Cotta müßte das Kapital wenigstens bis zur völligen Abzahlung verzinsen und so weiter.

Lenau entschloß sich nun, schnell wieder nach Stuttgart und zu Cotta zu reisen. Als er von Sophie Abschied nahm, sollen ihre letzten Worte gewesen sein: „Mir ist, als sollte ich Sie nie wiedersehen! Eines von uns muß wahnsinnig werden!“ Er aber sagte: „Ich bin der Ihre fest und ewig!“

Auf der Reise nach Stuttgart fühlte er sich maßlos traurig und krank, auch kam ihm immer mehr die Reue über den Vertrag; er schrieb unterwegs an Sophie: „Mir ist, als sei ich unter den Pöbel geraten. Mein Genius, der bisher so frei gelebt, wird mißmutig und fragt mich, ob ich ihn als Knecht verdingen wolle?“

Cotta ging auf eine Aenderung des Vertrags nicht ein; unter marternden Gedanken über die Zukunft, unter qualvollen Seelenkämpfen verbrachte Lenau schlaflose Nächte, in denen seine Lebenskraft sich immer mehr erschöpfte, seine Nerven aufs äußerste überspannt wurden. Plötzlich, am neunundzwanzigsten September, während er bei Reinbecks am Frühstückstisch saß und in ungewöhnlicher Aufregung war, fühlte er ein Zucken im Gesicht, sprang an den Spiegel und sah, daß die eine Gesichtshälfte gelähmt, totenähnlich war, das Auge starr. „Mich hat ein Nervenschlag getroffen!“ rief er aus. Medizinalrat Schelling erklärte es für eine vorübergehende rheumatische Lähmung des Gesichtsnerven. Lenau aber war untröstlich, und auch nach teilweise gehobener Lähmung setzte sich in ihm der Gedanke fest, er könne

jetzt nicht heiraten, die Heirat sei jetzt jedenfalls hinaus=
zuschieben, bis seine Gesundheit ganz wiederhergestellt
und seine Vermögenslage eine gesicherte sei.

Immer leidenschaftlicher wurden seine Briefe an
Sophie, seltener an seine Braut; er zeigte am Tage
auffallende Unruhe und Gesprächigkeit, in den Nächten
wechselten Sorgen um die Zukunft mit wilden Phan=
tasien, er betete, weinte, schrie, rannte im Zimmer auf
und ab, hielt sich als Verbrecher verfolgt.

„Es ist ein Traum!" sagte Reinbeck, als er um
Mitternacht in Todesangst vor dessen Bett trat.

„Aber wenn es Wahnsinn wäre!" schrie Lenau,
und ja, er hatte recht, es war der Wahnsinn, der ihn
auf Nimmerwiederlassen umkrallt hatte. Der schwache,
todmüde Körper konnte dem wilden Anprall der dunklen
Gedanken nimmer widerstehen, über der armen, gehetzten
Seele schlugen die Wogen des Irrsinns zusammen.
Hin und wieder zeigten sich noch lichte Spuren, aber
es war nur ein irres Flackern.

„Lenau wahnsinnig!" Diese schreckliche Kunde er=
schütterte seine schwäbischen Freunde, besonders meinen
Vater, doch sie kam nicht unerwartet. Sein zeitweise
seltsames Thun und Reden, seine plötzlich auftretenden
Launen, mit denen er oft seine besten Freunde beleidigte,
ihnen empfindlich wehe that, so daß selbst Gustav
Schwab in seiner Milde einst sagen mußte: „Lenau
zieht durch das Leben seiner Freunde einen schwarzen
Faden," hatten sich nur durch sein äußerst zerrüttetes
Nervensystem erklären lassen, und es war vorauszusehen,
daß nur noch wenig dazu gehörte, eine Katastrophe
herbeizuführen.

Weil er sich hatte erwürgen wollen, zum Fenster hinaussprang, mußte man ihm Wächter bestellen, ihm die Zwangsjacke anlegen. Seine Braut, die, ohne von dem eingetretenen Zustand zu wissen, mit ihrer Mutter kam, ihn zu besuchen, durfte nicht zu ihm und kehrte trostlos nach Frankfurt zurück, nachdem sie auf dem Heimweg meinen Vater besucht hatte.

Am 22. Oktober 1844 wurde Lenau in die Irren=anstalt nach Winnenthal gebracht. Dort hatte er Stun=den und Tage, in denen man seine Besserung wieder erhoffen konnte, wo er Violine spielte und ruhig über seinen traumhaften Zustand sprach; an anderen Tagen schrie er und tobte, man mußte ihm das Zwangshemd anlegen, wobei er einmal zurechtweisend sagte: „Ich bin kein delirischer, sondern ein lyrischer Dichter!"

Als sein Schwager ankam, sprach er mit demselben bald verworren, bald wieder klar und las mit Interesse mitgebrachte Briefe. Der Besuch meines Vaters freute ihn herzlich. Lenau sagte zu ihm: „Gelt, daß ich hier bin? Nun werde ich Dir doppelt interessant sein!" Er diktirte ihm sein neuestes und letztes Gedicht, das er auf der Reise von Wien nach Stuttgart noch ge=macht hatte: „'s ist eitel nichts, wohin mein Aug' ich hefte," dann kam er allmälich in Aufregung, erzählte von der Schlacht von Aspern, die er in der vergangenen Nacht mitgemacht habe; es sei eine Wonne ohnegleichen, so eine Schlacht, aber doch wäre er ihrer gerne wieder los und ledig.

„Du verlorst Dich eben im Traumring," sagte mein Vater, „aber ich weiß gewiß, Dein klarer, starker Ver=stand zerreißt diesen Traumring, und es wird wieder alles gesund in Dir."

„Ja," sagte Lenau, „der Trauring ist auch zerrissen."

Obgleich dieser Tag einer der klarsten und ruhigsten seit lange war, so hielt mein Vater schon damals Lenau für unheilbar, äußerte das gegen seine Freunde in Stuttgart und meinte, das Beste wäre, Lenau in sein Vaterland zu senden.

Viele Freunde, Anastasius Grün, Bauernfeld, Frankl, Karl Mayer, Gustav Schwab, Uhland besuchten ihn im Laufe des Jahres 1845. Einige erkannte er, andere gar nicht, alle aber schieden aufs schmerzlichste bewegt, und immer geringer wurde der Glaube an eine Besserung. Nachdem Lenau dritthalb Jahre in Winnenthal gewesen, wurde er in die Privatirrenanstalt des Dr. Görgen in Oberdöbling bei Wien gebracht. Dort nahte sich ihm, der unaufhaltsam in immer tiefere Geistesnacht versunken war, am 22. August 1850 erbarmend der Tod, und das arme, müde Herz durfte endlich stille stehen. — Auf dem Kirchhof von Weidling bei Wien wurde er, einem früheren Wunsche gemäß, begraben. Eine Granitpyramide mit der bronzenen Basreliefbüste Lenaus und der einfachen Inschrift „Lenau" bezeichnet das Grab des unglücklichen Dichters.

Tod Geheimrat Kerners.
Meines Vaters Erblindung.

Es war im Jahre 1840, da starb meines Vaters Bruder Karl, der frühere General. 1819 wurde Karl Kerner von König Wilhelm zum Mitglied des württembergischen Geheimen Rates ernannt und mit der Leitung des Ministeriums des Innern betraut.

Der General wollte das ihm übertragene Amt zuerst nicht annehmen, weil er die Formen nicht verstehe; der König aber erwiderte ihm hierauf: „Eben deswegen will ich, daß Sie es übernehmen.“

Er verwaltete dasselbe in durchaus freisinnigem Geiste, denn er war ein abgesagter Feind von allem Zopfregiment, von der deutschen Erbsünde der Vielschreiberei, dem Vielregieren und dem Vielregiertwerden. Er sorgte daher besonders für möglichste Selbständigkeit der Gemeinden, in welchen er das Institut der Bürgerdeputationen einführte, und die Preßfreiheit hatte an ihm den entschiedensten Fürsprecher. — Ein solcher Zustand konnte jedoch schon wegen des hohen Bundestages nicht lange dauern. Karl Kerner wurde durch die feudale Partei aus dem Amte verdrängt und trat in seine frühere Laufbahn, die Verwaltung des Berg- und Hüttenwesens zurück, wo er sich als Präsident des Bergrats und Gründer des Eisenwerks Wasseralfingen große Verdienste erworben hat.

Wohl selten haben sich zwei Brüder trotz der verschiedensten Lebensstellung so sympathisch geliebt und innig verstanden wie mein Vater und sein Bruder Karl. Viele Jahre hindurch hatten sie sich fast jeden Tag geschrieben und ihre Ideen ausgetauscht.

> „In ein Herz zusammen fast
> Wuchsen wir in langen Jahren;
> Freudig trug ich jede Last,
> Wußt' ich nur, daß du's erfahren.“

sagt mein Vater in seiner Totenklage um ihn, denn gar

oft hatte mein sensitiver, weichherziger Vater in den
Besuchen und Briefen seines lebensverständigen, kampf-
gewohnten Bruders Trost und Beruhigung gefunden.
Namentlich als Justinus' weiches Gemüt nach der Her-
ausgabe seines Buches: „Die Seherin von Prevorst"
unter den Anfeindungen und Angriffen sogar früherer
Freunde schmerzlich erbebte, war es sein Bruder, der
ihm nicht selten bald mit Sanftmut, bald mit soldatischer
Derbheit seinen Kleinmut vorwarf und den Wankenden
auf die Füße stellte, obgleich sich dieser mit dem ihm
eigenen Humor oft auch selbst über diese Nadelstiche zu
trösten wußte. Bekannt ist in dieser Hinsicht sein Gedicht „an einen Freund":

„Nanntest eine Leidensblume mich in deiner Liebe, Freund.
Fühle nichts von solcher Blume, doch du hast es gut gemeint.
Aber immer wird mir's klarer, daß ich eine Distel bin,
Eine Distel, üppig blühend, ästevoll und saftiggrün.
Was den Glauben mir gegeben, ist, ich sag' dir's traulich still.
Das, daß eine Herde Esel immerdar mich fressen will."

Auch spricht hiefür folgende kleine Anekdote:

Es war auf der Naturforscher-Versammlung in
Heidelberg, bald nach dem Erscheinen der „Seherin von
Prevorst", da bewillkommte mein Vater einen früheren
Studiengenossen, den renommirten Arzt St. aus Frank-
furt mit herzlichem Grüßgott.

„Ich bin in der That beschämt," sagte dieser, „daß
Sie so freundlich gegen mich sind, trotzdem, daß ich
jüngst eine so scharfe Broschüre gegen Sie geschrieben."

„Ach, lieber St.," sagte mein Vater, ihm gutmütig
auf die Schulter klopfend, „solche Dummheiten lese
ich nie."

Doch wir kehren zu Ernsterem zurück. An eines

„Palmsonntags heiligem Morgenrot" (den 12. April 1840) starb meines Vaters Bruder Karl. Die letzten Worte, die er den Seinigen zurief, waren: „Wenn Gott kommandirt, muß der Mensch folgen!" — Schon wenige Tage nach seinem Tode empfand mein Vater eine auffallende Trübung seiner Sehkraft, er schrieb dieselbe den vielen schlaflosen Nächten und Thränen um den hingeschiedenen Bruder zu —

> „Sieh, es ist mir jetzt,
> Seit du dich von mir gerissen,
> Wie dem Kinde, ausgesetzt,
> Elternlos in Finsternissen."

Eine nähere Untersuchung durch Obermedizinalrat Schelling ergab einen auf beiden Augen beginnenden grauen Star. Mein Vater fühlte sich durch diesen Ausspruch aufs schmerzlichste betroffen. Er, der so gern frisch in die Natur hinausschaute, Aug' in Auge mit den Menschen verkehrte, sich angestrengt literarischen Arbeiten unterzog, sollte der Blindheit entgegen gehen!

Nur langsam entwickelte sich das Leiden und zu einer vollständigen Erblindung kam es nicht, auch im letzten Lebensjahre konnte er Tag von Nacht unterscheiden, aber wie schmerzlich war es uns oft, wenn er an Winterabenden sagte: „Zündet doch ein Licht an!" und dasselbe längst schon brannte. Wie schwer er an diesem Leiden trug und welchen melancholischen Einfluß es auf ihn übte, zeigt ein Brief an mich: „Du glaubst nicht, wie traurig es ist, blind zu sein! Ich mag nicht mehr in meine Gärten gehen, dort freuten mich sonst die Blumen und Bäume, jetzt sehe ich sie nicht mehr, auch an den hellsten Tagen nur schattenartig, grau in grau, wie durch einen Nebel. Vom Turme aus sah ich sonst die Weibertreu, die Löwensteiner Berge, das Grab der Seherin, jetzt liegt nur noch eine schwarze Masse

Iustinus Kerner
— 3. Febr. 1854

vor mir! Und wie traurig stimmt diese ewige Nacht die Seele! Nur Dein Brief jeden Morgen ist mir noch ein Lichtstrahl." (Ich schrieb meinem Vater von 1853 bis 1862 jeden Tag, weil er es so haben wollte und jeden Morgen sehnlichst auf die Stunde harrte, wo Zeitungen und Briefe kamen, die ihm dann vorgelesen wurden.)

„Auch der fröhlichste Mensch empfindet den Druck der Nacht, fühlt sich oft von Sorgen belastet, die er beim Erscheinen des Morgenrots weglächelt, aber ich lebe mit zerrüttetem Körper in fortwährender angstvoller Däm= merung, darum meine schwarzen Gedanken, gegen die kein Trostwort hilft —"

Doch, obgleich mein Vater in einem andern Briefe klagt: „Auch meine Phantasie, nicht mehr erfrischt durch farbige Bilder, fängt an, auszubleiben!", so hat ihm doch diese Phantasie manche trübe Stunde während der Erblindung erheitert, und nicht einen geringen Anteil daran hatte seine von ihm scherzweise mit dem hoch= tönenden Namen Kleksographie benannte Erfindung.

Klekſographie.

Wie ſchon früher niemand beſſer als mein Vater aus den Wolkenbildern allerlei phantaſtiſche Geſtalten herauszufinden wußte, ſo ſuchte ſein Auge, bei fortſchreitender Erblindung einzig auf das Nächſtliegende beſchränkt, aus Tintenflecken, die oft unfreiwillig beim Briefſchreiben ſich einſtellten, Geſichter und Bilder zu erforſchen und bald fand er, daß aus friſchen Tintenflecken, unter dem Druck des zuſammengefalteten Papiers harmoniſch verdoppelt, ſich die ſeltſamſten Phantaſiebilder herausfinden laſſen, zu deren Vervollkommnung es manchmal nur weniger Punkte und Striche bedarf, um ſelbſt einen kühleren Beſchauer in Erſtaunen zu ſetzen. Bemerkenswert war ihm dabei, daß dieſe Gebilde ſehr oft den Typus längſt vergangener Zeiten aus der Kindheit alter Völker tragen, wie zum Beiſpiel: Götzenbilder, Urne, Mumien vorſtellen, bald wieder das Menſchen- und Tierbild in den verſchiedenſten Geſtalten repräſentiren. Manchen dieſer klekſographiſchen Bilder fügte er eine poetiſche Erläuterung bei; das Intereſſanteſte dieſer Art iſt ſein von ihm noch im Jahre 1857 eigenhändig geſchriebenes und mit Klekſographien der originellſten Weiſe geziertes, ſogenanntes Hadesbuch, wo er den aus der Tinte ſich entwickelnden, traumartig dämoniſchen Schatten mit unübertrefflichem Humor eine Stelle im Hades anwies und aus ihrem Ausſehen diagnoſtizirte, welche Rolle ſie wohl früher im Leben geſpielt. Zum Beiſpiel unter eine ſolche aus Tintenklekſen entſtandene Schreckgeſtalt ſchrieb er:

Dies Gespenst ist fürch-
terlich!
Mitternachts erhebt es
sich
Aus des Herrn Baronen
Gruft,
Dann wenns einen Bauern
sieht,
Stürzt es auf ihn aus
der Luft,
Hängt sich an sein Herz
und zieht
Alles Blut aus solchem
schier,
Dies Gespenst heißt man
Vampyr.
Ob das der Baron einst
war,
Will und kann ich glauben
nicht,
Das wär' gar zu arg
fürwahr!
Fragt man, leis der Bauer
spricht:
„'s war des Herrn
Barons sein alter
Gilteintreiber und Ver-
walter.“

Nicht selten entstanden auch wundersame Menschen-
gesichter, denen er Namen aus der Geschichte oder von
Freunden gab; ein recht materiell aussehendes, dick-
köpfiges, grobnasiges Gesicht bekam die Unterschrift:

So ist des Menschen Angesicht,
Sieht es ein Engel aus seinem Licht.

Am häufigsten bildeten die zusammengedrückten

Tintenkleckse auf dem Papier Schmetterlinge, dunkle Nachtfalter. Unter solche schrieb er:

Aus Tintenflecken ganz gering
Entstand der schöne Schmetterling,
Zu solcher Wandlung ich empfehle
Gott meine fleckenreiche Seele.

Leider nahm die Trübung des Augenlichts in seinen letzten Lebensjahren so zu, daß er auch der klecksographischen Unterhaltung entsagen mußte.

Der Dichterstuhl.

Auf der Plattform unseres Turmes stand ein großer, breiter Armsessel aus ungeschälten, eichenen Prügeln zusammengesetzt. Ludwig Tieck und Friedrich Matthisson waren bald nacheinander in Weinsberg gewesen und jeder saß längere Zeit in diesem Stuhle, er war sehr bequem und stand an einer Stelle, von der aus man die schönste Aussicht auf die nahen und fernen Berge des Weinsberger Thales hatte. Zum Andenken an diese zwei berühmten Gäste, deren Besuch meinen Vater unendlich gefreut hatte, schnitt ich in die eine Armlehne des Eichenstuhls: „L. Tieck", in die andere: „Matthisson". Der Stuhl ward jetzt als geweihter Dichtersitz allgemein hochgeachtet und es eröffnete sich für ihn eine glänzende Laufbahn. Alle Dichter, die den Turm bestiegen und hörten, welche Bewandtnis es mit dem Stuhl habe, meinten jetzt, sie müssen auch, und sei es nur einige Minuten, darin gesessen haben. So wurde der früher gar anspruchslose Naturholzsitz durch die verschiedenen Dichterhosen nach und nach ganz vornehm polirt. Einst kam mein Vater mit einem weit hergereisten Kandidaten der Theologie auf den Turm.

Kaum war dieser des Stuhls mit den eingeschnittenen Namen gewahr und von dem Werte des Möbels unterrichtet, so setzte er sich breit hinein und teilte meinem Vater mit, er sei nämlich auch ein Dichter. Mein Vater drückte seine Freude darüber aus, obgleich es ihn eigentlich weder freute noch schmerzte, sondern ziemlich gleichgiltig ließ. Aber nicht gleichgiltig war es ihm, als der Kandidat als Certifikat seines Dichterberufs ein dickes Heft hervorzog und sagte: „Sie erlauben vielleicht, daß ich Ihnen einige meiner neuen Dichtungen vorlese?" Und er las und las mit immer steigenderem Interesse seinerseits und sichtlichem Wohlgefallen, als käme ihm jetzt erst die Schönheit seiner Gedichte so recht zum Bewußtsein, eine halbe Stunde lang; endlich war er fertig und fragte: „Nun, wie gefallen Ihnen meine Gedichte?"

„O, mir gefallen sie gut, außerordentlich gut," sagte mein Vater, „aber während Sie lasen, mußte ich immer nur den Tieckstuhl betrachten, in dem Sie saßen; der machte ganz kuriose Gesten, das einemal schüttelte er sich, dann kratzte er sich wieder mit dem Fuß hinter der Stuhllehne und bei einigen Stellen Ihrer Gedichte schlug er sogar mit beiden Hinterfüßen hinaus und machte einen Satz — es war merkwürdig anzusehen."

Dem Dichter schien diese Vision des Geistersehers nicht sonderlich zu gefallen und er empfahl sich ziemlich verstimmt.

Etwas von Mohren.

Einst schrieb meinem Vater, als er in Baden-Baden war, Graf Wilhelm von Württemberg, er komme in den nächsten Tagen auch dahin.

Den andern Tag begegnete mein Vater auf der Lichtenthaler Allee einem Mohren und glaubte, es sei der Mohr Graf Wilhelms, den dieser meist auf seinen Reisen mithatte.

Er wollte den Mohren fragen, ob Graf Wilhelm angekommen, und rief, da derselbe ein gut Stück voraus war: „Herr Mohr! Sie, Herr Mohr!" Der Mohr blieb verwundert stehen und zu seinem Schrecken sah mein Vater, daß dies nicht der Mohr von Graf Wilhelm, sondern ein eleganter Herr Mohr aus St. Domingo war. Mein Vater zog den Hut: „Verzeihen Sie, aber Sie sehen einem Freund von mir auffallend ähnlich!" Ob wohl der Mohr darüber nachgedacht hat, worin eigentlich die Aehnlichkeit bestehe?

Ein anderer Mohr, der Mohr des Herzogs Paul von Württemberg, machte einst einen Patienten meines Vaters auf bedenkliche Art recidiv. In Weinsberg war ein Wirt, der an starker Melancholie, Verfolgungswahn und Herzbeängstigungen litt. Unglücklicherweise übernachtete auf einer Reise von Mergentheim nach Stuttgart obiger Mohr in seinem Gasthof, er reiste zwar früh morgens wieder ab, aber der Wirt ließ nicht nach, zu jammern: „Ein Mohr, ein Mohr! Jetzt kommen auch noch Mohren zu mir! O, ich unglückseliger Mensch!"

Die Magd, um ihn zu trösten, sagte: „Seien Sie ruhig, Herr, ich habe das Bett untersucht, er hat nicht abgefärbt!"

Aber der Wirt klagte in einem fort, so daß mein Vater wochenlang an ihm zu trösten und zu kuriren hatte.

Etwas von Schiller.

Einst kaufte sich mein Vater in der Nähe der Stifts-kirche in Stuttgart einen neuen Hut. Als wir darauf am Schillermonument vorbeikamen, sah ich ihn plötzlich ein tiefes Kompliment machen.

„Wen hast Du da gegrüßt?" fragte ich.

„Den Schiller," sagte er. „Der erste Gruß mit meinem neuen Hut muß auch einem rechten Mann gelten."

*

Seltsam dachte über Schiller eine hochgestellte Dame, welche gegen meinen Vater äußerte: „Ich begreife nicht, wie man dem Schiller zwischen dem Schloß und der Stiftskirche in Stuttgart ein Monument setzen konnte, er war eben doch auch so eine Art von Freischärler."

Schwab.　　　　　Uhland.　　　　　Mayer.

Ein Dichterkleeblatt.

Es war ein Sommertagmorgen und die Sonne
heute besonders schön über Weinsberg aufgegangen, oder
erschien es nur dem Kerner-Hause so? In hellem
Glanze lag es da und schaute aus seinen Fenstern so
vergnügt in die Welt hinein, als sei ihm ein beson=
deres Glück widerfahren; man sah ihm recht die innere
Freude an. Auf den dunklen Blättern des Epheus
und den Weinranken, welche das Haus umschlangen,
hüpften die kleinen runden Sonnenlichter; die Amseln
und Finken sangen von den Baumzweigen und im Ge=
sträuch bald Solo, bald im Chor lustige Weisen von
Liebe und Wandern, und die Sperlinge, die Stromer der
Landstraße, ließen keck ihre Handwerksburschenlieder ertönen;
sie konnten's nicht gar schön, aber sie thaten ihr Mög=
lichstes, sich geltend zu machen. Es war ein allgemeines
Singen ringsherum, als wäre an die Vogelwelt der Ruf
ergangen: „Singe, wem Gesang gegeben!” Nur der zahme
Storch, der entthronte Fürst der Lüfte, jetzt, wie einst

König Dionys, ein Schulfuchs und Kritikus geworden, schritt mit steifen Schritten durch den Garten und hackte mit seinem spitzen Schnabel nach den Schmetterlingen, Fliegen, Käfern und Brummlern, die um die Blüten flogen oder, selig träumend, im Blumenkelche lagen — das romantisch-lyrische Geschmeiß konnte er nicht leiden!

Was aber war geschehen, daß Haus und Garten und Vögel und Blumen, alles so fröhlich und voll Leben war und nur der Storch, der Pedant der alten Schule, seine üble Laune nicht verbergen konnte?

In später Nacht, auf der Heimkehr von einer größeren Reise, war Ludwig Uhland gestern in unserem Hause eingetroffen, und im Gartenhaus drüben wohnten seine alten Freunde, Karl Mayer und Gustav Schwab. Sie hatten gewußt, daß Uhland komme, und wollten ihn überraschen und mit ihm und meinem Vater einen glücklichen Tag verleben. Jetzt durcheilte dieser, von seinen Krankenbesuchen, die er heute früher als sonst gemacht hatte, heimkehrend, hastig den Hausgarten und rief meiner Mutter, die auf der Veranda oben mit Salatputzen beschäftigt war, zu: „Sind die Gäste schon auf?" — „Ich habe noch nichts von ihnen gehört," antwortete sie.

„Uhland! Ludwig! Florens!" ließ nun mein Vater abwechselnd unter dem Balkone zum Sargzimmer seine Rufe erschallen, bis die Glasthür sich öffnete und Uhland herabrief: „Guten Morgen! Ich komme sogleich!"

„Wohin soll ich das Frühstück bringen lassen?" fragte meine Mutter, „in das Altanzimmer oder in den Garten?"

„Ei, in den Garten! Aber wo bleiben die anderen? Schnell, Theobald," sagte er, „geh ins Gartenhaus und hole Schwab und Mayer!"

Mayer war schon mit Tagesanbruch ausgeflogen, dem nahen Walde zu. Schwab saß am Tische und schrieb seiner Frau, aber in kurzem waren die Freunde alle beim Frühstück in der Gartenlaube versammelt und seelenvergnügt; auch Uhland, aus seiner gewohnten Schweigsamkeit herausgetreten, zeigte sich voll guter Laune. Die Sonne hatte sein Gesicht auffallend gebräunt und gerötet; dazu hatte er eine sonderbare, an ihm sonst nicht gewohnte Mütze auf: sie war hoch, oben gerundet, von schwarzem und weißem Roßhaar gefertigt und hatte einen großen Schild. Uhland hatte sie unterwegs gekauft zum Schutze gegen die Sonne und wegen ihrer Leichtigkeit und stimmte jetzt selbst in den Scherz der Freunde über dieselbe ein.

„Es ist eine Jockeymütze, aus den Schwänzen preisgekrönter Renner verfertigt," sagte der eine.

„Es ist eine Tarnkappe!" meinte der andere.

„Sie hat auch etwas vom Helm des Achilles," scherzte der dritte.

„Jedenfalls hat sie etwas sehr Vornehmes und mir gute Dienste geleistet, doch nach Stuttgart nehme ich sie nicht mit; ich lasse sie hier zum ewigen Andenken," sagte Uhland. „Ich reiste," erzählte er weiter, „nach Heidelberg in Gesellschaft mit einem jungen, äußerst lebendigen Herrn, der mich und die anderen Mitreisenden durch seine originellen Einfälle und Erzählungen aufs beste unterhielt. Unter anderem behauptete er auch, er sehe jedem am Gesicht und an der Gestalt an, was er sei. Nachdem er die Lebensstellung der anderen richtig erraten hatte, fragte ich: ‚Und was bin ich?' Da betrachtete er mich lange und sagte: ‚Sie? Sie sind ein ehrsamer

Handwerksmann, wahrscheinlich ein Uhrmacher.' Ich
ließ ihn natürlich in dem Glauben. — In Albums
mußte ich unterwegs zu meinem Jammer auch oft
schreiben. Ein Backfisch sagte bei dieser Gelegenheit zu
mir: ‚Ich habe meiner Mutter gar nicht glauben wollen,
daß Sie der Uhland sind.' Und mehrere Ständchen
von Liedertafeln habe ich auch aushalten müssen."

„Vor einigen Wochen," sagte mein Vater, „hatte
ich eine ganz eigene Ueberraschung. Da hielt ein
Liederkranz vor meinem Hause; der Vorstand kommt
herauf und sagt: ‚Sind Sie der Dichter Justinus
Kerner?' — ‚Ja,' entgegnete ich so bescheiden wie
möglich. ‚Wir sind ein Liederkranz aus dem Bayrischen
in der Gegend von Würzburg; ich habe meine Ferien
benützt, um mit meinem Liederkranz eine Reise ins
Württembergische zu machen, das schöne Schwaben zu
besuchen; wir kommen von Mergentheim, Schönthal
und Neuenstadt an der Linde, und jetzt haben wir die
Weibertreu besucht und wollten hier nicht vorüber, ohne
Ihnen ein Ständchen zu bringen, eines Ihrer schönsten
Lieder vor Ihrem Hause zu singen.' — ‚Es wird mir
eine große Freude sein,' sagte ich und stellte mich ans
offene Fenster. Der Vorstand verabschiedete sich, ging
hinab und, nachdem die Sänger um ihn einen Kreis
geschlossen, räusperte er sich, erhob den Arm, und sie
sangen — Lützows wilde Jagd: ‚Was glänzt dort vom
Walde im Sonnenschein?' Ich verbeugte mich und
rief: ‚Ich danke Ihnen von Herzen, meine lieben Herren,'
und sie brachten mir ein Hoch und zogen stolz von
dannen."

„Ei, wie schlecht! Das hätte ich nicht von Dir

geglaubt!" sagte Uhland. „Also mit fremden Federn ließest Du Dich schmücken und hast trotz Deiner an= gerühmten Bescheidenheit kein Wörtlein dagegen gesagt!" scherzte Uhland. „Da wäre ich doch viel ehrlicher ge= wesen; übrigens können einem auch die eigenen Federn oft zu viel werden. So ist neben meinem Hause in Tübingen die Eiferei, ein Wirtslokal, in welchem die Burschenschaft ihren Stammsitz hat. Oft mitten in der Nacht, wenn ich ins Lesen vertieft bin oder gerade ein= schlafen will, singen sie mit lauter Stimme mein Lied, das jetzt im Kommersbuch steht: ‚Wenn heut ein Geist herniederstiege‘, und schenken mir keinen Vers; ich muß unwillkürlich zuhören und denke häufig: Wenn ich gewußt hätte, daß mein Lied so lang und so breit gesungen wird, hätte ich es lieber um ein paar Verse kürzer ge= macht!"

Alle lachten herzlich, besonders Uhland, was wiederum die anderen innig freute, da er selten so heiter und ge= sprächig war.

Jetzt sprachen sie auch von ihren Studienjahren, wo Kerner mit seinen Schlangen, Molchen und Eidechsen im „Neuen Bau"*) wohnte und abends so grausige Gespenstergeschichten erzählte, von dem „Sonntagsblatt", dessen Chefredakteur Karl Mayer war.

„Mit welchem Eifer haben wir daran gearbeitet!" sagte Karl Mayer.

„Und wir haben uns an Deinen Illustrationen er= götzt!" sagte mein Vater; „nur schade, daß diese Sonn= tagsblätter nicht alle mehr beisammen sind! Die, welche

---

*) Haus von Stipendiaten.

ich noch habe, bewahre ich als teures Vermächtnis der Jugendzeit, aber es sind mir viele abhanden gekommen."

„Und ich habe auch nur wenige meiner Illustrationen noch," sagte Karl Mayer. „In den Sonntagsblättern, lieber Uhland, kam auch Dein Gedicht: ‚Ich bin der Knab' vom Berge‘, und das von König Ulfar unter Deinem Namen Florens; es gefiel mir damals so, daß ich es auswendig lernte und es noch weiß:

> ‚Ulfar saß, der greise König,
> Auf der Väter altem Throne,
> Gleich der halbversunk'nen Sonne
> Glänzte seine goldne Krone,
> Ueber seine Schultern wallte
> Lang der rote Königsmantel
> Wie ein dunkles Abendrot.

> ‚Und an seines Thrones Stufen
> Stunden seine edlen Söhne,
> Blühend in der Jugend Schöne,
> Stunden seine treuen Helden,
> Sahen auf mit stillem Staunen
> Zu des Königs ernsten Augen,
> Lauschten, was sein Mund gebot:

> ‚Kinder, meine teuren Kinder,
> Wie ich hier in eurer Mitte
> Beider Hände liebend fasse,
> Also, wenn ich längst gestorben,
> Soll mein Geist in eurer Mitte
> Treu und liebend ewig walten
> Und in einem engen Bunde
> Euch und eure Völker halten.

> ‚Lebt nun wohl, ihr Teuren alle,
> Lebe wohl, mein gutes Reich!
> Segnend breitet euer Vater

Seine Hände über euch.'
Tiefes Schweigen in den Hallen,
Große Wehmut über allen.

Weiter sprachen sie von „Schildeis", „Eginhard",
der „Unbewohnten Insel", den „Bärenrittern".

Diese waren eine flüchtige Jugendarbeit von Uhland
und Kerner, welchen das Zusammendichten viele Freude
machte. Das Singspiel war von Fritz Knapp recht
nett in Musik gesetzt. Die Arie:

„Wenn die Trommeln wirbeln,
Dann flutet das Heer
Mit brausenden Wogen,
Ein brandendes Meer.
Die Fahnen, sie wallen
Wie Segel daher,"

ist von Kölle.

„Ach, es war eine schöne Zeit!" rief Uhland aus,
„und die jetzige Generation, wo jeder den andern beißt
und überschreien will, kann kaum begreifen, wie wir
oft neidlos Gedichte gegen einander austauschten. — ‚Das
paßt mehr für Dich, das kannst Du besser ausarbeiten
als ich,' sagtest Du, lieber Kerner."

„Und andere gabst Du mir," entgegnete dieser; „zum
Beispiel mein ‚Graf Olbertus' ist fast ganz Dein Werk."

„Aber die meisten sind Euch ureigentümlich," sagte
Schwab. „‚Wenn heut ein Geist herniederstiege' hat
nur Uhland dichten können, und mein Lieblingslied:
‚An das Trinkglas eines verstorbenen Freundes' kann
nur von Kerner sein."

Nun kam die Rede auf Varnhagen, als er in
Tübingen war. Mein Vater zeigte einen eben erst von
ihm erhaltenen Brief vor.

„Es ist merkwürdig,“ sagte er, „wie schön und zierlich Varnhagen schreibt und meist auf feinem, farbigem Postpapier; ebenso gewandt ist er im Ausschneiden von Blumen, Tieren, Landschaften, Arabesken und Buchzeichen; er trägt immer sein feines englisches Scherchen und schwarzes und rotes Papier bei sich. Wenn man ihm beim Ausschneiden zusieht, glaubt man, er arbeite mit dem Instinkt einer Spinne, und dieselbe Fertigkeit erbte auch seine Schwester Rosa Maria. Auch in der Kleidung ist er immer sehr fein und elegant; selbst auf der Reise und wenn er mich hier besucht, trägt er seine Orden; aber ich glaube, es geschieht nicht aus Eitelkeit und weil es Orden sind, sondern er hat Freude am Glänzenden wie eine Dohle.“

O weh! Damit war ein böses Kapitel angeschlagen. Eine Wolke schien den leuchtenden Morgen verdunkeln zu wollen. Uhland sprach eifrig und mit herben Worten gegen die Ordenssucht, das Lächerliche, Verderbliche derselben. Karl Mayer sekundirte ihm standhaft, Schwab und mein Vater brachten Milderungsgründe vor.

„Man braucht ja,“ sagte letzterer, „einen Orden nicht zu tragen, ihn nicht bei jeder Gelegenheit ostensiv zu zeigen, oder gar auf ihn stolz zu sein, sich durch ihn in seinen Grundsätzen beirren zu lassen; das finde ich auch schwach und lächerlich, aber andererseits muß man auch bedenken: ein Fürst ist übel dran; wenn er jemand hochschätzt und ihn darum vor anderen auszeichnen oder ihm eine Freude machen will, was soll er thun? Soll er Geld geben oder ein Dutzend silberne Löffel oder eine unnütze Dose? Da ist es doch das Wohlfeilste und nach seinen Begriffen auch Dezenteste, er gibt ihm einen Orden. Warum dann einem Fürsten wehthun und ihm den Orden zurückschicken? Sie sind auch arme, liebesbedürftige Menschen! — Aber da kommt ja mein gutes Rikele!"

Und richtig kam meine Mutter und brachte einige Flaschen Wein und einen guten Imbiß. Die Gläser klangen zusammen, und Friede und Fröhlichkeit war wieder hergestellt. Ja, Uhland, bei dem sonst eine Verstimmung gern längere Zeit anhielt, brachte noch einmal versöhnend das Gespräch auf Varnhagen und erzählte mit vielem Humor, wie ihn Varnhagens Nichten, Ottilie und Ludmilla Assing, einst besuchten.

„Während Varnhagen und seine Schwestern viel auf äußern Anstand hielten, waren diese Nichten höchst sonderbare Erscheinungen; sie hatten in die Stirn herein kleine blonde Löckchen und hinten hinab dicke, struppige Zöpfchen. Später erschien zu meinem Schrecken im Morgenblatt ein Gedicht von Assing an mich, das fing an:

,Du küßtest einst mein Töchterlein
Zu Stuttgart auf die Wangen
Und sprachst: Laß dieses Küßlein mein
Zum Vater dein gelangen!'

„Und ich habe das Töchterlein doch gewiß nicht geküßt!"

„Ach, leugne nicht! Freilich hast Du sie geküßt!" riefen unisono die Freunde und lachten wie die Kinder.

„Jetzt würde uns aber vor dem Mittagessen ein kleiner Spaziergang recht wohlthun," sagte Schwab, und sie gingen durch den Baumgarten und die alte Stadtmauer entlang um die Kirche. Uhland äußerte seine Freude über die alten, vom Salpeter zerfressenen Mauersteine, die wie schwammartig durchlöcherte Kissen hervorragten.

„Sie nehmen sich," sagte er, „namentlich im Mond= schein gespenstisch schön aus, bilden bald Totenköpfe, bald alte Wappen; dieser da hat ganz das Gepräge eines Nonnenkopfes."

Kerner erzählte: „Ein Altertumsfreund aus Stutt= gart hatte in der Nähe von Wimpfen am Neckar, wo er sich als Badegast aufhielt, in einem alten Gemäuer einen Stein entdeckt, auf dem eine Najade nebst römischer Inschrift zu sehen war. Er ging zum Bürgermeister des Dorfes und bat ihn um seinen Beistand, daß ihm der Stein gegen gute Bezahlung nach Stuttgart gesandt werde. Richtig kam auch der Stein bald nach der Rückkunft des Altertumsfreundes wohlverpackt in Stutt= gart an, aber auf allen vier Seiten schön behauen. Der Bürgermeister hatte in seinem Eifer des Guten zu viel gethan."

„Dem Stuttgarter Herrn geschah es schon recht," sagte Mayer, „warum hat er den alten Stein nicht an seiner Heimatstätte gelassen! Auch unbehauen hätte er in einem modernen Residenzgebäude unter anderen gesammelten Raritäten eine unbedeutende Rolle gespielt."

„Aber durch die Altertumsvereine," meinte Schwab, „wird doch gar vieles vor Zerstörung bewahrt, was sonst in Wind und Wetter unterginge oder von un= verständigen Bauern zerstört würde."

„Ei, bewahre!" sagte mein Vater; „die Bauern verderben selten etwas, sie gehen an Denkmälern, alten Inschriften und so weiter achtlos vorbei, und alte Bil=

der, Schnitzwerke, Glasgemälde und sonstige Antiquitäten
waren wohlverwahrt in Rathäusern, Schlössern, Kirchen
und Kapellen; fast jedes Dorf oder Städtchen hatte
irgend etwas Interessantes aus alter Zeit aufzuweisen,
und waren es auch keine Kunstwerke, so hatten sie doch
gerade für den Ort, wo sie waren, altertümlichen oder
historischen Wert. Jetzt schickt jeder, der auf dem Lande
Kunstsinn zu haben glaubt, namentlich auf höheren
Wink der Kameralverwalter, alles, was sich in öffent=
lichen und Privatgebäuden Merkwürdiges findet, Glas=
gemälde, Inschriften, Bilder, Schnitzwerke, Hellebarden,
gewundene Säulen und so weiter in die Hauptstadt,
damit es dort den Sammlungen einverleibt werde, und
das Land wird immer mehr seiner alten, eigentümlichen
Poesie entkleidet. Ja, nichts ist ärger als ein Schreiber,
der Schönheitssinn besitzt, ein solcher ruinirt alles!"

Der Spaziergang hatte Allen guten Appetit gemacht,
und wenn auch beim Mittagessen im Schweizerhaus ein
früherer Ausspruch Uhlands, Kerner esse, wenn liebe
Freunde bei ihm seien, vor lauter Freude einen Kalbs=
schlegel allein, sich diesmal nicht bewahrheitete, weil
es keinen Kalbsschlegel gab, so schmeckte doch das ein=
fache schwäbische Essen: Kerbelsuppe, Ochsenfleisch mit
Gurkensalat, Leberknöpfe (Klößchen) mit Zwiebelsauce
und Kopfsalat, Allen und besonders Schwab, dessen
Leibgericht es war, ausgezeichnet gut.

Die Eigentümlichkeit Uhlands, alles stark zu salzen,
namentlich die Suppe, noch ehe er sie gekostet hatte,
fiel auch diesmal auf.

„Meine Frau," sagte Uhland, „will es oft nicht leiden,
und auch Aerzte haben mir's schon gesagt, es sei schädlich."

„Ach was, die Aerzte! Die wissen gar nichts!" entgegnete mein Vater; „jeder Arzt beurteilt den Magen des Patienten nach seinem eigenen; was ihm schmeckt, ihm gut thut, das, meint er, müsse auch den anderen gesund sein, und was ihm schlecht bekommt, das verbietet er auch anderen.

„Unser Freund Köstlin, der beste, gelehrteste Arzt, den ich kenne, verordnet den Kranken gern eingemachte Früchte, weil er sie selbst gern ißt und sie ihm gut bekommen; ich aber halte nichts für gesunder als Gurken und Boragen; ich habe ihnen zu Ehren auch einen Vers gemacht, der eigentlich als mein letzter Wille gelten soll:

> „Auf meinem Grabe sollen stehn
> Kukumern*) und Boragen;
> Die Menschen sollen vorübergehn —
> Die Menschen machten mir nur Wehn,
> Sie machten mir Behagen!"

„Und," setzte meine Mutter hinzu, „obgleich die Boragen wie Unkraut im Garten wachsen, kauft er doch jedes Frühjahr von den Gärtnern eine Masse Boragensamen und steckt sie auf seinen Spaziergängen in fremde Aecker und Gärten, aus Angst, seine lieben Boragen könnten doch einmal ausgehen; ebenso macht er's auch mit den Gurken."

„Mit diesen habe ich auch einst eine sehr gute Kur gemacht," sagte mein Vater. „Es besuchte mich eines Vormittags ein Hofmeister mit zwei Zöglingen aus einem prinzlichen Hause."

„Prinzliches Haus, das ist gut!" schaltete Uhland ein.

„Er sagte, er mache mit seinen Zöglingen eine Fuß-

---

*) Gurken.

reise und möchte gern das Kloster Schönthal besuchen; der eine seiner Eleven sei aber an einem heftigen Ruhranfall erkrankt und könne die Reise nicht fortsetzen; ob ich nicht so gut wäre, denselben in Behandlung zu nehmen, bis er den andern Abend wieder zurückkehre? — ‚Recht gern!‘ sagte ich und behielt den jungen Menschen bei mir; es war ein liebes, zartes Herrchen, und ich erkundete bald, daß er den Tag vorher in Heilbronn zu viel Kuchen und sonstiges süßes Zeug gegessen hatte.

„Ißt Du auch gern Gurkensalat?‘ fragte ich ihn bei Tisch.

„‚Ja, aber —‘

„Kein Aber! Iß nur tapfer drauf los, er ist Dir gesund.‘

„Der Kleine hatte etwas Fieber und Durst und der frische Gurkensalat schmeckte ihm außerordentlich. Abends bekam er zur Abwechslung warmen Gurkensalat, den mein Rikele so vortrefflich macht; er behagte ihm auch vorzüglich. Den andern Mittag saßen wir eben bei Tisch, da kam der Hofmeister. Schon unter der Thür fragte er ängstlich: ‚Wie geht es dem lieben Patienten?‘

„‚O, ganz gut!‘ entgegnete ich, ‚er ist vollkommen gesund.‘

„‚Ich bin Ihnen unendlich viel Dank schuldig, Herr Doktor!‘ sagte der Hofmeister; ‚darf ich bitten, was bin ich schuldig?‘

„‚Nichts!‘ sagte ich.

„‚Aber Sie hatten doch Ausgaben für die Apotheke?‘

„‚Ei, bewahre! Ich habe ihn nur recht tüchtig

Gurkensalat essen lassen, und jetzt ißt er, wie Sie sehen, zur Abwechslung Boragensalat.'

„‚Ja, ich habe viel Gurkensalat gegessen!‘ rief triumphirend der Zögling.

„‚Die Gurken,‘ sagte ich, ‚enthalten viel schleimige und bittere Bestandteile, was auf die Gedärme sehr wohlthätig einwirkt, und in den Boragen ist Salpeter, der erfrischt und kühlt.‘

„Der Hofmeister schüttelte ungläubig den Kopf, und ich glaube, er war recht froh, als er seinen Zögling aus meinen ärztlichen Klauen wußte.“

Während des Mittagessens wurde auch das Trinken nicht vergessen. Der weiße, leichte Lindelberger, frisch vom Fasse heraus, mundete bei der Hitze doppelt gut, und meine Mutter wanderte oft zum Keller hinab. Sie that's von Herzen gern.

„Ich muß heute ein kleines Mittagsschläfchen halten,“ sagte Schwab; „ich setze mich am besten hinunter in die luftige Laube.“

„Und wir,“ sagte Kerner zu Uhland und Mayer, „wollen uns in der Wohnstube auf Sofa und Armsessel gemütlich niederlassen; dort ist's am kühlsten.“

Bald lag alles in süßer Ruhe; doch ich, der Kobold des Hauses, wollte nicht schlafen; ich nahm mir einen Stuhl und setzte mich an den Eingang zu Haus und Garten, um etwaige Patienten abzuhalten, daß sie die Herren nicht im Schlaf störten. So mochte eine halbe Stunde vergangen sein; da kam den Berg herauf ein kleiner, älterer Herr in schwarzer Kleidung und blieb vor dem Hause stehen. Er war sehr verschwitzt, denn er kam trotz der Hitze zu Fuß von Heilbronn.

„Wohnt hier der Doktor Juſtinus Kerner?" fragte er.

„Ja," ſagte ich.

„Iſt er zu Hauſe?"

„Ja, aber für den Augenblick nicht zu ſprechen."

„Ich bin ein großer Verehrer ſeiner Werke, intereſſire mich auch ſehr für Magnetismus und möchte eine ſeiner Somnambulen ſehen und über einen Krankheitsfall befragen."

„Eine Somnambule hat er gegenwärtig nicht, aber kommen Sie einmal herein in den Garten: ſehen Sie, dort in der Laube iſt ein Herr, der iſt ſomnambul und liegt gerade in magnetiſchem Schlafe; ſchreiten Sie vorſichtig und leiſe auf ihn zu, legen Sie ihm eine Hand auf die Herzgrube, die andere auf die Stirn und richten Sie mit lauter Stimme Ihre Fragen an ihn, dann wird er Ihnen antworten."

Der ſchwarze Herr, ſehr erfreut, ſo ſchnell an das Ziel ſeiner Wünſche zu gelangen, ſchritt auf den Zehen zu Schwab heran, und während er die eine Hand auf Schwabs Stirn legte und mit der andern Hand durch die Weſte auf die Herzgrube zu kommen ſuchte, erwachte Schwab und fuhr in tödlichem Schrecken mit einem Schrei von der Bank auf. Er glaubte, ein Dieb wolle ihm ſeine Uhr ſtehlen, und packte den Herrn am Halſe.

„Unverſchämter Gauner! Nichtswürdiger Halunke!" rief er.

Der Herr war vollſtändig zerknirſcht und ließ die Arme ſchlaff herabhängen, als hänge er bereits am Galgen.

„Ich wollte nur —" dann verſagte ihm vor innerem Jammer die Stimme.

„Ja, freilich wollten Sie nur!“ schrie Schwab.

Ich sprang schnell in das Haus und rief meinen Vater, Uhland und Mayer, sie sollen in den Garten herabkommen, es sei etwas ganz Merkwürdiges passirt, und erzählte ihnen flüchtig den Vorgang. Als sie herabkamen, hatte sich die Situation so weit geklärt, daß Schwab und der schwarze Herr friedlich neben einander auf der Bank saßen und sich den Schweiß von der Stirn trockneten, als hätten sie einen großen Kampf gekämpft.

„Es ist ein Mißverständnis,“ sagte Schwab, „und daran ist nur der Theobald schuld!“

„Ja, es war ein unseliges Mißverständnis,“ seufzte der schwarze Herr; „ich glaubte, der liebe Herr hier befinde sich in magnetischem Schlafe, wie mir ernsthaft versichert wurde; aber ich kann mir's nie verzeihen, daß ich den Herrn so erschreckt habe; ich bin der Schulrat Kilzer aus Frankfurt und wollte den Herrn Doktor Justinus Kerner kennen lernen.“

„Der bin ich!“ rief mein Vater; „und das sind meine Freunde Ludwig Uhland, Karl Mayer und Gustav Schwab, und der Schlingel da, der Sie so seltsam bei Schwab eingeführt hat, ist mein Sohn Theobald.“

Der Schulrat war freudigst überrascht, sich plötzlich im schwäbischen Dichterwald zu sehen, und konnte nicht genug sein Glück rühmen, die jetzt persönlich kennen zu lernen, mit deren Gedichten er schon so oft seine Schüler in der Literaturstunde bekannt gemacht hatte. Der viel= belesene Mann unterhielt sich namentlich mit Schwab sehr gut, doch plötzlich schien ihn immer wieder eine

quälende Erinnerung zu erfassen, und dann drückte er
Schwab die Hand und sagte:

„Aber, bester Herr Oberkonsistorialrat, Sie sind mir
doch nicht böse?"

„Nein, gewiß nicht! Warum sollte ich?" versicherte
Schwab und verbreitete seinen Mund mit den großen
weißen Zähnen zum gutmütigsten Lächeln; insgeheim
schlug ihm wohl auch das Gewissen, daß er den ehr=
lichen Schulrat einen Gauner genannt hatte.

„Der Wagen ist angefahren!" wurde gemeldet, und
jetzt kam es zum Scheiden. Uhland, ein Mann streng=
ster Pflicht und der Uhr (darum von dem Reisenden
nicht mit Unrecht für einen Uhrmacher gehalten), hatte
sich trotz aller Bitten nicht bewegen lassen, länger als
die vorherbestimmte Stunde zu bleiben, und Schwab
und Mayer fuhren mit ihm. Innig umschlangen sich
die Freunde und küßten sich. Selbst dem trockenen Uhland
schien der Abschied diesmal recht schwer zu fallen.
Traurig schauten wir dem Wagen nach, bis er am
Berg unten um die Ecke verschwand. Kilzer blieb da,
doch war der Abend still und Kerner traurig; er fühlte
sich vereinsamt. Ahnte er, daß die vier Freunde sich
heut zum letztenmale so fröhlich in Weinsberg vereint
zusammengefunden hatten?

Der erste, der dem Freundeskreise, den nur der Tod
trennen konnte, entrissen wurde, war der Jüngste und
Kräftigste unter ihnen, Gustav Schwab; dann starben
meine Eltern, bald darauf Uhland, zuletzt Karl Mayer.
— Alle, welche an jenem schönen Sommertage im
Kernerhause froh vereint beisammen saßen, sind längst
tot; nur ich, der Kobold des Hauses, der einst den

friedlich schlummernden Schwab so schnöd des Somnambulismus zieh, lebe noch, bin aber, allen Uebermuts
entkleidet, jetzt auch ein alter Mann geworden und
denke, während ich dies niederschreibe, wehmütig zurück
an die lichten Tage meiner Jugend.

Freiligrath.

Es war am 7. August 1840, vormittags elf Uhr;
ich war als Student in den Ferien im elterlichen Hause
zu Weinsberg und kehrte gerade von einem Spazier-

gange heim, da kam mir mein
Vater an der Haustreppe entgegen
und sagte:

„Du, da drin in der Wohn-
stube ist einer, der sagt, er sei
der Dichter Freiligrath aus Rolandseck."

„Ach, der Freiligrath!" rief ich
erfreut und wollte schnell ins Zimmer.

„Wart noch ein wenig," sagte mein Vater; „hast
Du schon ein Bild von Freiligrath gesehen?"

„Nein!" entgegnete ich.

„Hast Du auch nicht gehört, wie er aussieht?"

„Nein, aber seinen Gedichten nach stelle ich mir
einen feinen, eleganten Mann vor, er wird etwa dreißig
Jahre alt sein."

„Ja, so alt könnte der drin wohl sein, aber das
Aussehen ist eben gar nicht das Freiligraths, und doch

scheint er mir wieder ein ganz ehrlicher Kerl zu sein und ich möchte ihm nicht unrecht thun; fühle Du ihm einmal ein bißchen auf den Zahn!"

„Das will ich," sagte ich, und muß hier hinzusetzen, daß meinem Vater einiges Mißtrauen in unbekannte Besucher nicht zu verargen war. Wenige Monate zu= vor hatte sich nämlich unter einem nicht unbekannten Schriftstellernamen ein Herr mit seiner Schwester im Gasthof einlogirt; er sprach wenig, desto mehr seine ältliche Schwester, welche ihren Bruder, der an Gesichts= schmerz leide, bedauerte und sagte, er sei so unprattisch und ungeschickt, daß er keinen Nagel in die Wand schlagen könne. Sie waren meist auf ihrem Zimmer. Plötzlich waren sie ohne Abschied abgereist, und bald wurde mein Vater vom Amte um nähere Auskunft über sie befragt. Es war starker Verdacht, daß die beiden Fremdlinge Banknotenfälscher waren.

Nun also, ich trat ins Zimmer und mein Vater sagte:

„Theobald, hier ist der Freiligrath!"

„Grüß Gott!" rief ich und reichte ihm die Hand. War sein Aeußeres auch für mich überraschend und konnte ich mir meines Vaters Zweifel an seiner Iden= tität wohl erklären, so sah ich doch an den treuherzigen Augen, daß es vielleicht ein fideler Student, der sich vorübergehend einen Scherz machen wollte, aber doch ein Mann ohne Falsch sei. Die kräftige Statur, die breite, von keiner Weste beengte Brust, das wetter= gebräunte rote Gesicht und der große Schnurrbart hätten einem Landsknecht Ehre gemacht; er hatte einen braunen Sammetrock an, der schon manchen Sturm er=

lebt haben mochte; auf dem Klavier lag eine ab-
geschossene, grüne Frankenkappe und in der Ecke lehnte
ein derber Eichenstock.

Ich sprach mit ihm vom Leben am Rhein, von
Bonn, Rolandseck, St. Goar, seinen Gedichten — über
alles äußerte er sich klar und unbefangen.

„Er ist's doch," flüsterte ich meinem Vater zu.

Ein Fräulein Friedrich, Tochter eines Predigers in
Frankfurt, war bei uns zu Besuch und im Zimmer,
als Freiligrath sich meinem Vater vorstellte. Kaum
hatte er seinen Namen genannt, als sie die bei einem
Backfisch wohl erklärliche unaufhaltsame Anwandlung
verspürte, davonzueilen und aus ihrer Reisetasche ein
schön gebundenes Album zu holen. Mit diesem
trat sie jetzt glückstrahlend herein und stammelte an
Freiligrath die Bitte, ihr einige Worte hinein zu
schreiben.

Zu jeder andern Zeit hätten wir es für unpassend
gehalten, einen Dichter so schnell mit einem Album zu
quälen, und an einer beißenden Bemerkung dagegen
hätte es nicht gefehlt, so aber — ich muß mich dieser
polizeilichen Taktlosigkeit anklagen — konnte ich nicht
eilig genug das Tintenzeug holen und es vor Freiligrath hinstellen. Dieser durchblätterte ruhig das Album,
sagte bei einem Gedicht, das eine Institutsfreundin ohne
Angabe des Autors hineingeschrieben hatte, mit der
unschuldigsten Miene der Welt: „Das ist ja ein Gedicht
von mir!" tauchte die Feder ein und schrieb mit fester,
geläufiger Kaufmannsschrift ein noch ungedrucktes, kurzes
Gedicht.

Nun müßten wir doch die verstocktesten Skeptiker

gewesen sein, wenn wir länger im Zweifel verharrt hätten, und je eingehender wir mit Freiligrath sprachen, desto mehr schämten wir uns unseres Mißtrauens und trösteten uns nur damit, daß eigentlich nicht sein Aeußeres, sondern die für seinen Dichterruhm fast unglaubliche Bescheidenheit und joviale, anspruchslose Natürlichkeit daran schuld war, daß wir nicht eine Berühmtheit wie Freiligrath in ihm vermuteten. In dieser wahrhaft Uhlandischen Einfachheit war keiner der neueren Dichter uns erschienen.

Mein Vater und Uhland gingen einst durch den Schwarzwald, am Rande einer kleinen Waldwiese lag ein Hirtenknabe und schlief. Uhland legte ihm leise ein neues Guldenstück in die ausgestreckte Hand, mein Vater gab ihm den blütenreichen Stengel einer Fingerhutpflanze in den Arm und lautlos gingen sie rasch weiter. Sie freuten sich, wenn der Bube erwache, werde er glauben, eine Fee habe ihn im Schlafe mit dem blinkenden Geld und dem Blumenscepter beschenkt. An diesen Hirtenknaben mußte ich bei Freiligrath denken. Er freute sich seines Dichtertalents, aber wie eines unverdienten Geschenks, das ihm eine gütige Fee verliehen hatte, während er am Ufer des Meeres beim Brausen der Wogen eingeschlummert war, und er zeigte nur schüchtern den seltsamen Fund.

Wie anders traten die meisten anderen Dichter auf! Zwar nicht so offenkundig wie ein Schulmeister, der zu meinem Vater kam, ihn bat, etwas singen zu dürfen, sich ans Klavier setzte und mit näselnder Stimme ein zwölf Verse langes, selbstgedichtetes und selbstkomponirtes Lied sang, dessen Refrain immer lautete:

„Die Liebe nämlich ist
Ein Umstand, der mich sehr erfreut.“

Dann trat er stolz gleich Marquis Poja vor meinen Vater,
recte den Arm beschwörend aus und sagte:

„Nicht wahr, ich bin ein Dichter?“

Sie sagten es nicht, aber sie dachten es und wollten
darnach behandelt sein. Lenau zum Beispiel war keine
Stunde da, so wußten wir nicht allein schon, daß er
ein Magyar war und aus edlerem Holze als andere
Menschenkinder geschnitzt, sondern auch das Manuskript
war längst hervorgezogen, und wir Kinder mußten
mäuschenstill sein, denn Lenau las, und Zigeuner,
schwarze Heidebilder, Räuber und Weltschmerz folgten
sich in ununterbrochenem Zuge, dabei ließ er hie und
da gegen uns seine Augen dämonisch wetterleuchten,
daß es uns ganz ängstlich zu Mute ward. Wie ganz
anders Freiligrath! Hier keine Spur von Koketterie,
kein schnelles, theatralisches Mantelauseinanderschlagen,
um den Prinzenstern der Poesie dem erstaunten Publi-
tum zu zeigen, alles nur unverfälschte Natürlichkeit,
naturwüchsige Geradheit, die Bescheidenheit, wenn er
von seinen Gedichten, seinen Erfolgen sprach, so kind-
lich und ungezwungen, daß man hätte glauben können,
seine herrlichen Dichtungen seien nicht das Werk seines
eigenen, inneren Schaffens, und doch lag in seinen
Augen solche Wahrheit und Ehrlichkeit, daß man sich
wohl bewußt war, er dichte nichts, was er nicht auch
tief empfinde.

Bei Tisch ging es fröhlich zu; mein Vater beging
die kleine Perfidie und vertraute Freiligrath an, der
Theobald habe ihn anfangs nicht für den Freiligrath

gehalten, aber e r habe es ihm gleich angesehen, die Dichter hätten einen eigenen Instinkt, sich gegenseitig zu riechen.

Auch Fräulein Friedrich wurde wegen ihrer Album=manie vielfach aufgezogen, und mein Vater erzählte, wie er jahrelang in die Albums immer das gleiche ge=schrieben habe:

„Das Kreuz ist des Sternes Fundament."
Die einen hätten es gelesen und sich stumm verneigt, andere ihm die Hand gedrückt und gesagt: „Wahr, sehr wahr!" Endlich aber habe ihn einer gefragt: „Was verstehen Sie eigentlich darunter, Herr Doktor?" Da habe er verblüfft gesagt: „Ich, ich verstehe gar nichts darunter, aber der Satz tönt so gut und ist auch so kurz zum Schreiben."

Nach dem Essen gingen wir in den Garten und legten uns ins Gras. Freiligrath sagte: „Hier ist's gut sein!" was mich unendlich freute. Nachmittags kamen mehrere Besuche von Heilbronn, eine Kaufmanns=frau aus Ulm nebst Tochter, ein Herr von Bieland aus Holland und abends Minister von Wangenheim aus Gotha. Nach einem gemeinschaftlichen Spazier=gang auf die Weibertreu aßen wir im Schweizerhaus zu Nacht, Freiligrath, Fräulein Friedrich, die zwei Ulmer Damen, Wangenheim und der alte Kameral=verwalter Fetzer aus Weinsberg, Nachbar von uns und meinem Vater ein unentbehrliches Original. Der=selbe sprach nämlich unerhört langsam und gedehnt und war von einer unzerstörbaren Prosa. In den langen Winterabenden ließ ihn mein Vater immer kommen, damit er ihm erzähle, wobei mein Vater aufs herrlichste schlief und Fetzer so gut war, immer weiter zu sprechen. Seine meisten Erzählungen — und er wußte deren gar viele aus seinem Leben — fing er mit den Worten an: „Ich muß lachen, so oft ich daran denke," lachte aber dabei nie und blieb immer ernsthaft. Diesen Kameralverwalter lud aber mein Vater auch gerne ein, wenn Dichter oder schnellsprechende Norddeutsche bei Tisch waren, um dadurch eine komische Abwechslung in die Unterhaltung zu bringen.

Einige Tage vorher war Uhland nach einer Rheinreise in Weinsberg gewesen und hatte seine hohe, aus schwarz und weißem Roßhaar gewobene Sommermütze hier gelassen. Nach dem Essen füllte ich einen großen Pokal von grünem Glas, den einst Eduard Duller meinem Vater geschenkt hatte, mit 1834er Wein und statuirte, jedes der Anwesenden müsse abwechselnd die Uhlandsmütze aufsetzen, einen kräftigen Schluck aus dem Pokal nehmen und unter dem magnetischen Einfluß der Mütze einen Reim machen. Freiligrath sprudelte von Humor und Frohsinn und machte der Kappe und dem Pokal alle Ehre, aber auch die anderen fühlten sich, je öfter die Kappe an sie kam, immer mehr gehoben und poetisch angeregt, nur der Kameralverwalter behauptete, so oft auch die Mütze an ihn kam und wir sie ihm bis über die Ohren hereinzogen, er fühle absolut gar nichts, und blieb bei strengster Prosa, worüber wir anderen Gottbegnadeten in wahre Wutkrämpfe von Lachen und Lustigkeit verfielen.

Freiligrath wohnte bei mir im Gartenhaus. Trotz des Schäferlebens, das wir führten und obgleich wir viel in der Gegend herumbummelten, auch in Heil-

bronn waren, war Freiligrath fleißig, schrieb viel,
namentlich in den Vormittagsstunden, zeigte mir Gedichte
aus dem Englischen übersetzt, die seine Braut, Ida
Melos, ihm korrigirt hatte, dichtete auch ein größeres
Gedicht; wenn ich nicht irre, war es: „An Levin
Schücking".

Als es zum Abschied kam, der uns allen schwer fiel,
— aber Freiligrath pressirte nach Stuttgart wegen einer
neuen Ausgabe seiner Gedichte — gab ihm mein Vater
mehrere Empfehlungsbriefe mit an Cotta, G. Schwab,
Graf Alexander von Württemberg, Hofrat Reinbeck und
so weiter, küßte ihn herzlich und — gleichsam um mit
einem Scherz über den Abschiedsschmerz wegzukommen
— zupfte ihn am Ohr und sagte, mich mit unbeschreib-
lichem Humor anschauend:

„Am Ende ist's doch der Freiligrath!"

Ich schnallte mir das Reiseränzchen Freiligraths um
und wir wanderten morgens zehn Uhr Heilbronn zu.
Freiligrath, der auf der Reise nach Weinsberg zu Heilbronn im Falken übernachtet hatte, war dort mit einem
Kaufmann zusammengetroffen, den er von Holland aus
kannte, und hatte ihm versprochen, auf der Tour nach
Stuttgart bei ihm zu Mittag zu speisen. Aber die
Sonne brannte so heiß und unser Durst wurde so gewaltig, daß wir, als wir nach Heilbronn kamen, vor
allem dem Aktiengarten zugingen und uns an einem
einsamen, lindenumschatteten Tisch niederließen.

„Zum Abschied muß noch gut und Gutes getrunken
werden!" sagte Freiligrath und rief nach der Wein-
karte. Auf dieser standen Neckarweine, Moselweine,
Rheinweine in schönster Ordnung.

„Wir wollen die Geister aller dieser drei Reiche citiren," sagte er, „und wacker mit ihnen kämpfen," und nun stießen wir an und tranken und tranken und hörten nicht auf zu citiren, bis die Geister uns beide niedergezwungen hatten und wir den Kellner jetzt nur um Ruhe, ungestörte Ruhe baten. Freiligrath legte sich auf die Bank und schob sein Ränzchen unter den Kopf, ich lagerte mich neben ihn ins Gras und wir schliefen wie zwei, denen ein gesunder Schlaf recht not= thut. Als wir erwachten, war Mittag vorbei, von einem Gastessen bei dem Kaufmann konnte keine Rede mehr sein. Freiligrath fuhr nach Stuttgart und ich wanderte Weinsberg zu.

Einige Tage darauf kamen Briefe aus Stuttgart. Der böse Freiligrath! Was hatte er gethan? Die Geister der drei Reiche mußten ihm noch unterwegs ihre Macht gezeigt haben und in Stuttgart mischten sich noch neue Alliirte in den Kampf — kurz, in später Nacht hatte er durch die Straßen der Stadt (noch dazu die damals streng verbotene Cigarre im Mund) wie eine Amsel gesungen, was ihm eine Arretirung und unfreiwilligen Aufenthalt auf der Hauptwache zu= zog. Vergebens protestirte er, berief sich auf seine Briefe an Cotta, Reinbeck, Graf Alexander und sagte, er sei der Dichter Freiligrath. Was Freiligrath! Die be= säbelten Stuttgarter Wächter des Gesetzes glaubten ihm nicht, und hätten sie ihm auch geglaubt, was wußten sie von Freiligrath! Kurz, er mußte in Gesellschaft der uniformirten Prosa ausharren bis an den lichten Morgen. Dann sandte er vom Gasthof den Brief meines Vaters an Hofrat Reinbeck mit der Entschul=

digung, er sei noch zu müde von der Reise, werde je=
doch abends selbst kommen.

„Freiligrath in Stuttgart! Freiligrath kommt heute
Abend zu Reinbecks!" Wie ein Lauffeuer durchschwirrte
es die ästhetischen Kreise Stuttgarts. Abends war
großer Thee bei Reinbecks und alte und junge Blau=
strümpfe hatten sich daselbst in gespanntester Erwartung
dessen, der da kommen sollte, versammelt. Aber es
schlug acht Uhr, es schlug neun Uhr, der Theekessel
brummte immer ungeduldiger — kein Freiligrath kam.
Die Sache wurde bedenklich, man sandte zu ihm, und
welche Antwort brachte der Diener?

„Einen schönen Gruß und er könne nicht kommen,
er habe einen ganz abscheulichen Katzenjammer!"

„Ist das nicht unverzeihlich? Wir sind noch ganz
krank vor Alteration," lautete der Schluß eines Briefes
darüber. Mein Vater lachte herzlich und sagte: „Ach,
der liebe Freiligrath! Wäre er doch hier geblieben!
Seine frische deutsche Natur paßt nicht zu diesen
chinesischen Theetrinkern!"

Aber Freiligrath machte durch seine Liebenswürdig=
keit, die Schlichtheit und Bestimmtheit seines Charakters,
die Treuherzigkeit und stille Innigkeit seines Wesens
bald alles wieder gut, und jedermann gewann ihn lieb,
vor allen Gustav Schwab, Karl Mayer, Uhland, an
die er sich näher anschloß.

Der Gast auf dem Nußbaum.

Es war im Herbst, wir hatten zu Nacht gespeist und saßen gemütlich im Wohnzimmer — es mochte etwa neun Uhr sein, außen schon dunkle Nacht — da war es uns, als hörten wir mehrmals einen Ruf vom Garten her. Ich sah zum Fenster hinaus, und richtig, jetzt erscholl es aus der Gegend des alten Nußbaums ganz deutlich: „Hilfe!"

Ich lief hinab, dem Baume zu. „Wer da?" rief ich.

„Ach," ertönte es kläglich und zaghaft aus den Zweigen des Nußbaums, „ich bin hier oben und kann nicht mehr herab, es ist so finster."

Ich rief dem Diener, er solle mit einer Laterne kommen, und jetzt, beim Scheine derselben, sah ich am Stamme des Nußbaums einen Reisetornister lehnen und einen Stock, und oben herab, von den Strahlen der emporgehobenen Laterne beleuchtet, stieg von Ast zu Ast ein nettes, zierliches Studentchen.

„Sie treffen mich in einer sonderbaren Situation," stammelte er, als er vollends glücklich auf festem Boden stand; „ich wollte Herrn Justinus Kerner besuchen, jetzt ist es aber zu spät —"

„Ach, durchaus nicht," sagte ich, „der Weg zu ihm geht allerdings für gewöhnlich nicht über den Nußbaum, doch es wird ihm um so interessanter sein, Ihre Bekanntschaft zu machen."

Johann mit der Laterne voraus, dann der Student mit sichtbarem Delinquentenbewußtsein und hintendrein

ich mit Stock und Ränzchen, so steuerten wir dem Hause
zu. Mein Vater erwartete uns, ungeduldig, wie das
Abenteuer abgelaufen, unter der Zimmerthüre. Der
neue Gast hatte, wie man im Kerzenlichte sah, durchaus
nichts von einem Räuber an sich, aber die Angst, dafür
gehalten zu werden, wich trotz der freundlichen Be-
grüßung meines Vaters lange nicht von ihm, und es
war spaßhaft anzusehen, wie er, als ihm mein Vater
auf die Schulter klopfte, angstvoll sich duckte und zurück-
fuhr, als sollten jetzt die Prügel beginnen.

„Ich studire," stotterte er, während wir alle, um
ihn zu ermutigen, die sanftesten Gesichter machten, „in
Bonn, habe einen Onkel, der ein Landgut am Rhein
hat und ein großer Verehrer von Justinus Kerner ist.
Er gab mir auf, wenn ich eine Ferienreise nach Schwaben
mache, doch ja nach Weinsberg zu gehen, um den Herrn
Doktor kennen zu lernen. Ich kam nun diesen Abend
hierher, ging um Haus und Garten herum, hatte aber
nicht den Mut, einzutreten. Ich bestieg die Weibertreu,
schaute von dort herab, bis es Dämmerung ward.
Dann ging ich herunter, und als ich wieder an den
Garten kam, dachte ich, vom Nußbaum herab könnte
ich vielleicht in das Fenster sehen und Justinus Kerner
erblicken, auch ein paar Nüsse abpflücken, um sie meinem
Onkel zu bringen. Ich ging zur Gartenpforte hinten
herein, erkletterte den Nußbaum und schaute lange nach
dem Hause. Als ich aber wieder herab wollte, war es
so finster geworden, daß ich nicht mehr herabzusteigen
wagte, und habe darum in der Angst gerufen; und —
hier sind die Nüsse!" stammelte er errötend und zog
aus der Tasche als corpus delicti eine Handvoll Nüsse.

„Nun, das war ja recht lieb von Ihnen," sagte mein Vater gerührt, „und jetzt setzen Sie sich nur her und lassen Sie sich's schmecken, Sie müssen bei uns übernachten."

Wir saßen noch eine Stunde fröhlich beisammen und morgens füllte ich ihm das Ränzchen mit Nüssen und legte noch einen Epheuzweig vom Turme und ein Büschel Sedum bei.

„Dieses Sedum, das jetzt aus allen Ritzen des Gemäuers herauswächst, brachte mir einst Uhland aus seinem Garten," sagte mein Vater; „es blüht rot und die fleischigen Stengel wachsen fort, auch wenn man sie ohne Wurzeln zwischen die Steine und die Erde steckt; bringen Sie es mit einem herzlichen Gruß von mir Ihrem Onkel."

Als er mit dem Ränzchen auf dem Rücken den Berg hinabschritt, fuchtelte er gar vergnügt mit dem Stocke und schaute noch oftmals zurück und grüßte.

Der Hinterfuß.

In Heilbronn war ein Prälat, ein äußerst liebenswürdiger, feingebildeter Mann, den mein Vater sehr hochschätzte, auch seine Frau war durchaus brav, nur eine kleine Schwäche war an ihr zu finden. Die Prälatenwürde ihres Mannes war ihr zu Kopf gestiegen und trotz sonstiger Bescheidenheit wartete sie, namentlich Fremden gegenüber, mit ängstlicher Spannung darauf, daß ihr immer der vollwichtige Titel: „Frau

Prälatin" zu teil wurde. Wenn der Herr Prälat zu
Visitationen die Pfarrdörfer seines Sprengels bereiste,
begleitete sie ihn mit Vorliebe, warf sich in gehörigen
Putz und in ihrem schwarzseidenen Taffetkleid, dem ge-
wirkten Shawl und dem modischen, etwas aufgedonnerten
Hut sah sie imposant und würdig aus und fühlte sich
so stolz wie ein Reservelieutenant, wenn er sich am
allerhöchsten Geburtstag dem erstaunten Zivil in seiner
Uniform zeigen darf. — So waren sie auch an einem
Sonntag in das Pfarrdorf Steinsfeld gefahren. Der
Falkenwirt Schmalzigaug, zugleich Poststallmeister, hatte
ihnen seine schönste Kutsche gegeben und der erprobteste
Postknecht, der alte Daniel, war ihr Kutscher.

Nach der Kirche, wo der Pfarrer eine musterhafte
Rede gehalten hatte, war Mittagessen im Pfarrhaus.
Die Frau Prälatin hatte in einer runden Pappendeckel-
schachtel ihre Staatshaube mit den breiten Bändern
mitgebracht, die ihr sehr gut zu Gesicht stand und sie
freudig stimmte. Zum Kaffee, wobei es einen Gugel-
hopf gab, waren der Schultheiß und die Frau Schultheißin, der Lehrer und die Frau Lehrerin geladen,
und alle zeigten sich von der hohen Ehre, mit der
Frau Prälatin an Einem Tisch sitzen zu dürfen, sichtlich durchdrungen und keines hatte es an der gehörigen
Unterwürfigkeit fehlen lassen. Jetzt war der Wagen
eingespannt, der Daniel blies das bekannte Stückchen
auf dem Posthorn: „Das Schiff streicht durch die
Wellen, Fridolin", was das halbe Dorf herbeiströmen
machte, die Haube war abgenommen, in die Schachtel
gethan und mit Hilfe der Frau Pfarrerin der Hut
regelrecht aufgesetzt worden, auch der große gewirkte

Shawl umgelegt. Die Gesellschaft kam feierlich die
Treppe herab, der Herr Prälat und die Frau Prälatin
waren in den Wagen gestiegen, die Frau Prälatin that
noch ein übriges und reichte aus der Chaise heraus der
Frau Pfarrerin, Schultheißin und Lehrerin huldvoll
die Hand, der Pfarrer, Schultheiß und Lehrer er=
schöpften sich in Bücklingen, der alte Postknecht wollte
eben auf der Seite der Frau Prälatin mit voller Kraft
die Kutschenthüre zuschlagen, da rief er: „Oha, Frau
Prälatin, fast hätt's ein Malheur gegeben, Ihr linker
Hinterfuß ist noch außen, hufen Sie ihn ein bißele
zurück!"

Graf Helmstett.

In Hochhausen am Neckar wohnte ein alter Graf
Helmstett; sein Sohn, den die Diener den jungen
Herrn Grafen nannten, war längst über fünfzig, er
aber über achtzig Jahre.

Trotz dieses Alters kam der Graf die fünf Stunden
Wegs von Hochhausen nach Weinsberg in einer Tour
geritten und ritt abends wieder nach Hause; von Er=
müdung zeigte er nie eine Spur, war heiter und leb=
haft im Gespräch, eine ungebeugte, vornehme Er=
scheinung. Er trank nie Wein oder sonst etwas von
geistigem Getränk, nur Wasser, in das er aus einem
Schächtelchen, das er immer bei sich trug, eine Messer=
spitze voll Salpeter warf, — das sei zur Kühlung seines
Blutes notwendig, meinte er. Er erzählte viel und
interessant von seiner Jugend, wie er am Hofe von

Louis XVI. Page gewesen, die Schrecken der französischen Revolution mitgemacht habe und unter Lebensgefahr nach Deutschland zurückgekehrt sei.

Nun lebte in Weinsberg eine Witwe im gleichen Alter des Grafen, die auch zu jener Zeit in Paris gewesen war. Sie war eine geborene Französin, damals Kammerkätzchen bei einer Hofdame, sah den Einzug der Marie Antoinette, war bei dem derselben zu Ehren gegebenen unheilvollen Feuerwerk, emigrirte mit ihrer Herrin, als die Revolution hereinbrach, nach Deutschland und heiratete nach dem Tode ihrer Herrschaft einen Fahnenschmied, der sich in Weinsberg als Schmied niederließ. Sie hatte immer eine Freude, wenn sie jemand traf, mit dem sie französisch parliren konnte, und hatte noch im hohen Alter die Lebhaftigkeit und — so weit es die alten Knochen erlaubten — die Grazie einer Pariserin.

Diese Fahnenschmiedin ließ mein Vater kommen. Der Graf empfing sie mit französischer Ansprache und zeremoniellem Handkuß, die Schmiedin machte auch den vor siebenzig Jahren ihrer Herrin abgesehenen Hofknix und wußte sich schnell in ihre Rolle zu finden, und jetzt schwätzten und zwitscherten sie miteinander wie Spatzen auf dem Dache und zuletzt kamen sie auch auf die damaligen Tänze zu sprechen und der Graf tanzte mit der Schmiedin in gemessenen Schritten Menuet, und als die alte Frau, höflichst bekomplimentirt und vom Grafen bis an die Treppe geleitet, fortgegangen war, äußerte er sich ganz glücklich über diese neu ins Leben gerufene Erinnerung aus alter Zeit.

Von da an kam der Graf noch öfters und allemal

mußte die Fahnenschmiedin geholt werden. Sie setzte sich eine neue Spitzenhaube auf und die dünnen Haare waren nicht ohne Koketterie altmodisch frisirt.

Meine Schwester sagt in ihren Erinnerungen, Graf Löben habe die Bekanntschaft der Fahnenschmiedin gemacht und mit ihr getanzt. Darin aber täuscht sie sich. Graf Löben war, so lange er in Weinsberg war, immer allzu krank und menschenscheu; es war Graf Helmstett.

Emanuel Geibel.

In der hellgelben, schnurverbrämten Juppe, dem roten Fez auf dem Kopfe und mit dem großen Schnurr- und Knebelbart hätte man den lieben, lebensfrischen  Geibel für einen ausländischen Vogel, einen Griechen, halten können, aber seine hellblauen Augen und blonden Haare paßten nicht dazu und man sah bald, daß man es mit einem echten Deutschen zu thun hatte, zumal er die deutsche Sprache so herrlich zu meistern verstand und in die schönsten poetischen Formen zu gestalten wußte. Er hatte ein sonores, wohlklingendes Organ, das sich namentlich dann geltend machte, wenn er seine Gedichte vorlas. Es war vor allem ein Gedicht: „Die rote und die weiße Rose", mit dem er wahrhaft bezaubernd auf junge Damen einwirkte. Saß er

an der Quelle köstlicher Weine, was hauptsächlich im gastfreien Hause des Oberjustizrats Rümelin in Heilbronn,
eines Freundes meines Vaters, der Fall war, dann ergriff ihn bacchantische Begeisterung und seine Phantasie
tummelte sich in den erheiterndsten Improvisationen.

So lebenslustig er am Tage war und sich, wenn
Besuche kamen, von der liebenswürdigsten Seite zeigte,
so hatte er doch auch mitunter seine schwermütigen,
nervösen Stunden; das Alleinsein that ihm nicht gut,
er verfiel in Hypochondrie. Im Gartenhaus, wo er
mit mir logirte, war es ihm, wenn ich nicht da war,
unheimlich; trotz seines langen Schnurr- und Knebel-
bartes, den er gerne mit einem Malteserkreuz verglich,
hatte er Angst. Wurde ich nachts zu einem Kranken
gerufen, so bat er mich um alles in der Welt, nicht
fort zu gehen, und mußte ich es doch thun, so zog er
sich lieber wieder an und begleitete mich. Im Jahre
1852, als ich nicht in Weinsberg war, besuchte er
wieder meinen Vater und logirte im Gartenhaus. Den
andern Morgen kam er todblaß herüber und erzählte
meinem Vater, er habe heute Nacht einen Geist gesehen.
Er sei hellwachend im Bett gelegen, da sei plötzlich
eine Frau in altdeutschem Gewande vor seinem Bette
gestanden, habe sich über ihn gebeugt, ihn traurig an-
geschaut und sei dann verschwunden. Den Einwand
meines Vaters, es sei bloß ein Bild seiner aufgeregten
Phantasie gewesen, ließ er durchaus nicht gelten und
reiste schnell ab. Zehn Jahre später, als ich Geibel in
München besuchte, kamen wir wieder auf die Geistergeschichte zu sprechen. „Ich kann Dich auf Ehrenwort
versichern," sagte er, „ich habe damals ganz hell ge-

wacht und war vollkommen bei Sinnen, als ich den Geist sah, es kann mich nichts von diesem Glauben ab= bringen."

Im Jahre 1878 fand ich bei einem Besuch in Lübeck Geibel schon sehr krank und misanthropisch, er sprach traurig vom Tode.

„Ach," sagte ich, „wir beide sind jetzt Sechziger, in diesem Alter muß man sich aller Gedanken an die Zukunft entschlagen, ihr rückwärts entgegengehen wie die Seiler und auf die schöne Vergangenheit zurückschauen. Weißt Du noch, wie fröhlich wir einst in Weinsberg beisammen waren? Könntest Du nur mit mir reisen, die Erinnerung an die Jugendzeit würde Dich dort wieder auffrischen und die Nachtgedanken zerstreuen."

Da gab er mir wehmütig lächelnd die Hand und sagte: „Ich denke oft an jene herrlichen Jugendtage, aber, wenn ich auch reisen könnte, nach Weinsberg brächten mich keine zehn Pferde mehr; ich habe dort, wie Du weißt, einen Geist gesehen und gewiß, ganz gewiß, es war kein Traum, keine Täuschung, keine Ein= bildung, es ist Thatsache."

Bischof Keller.

Im Jahre 1836 auf seiner Durchreise ins Bad Mergentheim besuchte meinen Vater der Bischof Keller von Rottenburg am Neckar. Beim Hereintreten ins Zimmer schritt er auf das längst nicht mehr benützte, zugedeckte Piano zu und sagte in übergroßer Höflichkeit: „Darf ich fragen, Herr Doktor, wer hier so wunderherrlich das Klavier spielt?" —

Von einem bekannten Rezensenten in Stuttgart, der im Literaturblatt schockweise Bücher bald lobte, bald tadelte, obgleich er deren Titel kaum gelesen hatte, sagte mein Vater öfters: „Der macht's wieder wie der Bischof von Rottenburg!"

Beim Abschied gab der Bischof den Enkeln meines Vaters seinen Segen.

Johannes Ronge.

Am 4. November 1845 hielt der deutsch-katholische Prediger Ronge einen Vortrag in Heilbronn. Mein Vater hatte damals einen sogenannten Herrenkutscher, ein exotisches Gewächs in der Kernerschen Kutscherflora, dem es darum auch in der bürgerlichen Sphäre mit der einfachen Chaise und den wenig eleganten Pferden nicht lange gefiel. Er war ein eifriger Katholik, weshalb ihm mein Vater erlaubte, jeden Sonntag dem katholischen Gottesdienste in dem benachbarten Dorfe Erlenbach anzuwohnen. Als wir zum Vortrag Ronges nach Heilbronn fuhren, hieb der Kutscher mit sichtbarem Zorne auf die Pferde ein und in der Nähe Heil-

bronns fuhr er direkt in den Chausseegraben, so daß die Chaise nahe am Umfallen war und mein Vater, bei seiner ohnedies großen Aengstlichkeit im Fahren, den Weg lieber vollends zu Fuß mit mir machte. Der Kutscher gestand nachher, er habe es geflissentlich gethan, um uns vom Besuche des Erzketzers Ronge abzuhalten.

Wie meinem Vater der Vortrag Ronges behagte, weiß ich nicht mehr, doch mißfiel ihm, daß Ronge in Gacéhandschuhen predigte. Im Heimweg sagte er zu mir: „Dieser Reformator in seinen Glacéhandschuhen ist wie ein Commis voyageur, der in destillirtem Weih=wasser macht. Das lebendige, frische Gebirgswasser spendet er auch nicht. In der Schule übersetzte einmal ein Schüler ‚vox populi, vox Dei‘: ‚Die Stimme der Pappel ist die Stimme Gottes‘. Dieser hat, ohne es zu wollen, das Wahrste gesprochen. Würden sich nur die Menschen in ihrem Glauben an die Natur halten, sich nicht über sie stellen wollen!“

Den andern Tag besuchte Ronge meinen Vater. Dieser führte ihn an das Marienbild und sagte: „Lieber Ronge, Sie dürfen mir mit Ihrer neuen Lehre ein=reißen, so viel Sie wollen, aber das sage ich Ihnen: Die Jungfrau Maria lassen Sie mir stehen, sie ist das einzig Poetische, was wir im Christentum haben.“

Missionar Hebich.

Da ich gerade an einem Reformator bin, will ich auch einer verwandten Spezies, des Missionars Hebich, erwähnen. Derselbe, schon auf der Straße durch sein Aeußeres, den langen schwarzen Talar, breiten weißen Hemdkragen, großen Bart, auffallend, machte in Stuttgart und Ludwigsburg durch seine derben, kapuzinerhaft gehaltenen Predigten großes Aufsehen und es kursirten viele Anekdoten über ihn. Einer reichen Kaufmannsfrau, die das Bedürfnis fühlte, sich von ihm den Weg zum Himmel weisen zu lassen, hatte er gesagt: „Wozu hast Du goldene Ohrringe, Fingerringe, Armbänder? Das ist alles Tand und Eitelkeit, gehe hin, verkaufe sie und gib das Geld den Armen!"

„Recht gerne," entgegnete diese, „und ich will noch hundert Gulden dazulegen, wenn Sie dafür auch eine Eitelkeit ablegen und Ihren langen Bart abscheren."

Hebich wies diese unchristliche Zumutung der modernen Delila mit Entrüstung zurück.

Dieser Hebich nun war von einigen frommen Seelen ausersehen, daß er meinem Vater ins Gewissen rede, sich zu bessern. Wozu er sich eigentlich bessern sollte? und warum sich andere erfrechen konnten, ihm einen solchen professionellen Aufbesserer auf den Hals zu schicken?

War er doch gegen alle Menschen so lieb und gut und ertrug seine Blindheit und Gicht und die vielen schlaflosen Nächte mit äußerster Geduld, und wenn Be-

suche kamen, so suchte er seine Leiden zu vergessen und
erfreute sie noch durch köstlichen Humor und treffliche
Unterhaltungsgabe. Aber das letztere war es gerade,
wodurch er oft anstieß. „Das Opfer liegt, die Raben
steigen nieder."

Je mehr er alt und krank war, desto mehr täppelten
die schwarzen Vögel, die Pietisten, heran. Er sehnte
sich nach geistesfrischen, aufheiternden Besuchen, und jene
kamen mit ihren orthodoxen Salben und Pflastern und
Leichenbittermienen als wie zur letzten Oelung, sie
glaubten einen de= und wehmütigen, kreuzkriechenden
Jammerer zu finden, zugänglich für ihre trau=
rigen Messiaden — das langweilte ihn, regte ihn auf,
ärgerte ihn, und er schnitt oft die frommgeschmälzten
Sermone, die sie an ihn hielten, mit derbsten Worten
ab. Zu dem Weinsberger Dekan, der es einst für
seine Pflicht hielt, sich ihm als Seelsorger zu nahen,
sagte er:

„Als Freund sind Sie mir jederzeit willkommen,
aber ihr Magisterkäppchen lassen Sie zu Hause! Der
Mensch hat nichts zu thun als demütig zu sein. Er
hat keinen Grund, sich höher zu stellen als die Pflanzen
und Tiere; ein Leben nach dem Tode hat er nicht an=
zusprechen; schenkt es ihm Gott doch, so weiß dieser
auch am besten, an welchen Platz er ihn stellen soll,
Menschen steht kein Urteil und am wenigsten ein Wissen
darüber zu."

Noch derber wurde ein Herr vom Rauhen Hause in
Hamburg abgefertigt. Derselbe war im Jahre 1861
bei meinem Vater. Auf die Frage, wie es ihm gehe,
sagte mein Vater:

„Schlecht! Ich bin halbblind und durch die Gicht gelähmt!"

„Nun, dann werden Sie bald sterben, aber trösten Sie sich, Sie werden eingehen in die himmlischen Wohnungen, allwo der Vater im Himmel auch für Sie eine Stelle bereitet hat," sprach der Herr mit salbungs= voller Rede.

Da brauste mein Vater auf: „Gehen Sie zum Teufel mit Ihren eingelernten Konfirmationssprüchen! Sind Sie Portier im Himmel, daß Sie das alles so genau wissen? Mein Haus in Weinsberg ist mir noch lange gut genug!"

Solche unorthodoxe Reden blieben nicht verschwiegen, auch war mein Vater so gottlos und ging nie in die Kirche, gab auch nie seine Seele einem Pfarrer in die Reparatur, sagte sogar zu einem großen Kirchenlichte Schwabens, welches ihm klagte, er habe gar keine Orts= kenntnis: „Und doch halten Sie sich für einen untrüg= lichen Wegweiser zum Himmel?"

Darum also war der Missionar Hebich zu seiner Besserung ausersehen. Hebich kam, aber nicht ohne daß vorher ein Brief seine Ankunft anmeldete und ein förmlicher Speisezettel ankündigte, was dem from= men Mann aufzutischen sei. Polenta, Fisch, Geflügel, Bordeaux spielten darin eine Hauptrolle. Mein Vater freute sich auf den originellen Besuch. Er hoffte, der weitgereiste Mann werde ihm von seinen Erlebnissen in Indien erzählen. Das that er auch, aber wie! Fromme Münchhausiaden, über deren Lügen sich die Balken biegen mußten. Zum Beispiel: „Wie ich in Indien einst im Freien predigte, wurde ein Elefant wild und rannte mit geschwungenem Rüssel auf uns zu; alles floh, ich aber blieb mitten im Wege stehen und betete. Da hielt der Elefant hart vor mir im Laufe inne, brach mit dem Rüssel einen Blütenzweig vom Baum und überreichte mir denselben knieend."

Dann machte er Demonstrationen ad hominem. Er gab der Haushälterin meines Vaters eine Bibel in die rechte und ein Gesangbuch in die linke Hand und sagte, sie solle dieselben festhalten, dann nahm er einen Teller mit Obst vom Tische und sagte: „Nimm auch dieses!" Die Haushälterin legte die Bibel hin und griff nach dem Obstkörbchen. „Siehst Du, liederliches Mensch, so bist Du! Du willst das Irdische und Himmlische zugleich haben! Du hast die Bibel weggelegt, um nach den Früchten zu greifen! Du hättest sagen sollen: ‚Ich trage in beiden Händen schon den Glauben, ich kann das Irdische nicht erfassen.'"

Dann äußerte er das Verlangen, eine förmliche Betstunde abzuhalten, zu der mein Vater, dem es bei dem drohenden geistigen Mannaplatzregen himmelangst wurde, schnell einige Beamte als Zuhörer einlud, die wohl oder übel auch ihren Teil daran tragen mußten.

Zum Schlusse sagte Hebich zu meinem Vater: „Du lebst noch viel zu sehr in der Aeußerlichkeit! Du mußt alles von Dir werfen, ganz arm sein und ein Lump werden wie ich!"

„Ja, aber wenn alles Dir nachmachen würde," entgegnete mein Vater, „und ein Lump würde, wer kann dann Dir noch Fisch und Bordeaux aufwarten?"

Unter der Thür rief Hebich noch: „Bessere Dich, das Leben ist kurz!"

„Ja, es ist kurz," sagte mein Vater, „wird einem aber oft entsetzlich langweilig gemacht!"

Als er fort war, seufzte mein Vater: „Der Kerl hat mir ganz übel gemacht, die Ludwigsburger hätten auch 'was Gescheiteres thun können, als mir diesen Seligkeitselefanten über den Hals zu schicken."

Schlechte Gesellen.

Ebeling.

Mein Vater hatte all die interessanten Briefe an ihn von 1809 bis 1823 eingebunden und gab die dicken, schwarzen Bände, zehn an der Zahl, öfters guten Freunden zu lesen.

Nun lernte mein Vater, als er Student in Hamburg war, einen Arzt Namens Ebeling kennen und sie waren gute Freunde geworden. Mein Vater freute sich, als ihn im Jahr 1847 ein Sohn dieses Ebeling besuchte. Derselbe studirte in Heidelberg, hatte große Reisen in Südamerika gemacht, erzählte lebhaft, dichtete auch und war ein unterhaltender Bursche mit schwarzen, kurzgeschorenen Haaren, feurigen Augen, untersetzter, breiter Statur. Er blieb ungefähr vierzehn Tage bei uns. Bald nach seiner Abreise bemerkte mein Vater, als er die Ebeling geliehenen Briefbände aus dessen Schlafzimmer hervorholte, daß die Briefe Uhlands her-

ausgerissen waren. Niemand anders konnte es gethan
haben als Ebeling. Der Jammer war groß! Ohne
meinem ängstlichen Vater ein Wort zu sagen, reiste ich
nach Heidelberg, und als ich in Ebelings Zimmer trat
und derselbe mit einem Ausruf des Schreckens nach
seinem Stock griff, riß ich ihm denselben aus der Hand,
und bearbeitete ihn damit so gründlich und bewies ihm
ad posteriorem, daß das Stehlen nicht erlaubt sei,
daß er schnellstens zu seiner Kommode lief und mir das
geraubte Päckchen herausgab. Im Triumph brachte
ich das teure Gut wieder meinem Vater, der von da
an die Briefe ängstlich bewahrte.

Kertbeny.

Im Jahre 1851 bekam mein Vater einen seltsamen
Brief, derselbe war „Kertbeny" unterzeichnet, und dieser
schrieb in den beweglichsten Worten, er sei Schriftsteller,
Uebersetzer von den Gedichten Petöfis, ein Landsmann
von Lenau, und er fühle, daß ihm dasselbe Los wie
Lenau bevorstehe, wenn er nicht im Kernerhaus ein
stilles Asyl finde, nur dadurch könne er vor dem herein-
brechenden Wahnsinn und Selbstmord bewahrt werden.
Mein Vater war durchaus nicht in der Laune, einen
solchen trüben Gast aufzunehmen, und schrieb an einige
Stuttgarter Freunde, ob sie etwas Näheres von einem
Kertbeny wüßten. Doch ehe er Antwort bekam, fuhr
abends eine Postkutsche vor, der ein junger, eleganter
Herr, hochgewachsen, mit gewinnenden Manieren entstieg
und sich als Kertbeny vorstellte. Es war nun nichts
anderes zu machen, als den Gast freundlich aufzunehmen.

Das Gartenhaus wurde ihm als Logis eingeräumt, sein Koffer hinübergetragen und das Nachtessen erstreckte sich bei belebter Unterhaltung bis spät in die Nacht. Von der signalisirten Melancholie hatte sich nichts gezeigt. Auch die anderen Tage sah man nichts von ihr.

Kertbeny war ein fröhliches Weltkind, fuhr viel nach Heilbronn, brauchte unnötig Geld, dabei wußte er nicht genug zu erzählen, wie gastfrei man in Ungarn sei, da ständen auch außer der Essenszeit immer Speisen aller Art und die feinsten Weine den Gästen zur Disposition auf den Tischen, von solcher liebenswürdigen Gastfreundschaft habe man in Deutschland gar keinen Begriff. Eines Tages ließ er seinen Koffer in den nahen Gasthof bringen, mietete sich dort ein, „er sei daselbst ungenirter," sagte er. Mein Vater ließ ihn gerne ziehen und war froh, als er bald darauf ohne Abschied aus Weinsberg verschwand, zumal da unterdessen Briefe kamen, die ihn vor Kertbeny warnten. So schrieb Hauenschild, ein unter dem Pseudonym Max Waldau bekannter Dichter, welcher kurz vorher auf der Hochzeitsreise bei uns gewesen war, in fliegender Eile aus Hamburg:

„Eben lese ich einen Brief von Freiligrath, der auf das dringendste vor Kertbeny warnt, ich halte es für meine Pflicht, Sie davon in Kenntnis zu setzen. Auch hier hat er Bücher entlehnt und verkauft, kurz, allenthalben schlechtes Zeug gemacht. Kertbeny ist nur ein Anagramm von Benkert (Kert — ben), das y ist nur angehängt, um dem Pseudonym ungarischen Klang zu geben. Für alle Fälle „Achtung!", den gedruckten Zettel aus einer deutschen englischen Zeitung gibt mir Julius Campe, um Sie zu warnen."

Der Wirt, dem Kertbeny an Zahlungsstatt schön eingebundene Bücher zurückgelassen hatte, brachte diese meinem Vater. Die meisten trugen den Stempel „Staatsbibliothek Darmstadt". Mein Vater sandte sie dorthin und bekam freundlichen Dank.

Herzog Max von Bayern.

Längere Zeit kam alle Jahre ein Handschuhhändler aus dem Innthal nach Weinsberg; ein sehr hübscher, großer, starker Mann, der mit Leichtigkeit seinen schweren Kasten trug. Die Tiroler Tracht stund ihm überaus gut. Mein Vater unterhielt sich jedesmal gerne mit ihm, und meist aß er bei uns zu Mittag. Er mußte da von seiner Heimat, von den Gebräuchen allda, und von seinen Wanderungen erzählen. Mitunter sang oder pfiff er auch ein lustiges Liedchen. Sein Tirolerhut interessirte hauptsächlich meinen Vater, er meinte, die Form dieser Hüte richte sich nach der Form der Berge Tirols, seien bald flacher, bald höher, steiler und spitzer, je nach den Berggipfeln daselbst. Einst saßen wir mit dem Tiroler bei Tisch, da fuhr eine Chaise vor. Derselben entstiegen zwei Herren, der eine im einfachen Reiseanzug war der Herzog Max von Bayern, der andere mit grauer Juppe und Kniehose sein ihn begleitender Zitherspieler. Schnell waren zwei weitere Gedecke auf dem Tisch, und die Mahlzeit verlief fröhlich. Der Handschuhhändler war bei dem Namen des Herzogs im Anfang etwas verblüfft und wollte bescheiden vom Tische gehen, aber mein Vater und der Herzog, der auch seine Freude an dem hübschen, aufgeweckten Manne hatte, litten es nicht, und nach Tisch kaufte der Herzog ihm einige Paar Handschuhe ab, — „für mein Weiberl zu Haus," sagte er, auch einen silbernen Schlagring erwarb er.

Der Tiroler hatte die Schlagringe in seiner Kiste in einem verborgenen Fache und sagte, eigentlich sei es verbotene Ware. Später ging mein Vater mit dem Herzog auf die Weibertreu, dann saßen sie lange mit=einander im Garten; Abends spielten der Herzog und sein Begleiter auf der Bergzither, mein Vater zwischen hinein auf der Maultrommel, was den Herzog sehr interessirte, und der Knecht blättelte im Garten unten mit dem Birnenblatt und mußte es dem Herzog zeigen. Dieser übernachtete im sogenannten Sargzimmer und sein Begleiter in einer Kammer daneben. Von München aus sandte der Herzog meinem Vater seine Photographie mit Inschrift und später einen Betstuhl mit schön ge=stickter Decke, „von meinen Töchtern extra für Sie ge=arbeitet", schrieb er dazu. Der Betstuhl steht jetzt im Marienzimmer.

Prinz Adalbert von Bayern.

Der Besuch des Herzogs hatte auch einen diploma-
tischen Nebengrund, es ging ihm ein Brief vom König
Max und eine Unterredung mit demselben in Heilbronn,
wie mehrere Schreiben und Besuche des Sekretärs
Heiland, welcher den Prinzen Adalbert meist auf seinen
Reisen begleitete, voraus. Prinz Adalbert, der Sohn
von König Ludwig, war oftmaliger Gast im Kernerhause, er stieg zuweilen mit einem Adjutanten im Falken
in Heilbronn ab und fuhr von da jeden Tag nach
Weinsberg, meist aber reiste er direkt nach Weinsberg und
übernachtete im Sargzimmer. Im Gartenhaus wollte
er nicht schlafen, es war ihm da zu unheimlich. Er
war ein großer, vollblütiger Mann, etwas unbeholfen
und phlegmatisch in seinen Bewegungen, in seinen
Ansichten oft sehr unentwickelt, er machte Gedichte,
die er teilweise auch drucken ließ und an denen
er selbst große Freude hatte, doch waren sie meist
bombastisch, und sein Dichterquell floß mulzig; er war
wenig belesen und schwärmte hauptsächlich für Bücher
mystischen Inhalts. Dabei war er aber für poetische
Eindrücke sehr empfänglich und konnte sie auch gewandt
wiedergeben. So schrieb er am 4. Juni 1855 von
Rom: „Eine große Freude wurde mir durch meines
teuren Vaters Ankunft dahier, welche am 26. vorigen
Monats unter feierlichem Empfang der deutschen Künstler
stattfand. Er sieht recht gut aus und ist sehr heiter,
wofür ich Gott nicht genug danken kann. Von meinem
hiesigen Aufenthalt bin ich ganz entzückt und finde

meine Erwartungen von all den Herrlichkeiten, die das Auge des Fremdlings blenden, noch weit übertroffen. Nach einer anstrengenden Reise über den schneebedeckten Splügen überraschten uns die wie durch Zaubermacht plötzlich vor den Blicken sich ausdehnenden lachenden Gefilde Italiens, aus denen mildere Luft uns entgegen= wehte und einen um so frappirenderen Kontrast bildeten. Am Vorabende des Gründonnerstages langten wir in der ewigen Stadt an und konnten demnach all die interessanten Feierlichkeiten der heiligen Woche mit= machen, die, wenn auch etwas ermüdend, doch für das ganze Leben eine ewig denkwürdige Erinnerung mir sein werden. Wunderbar lieblich, ähnlich der Stimme verklärter Geister, schwebt der Gesang aus dem heiligen Dunkel der sixtinischen Kapelle in jenen Tagen, wo das große Versöhnungsopfer einst dargebracht war, gen Himmel, bald in klagenden Tönen tiefer Trauer sich ergießend, bald wieder in mildere Accorde verschmelzend und erfüllt die Seele mit wehmütigem, sehnsuchtsvollem, aber dennoch süßem Schmerze. Großartig ist aber das Osterfest, das in all seinem Glanze ein würdiges Symbol der triumphirenden Kirche ist, die über die Schauer des Grabes durch den Auferstehungstod unseres göttlichen Erlösers gesiegt. Ergreifend ist es, den Segen des heiligen Vaters, den er, geschmückt mit der drei= fachen Krone, von der Loggia des Vatikans aus dem unzählbar versammelten Volke erteilt, mitzuempfangen. Imposant ist dieser Akt unter dem Geläute von drei= hundertundfünfundsechzig Kirchen und dem Donner der Geschütze vor sich gehend. Auch war ich so glücklich, die heilige Kommunion aus den Händen des heiligen

Vaters selbst zu empfangen. Höchst interessant ist der
Vatikan, der nach einer Aeußerung des berühmten
Cornelius allein schon eine Welt von Kunstschätzen in
sich schließt. In diesem Riesenpalaste entzückt den Kunst=
liebhaber bei jedem Schritte ein neues Meisterwerk des
klassischen Altertums. Hier fesselt das staunende Auge
die von Winkelmann so herrlich beschriebene Statue
Apollos von Belvedere, der, im Glanze seiner Jugend
und Götterschöne dargestellt, Unsterblichkeit der Meister=
hand verlieh, die ihn schuf. Man glaubt keinen toten
Stein vor sich zu sehen. Alles lebt an diesem Marmor=
bilde und doch ist es weit über Menschliches erhaben,
die irdischen Leidenschaften ausdrückend und doch nicht
von ihnen beherrscht, sondern über denselben stehend.
Und dort scheint Venus Anadyomene dem Meer zu
entsteigen, beseelt von unaussprechlichem Liebreize, der
den heitern Göttergestalten Griechenlands die zauberische
Anmut verlieh, welche bis jetzt noch nicht erreicht wor=
den ist. Ein hoher Geist weht durch diese Hallen
idealischer Wirklichkeit. Viel des Herrlichen sah ich noch
hier, doch würde der Umfang eines Buches kaum hin=
reichen, alles aufzuzählen, was ich gesehen, und bitte,
mir deshalb nicht zu zürnen, wenn ich schließe. Beim
Unfall des Papstes war ich nicht zugegen.

Jn Gedanken umarmt Sie Ihr treuer Freund
Adalbert."

Der Prinz mußte als Knabe viel in „Tausend und
eine Nacht" von Aladins Wunderlampe, verzauberten
Prinzessinnen und so weiter gelesen haben, er glaubte
allen Ernstes, — und gestand es mit kindlicher Offen=
heit — daß man sich durch den Stein der Weisen,

durch verborgene Zauberkräfte, durch Amulette nicht allein stich- und kugelfest, sondern auch zum Herrn der Welt machen könne. — In Justinus Kerner glaubte er den Magier gefunden zu haben, der ihm dazu verhelfen könnte. Mein Vater freute sich, wenn der Prinz kam, er beantwortete gern seine Fragen über Magnetismus, Dämonologie und so weiter, aber er warnte ihn, sich allzu sehr in solche Gedanken zu vertiefen, stellte ihm vor, es sei lächerlich, von einem Stein der Weisen, der nur in der Einbildung bestehe, Reichtum, Macht, langes Leben und so weiter zu erhoffen, aber Adalbert kam immer wieder auf dieses Lieblingsthema zurück; seine Phantasie erhob ihn zu schwindelnder Höhe, er glaubte sich zum Herrscher über große Reiche geboren; doch es mangelte ihm jede Energie und männliche Kraft, er glaubte, mit dem Zauberring Salomos werde ihm dessen Weisheit von selbst zufallen.

Nun war eine halbe Stunde von Weinsberg eine alte Bauernfrau, welche bei dem Landvolk umher so ziemlich als Hexe galt, aber als eine gutartige. Wenn etwas abhanden kam, gingen die Leute zu ihr, zur Wasserschauerin, wie sie genannt wurde. Sie füllte dann ein Glas mit frischem Wasser, stellte dasselbe vor sich auf den Tisch, bestrich es mit ihren Fingern, als ob sie das Glas magnetisirte, dann starrte sie mit ihren schwarzen, stechenden Augen mehrere Minuten, oft eine Viertelstunde auf die glänzende Fläche und sagte dann: „Ich sehe jetzt deutlich, das Gestohlene ist da und da, so und so versteckt, der Dieb steht daneben, hat die und die Kleidung, ist groß, klein, hat schwarze Haare und so weiter." Oft sagte sie aber auch: „Es ist nicht gestohlen, es ist nur verlegt, es wird wiederkommen und so weiter." Sie war eine anspruchslose, bescheidene Frau, verheiratet, hatte Kinder, war fleißig in Haus und Feld. Trotz ihrer Armut forderte sie nie Geld. Häufig traf sie das Richtige. — Nun vermißte einmal eine alte Gräfin Beroldingen in Stuttgart einen kostbaren Brillantschmuck, den sie trotz allen Suchens nicht fand. Durch Emma Niendorf hatte sie von der Wasserschauerin bei Weinsberg gehört und schrieb meinem Vater, sie wisse fast gewiß, daß ihr Diener, der den Dienst aufgekündigt habe und mit seiner Geliebten nach Amerika auswandern wolle, der Dieb sei, jedoch möge er auch die Wasserschauerin über den Diebstahl befragen. Der Diener habe eine Livree mit glänzenden Knöpfen, vielleicht könne die Frau ihn an diesen erkennen. Mein Vater ließ die Frau kommen und fragte sie: „Können Sie mir vielleicht sagen, wo ein Schmuck ist, den eine Frau in Stuttgart vermißt?"

Die Frau bestrich das Glas, schaute lange hinein und sagte: „Es stellt sich mir im Glase kein Mensch vor, den ich sehen müßte, wenn der Schmuck gestohlen wäre; der Schmuck wird wiederkommen."

„Sehen Sie nicht einen Mann mit glänzenden Knöpfen?" fragte mein Vater.

„Nein, aber meine Augen schmerzen mich jetzt, ich will ein frisches Glas Wasser. Jetzt sehe ich etwas Glänzendes, es ist ein großes, großes Wasser, weit von Stuttgart, und nun sehe ich ein Päckchen von gelbem Papier, und da, da ist der Schmuck, in der Wand drin!"

Mein Vater schrieb der Frau Gräfin, die Wasserschauerin habe leider nichts Gescheites gewußt, den

Dieb nicht gesehen. Die Gräfin aber erinnerte sich bei
dem großen, großen Wasser an den Bodensee und ihr
Schloß Gottlieben und daß sie, als sie nach Stuttgart
zog, den Schmuck dort könnte zurückgelassen haben, sie
ließ nachsuchen und am 4. Dezember 1849 schrieb sie
an meinen Vater:

„Welch eine interessante Mitteilung, werter Herr
Doktor, haben Sie uns gemacht, und welchen aufrich=
tigen Dank bin ich Ihnen schuldig für die freundliche,
thätige Teilnahme, die Sie die Güte hatten, für mich
an den Tag zu legen! Sehr merkwürdig ist und bleibt
es, daß Ihre Somnambule so ganz und richtig die
Wahrheit getroffen hat, denn der Schmuck war wirklich in
Gottlieben in einem wohlverwahrten Schrank zurückge=
blieben. Die Schuld dieses widerwärtigen Mißverständnisses
fällt lediglich auf mich selbst, ich bekenne es offen; zu
meiner teilweisen Entschuldigung möge angeführt werden,
daß ich bei der Abreise von Gottlieben an den Augen
litt, und daß der Amtmann, welchen mein Mann zur
Oeffnung des Kastens nach dem Landschloß sandte,
bereits wieder die Thür des Kastens zuschlagen wollte,
weil er nichts darin sah, als ihm einfiel, auch mit den
Händen herumzugreifen, wobei er den erwünschten Fund
machte.“

Von dieser Geschichte hörte Adalbert und er glaubte
nun in der Wasserschauerin eine Seherin gefunden zu
haben, die ihm jederzeit einen hellen Einblick in die Zu=
kunft gewähren könne. Von da an kam selten ein
Brief, in welchem er nicht meinen Vater mit Fragen
an die Wasserschauerin beauftragte, die er aber meist
unbeantwortet ließ, da er die arme, ohnedies kränkliche

Bauernfrau nicht in unnötige Erregung verfetzen wollte und überzeugt war, daß Fragen, die weit über ihren Horizont gingen und ihr unverständlich waren, von ihr auch nur unverständlich beantwortet werden konnten. Zugleich jah mein Vater mit Trauer, welche exaltirte, an Größenwahn streifende Richtung der Prinz in feinen Zukunftsträumen nahm. Er schrieb am 8. März 1851:

„Schon lange war es mein Wunsch, mich mit Ihnen einmal schriftlich besprechen zu können, doch leider war meine Zeit besonders in den letzten Tagen der An= wesenheit meines Bruders Otto so fehr in Anspruch genommen, daß ich nicht dazu kommen konnte. Wie es nun allen Anschein hat, wird mich nach den letzten Verhandlungen und Stipulationen mit König Otto mein Schicksal bald nach Griechenland führen. Schmerz= lich fällt es mir, von so vielen Teuren Abschied nehmen zu müssen; jedoch erhebt mich der Gedanke, vielleicht ein Werkzeug der Fügungen Gottes zu werden.

„Eigentümlich stimmen faft alle Aussagen von Freund und Feind in Betreff meiner kühnsten Hoff= nungen überein, als griechischer Herrscher das erlöschende Licht des Halbmondes aus Europa gänzlich zu ver= treiben und den alten Kaiserthron der Byzantiner vom Glanze des Christentums umstrahlt wie ein Phönix aus der Asche entstehen zu sehen, denn selbst die Türken haben eine Weissagung, die den Sturz des Islams in Europa in den Zeitraum zwischen 1850 und 1860 fallen läßt. Daß die Sterne Einfluß auf die Menschen haben, scheint mir fehr glaubwürdig, denn die gewal= tigen Einwirkungen auch des Mondes als bloßen Tra= banten auf unsere Erde und deren Bewohner sind doch unleugbar. Warum sollten nun nicht noch weit größere Weltkörper je nach ihren Konstellationen auch größere Einflüsse ausüben? Manch interessante Aufschlüsse könnten Sie vielleicht durch Befragung der Seherin (Wasserschauerin) erhalten. Wie glücklich würde ich mich schätzen — sollte mich das Schicksal in den Orient, die Wiege der Kabbala und der eleusinischen Geheimnisse führen, — den Schlüssel zu den heiligen Mysterien zu finden und hell in dem zu schauen, was mit ewiger Nacht bisher die Blicke der Menschen umhüllte! Für den gewöhnlichen Menschen hielt ich es für ein vergebliches Streben, das Bild von Saïs zu entschleiern, jedoch für den Mann, der zu Großem berufen wäre, könnte es bloß zum Troste und zur freudigen Begeisterung seiner Seele gereichen, wenn höhere Anschauungsweise ihn erleuchtete und in seinen Unternehmungen stärkte. Denn sind jemals für mich Hoffnungen vorhanden, einstens den griechischen Thron zu besteigen und dauernd mich darauf zu erhalten, so kann dieses bloß durch meinen Uebertritt zur orientalischen Kirche geschehen. Wie schwer solch ein Schritt jedem, der an seiner Kirche hängt, fallen muß, bedarf wohl keiner Erwähnung. Darum könnte auch bloß die Hoffnung, die orientalische mit der abendländischen Kirche zu vereinigen, mich da beruhigen, obwohl der Glaube nach dem Ausspruch der Sorbonne derselbe ist. Und ich denke eben, wie auf einer Seite den bloß Ehrgeizigen, welcher aus irdischen Trieben alles Religiöse aufopfert, nur folternde Gewissensqualen, wenn er auch das kühnste Ziel seiner Hoffnungen erreicht hätte, immer peinigen würden, so geht der von Gott dazu Berufene unversehrt durch alle Stürme, die, auch seine Sinne zu verwirren, ihm entgegenbrausen, seinem Ziele zu. Teilweise glaube ich mich dazu berufen, da, als dem letzten meines Hauses, den griechischen Thron für dasselbe zu retten, einzig und allein mir in der Hand lag. Arg wurde ich im Anfang von meinen beiden königlichen Brüdern getrieben, bis zuletzt ich meine Zustimmung gegeben; König Otto im dunkeln Ahnungsgefühl, daß ich vielleicht zu frühe sein Nachfolger würde, scheint eine Abneigung gegen mich zu fassen. Wie schmerzlich es mir daher fallen muß, meinem eigenen Bruder nachteilig im Wege zu stehen, braucht kaum einer Erwähnung. Daher ein beständiges Seufzen nach höherer Erleuchtung über meinen Beruf, daher auch meine fortwährende, qualvolle Unruhe. Sie würden mich darum auch unendlich verbinden, wollten Sie die Seherin fragen, ob es Gottes Wille sei, daß ich König oder auch Kaiser der Griechen werde?"

Je mehr für Adalbert der Zeitpunkt heranrückte, zum einstigen Nachfolger König Ottos proklamirt zu werden, desto mehr schwand sein Selbstvertrauen, seine Phantasie zog die Flügel ein und er schrieb (Nymphenburg, den 25. Dezember 1852) folgende Jeremiade:

„Ich hoffte einst ein Alexander zu werden, doch beuge ich mich in Demut vor Diogenes, denn dieser war größer als jener. Je mehr man Erfahrungen im Leben macht, desto mehr erkennt man die Nichtigkeit aller irdischen Dinge. Des Menschen Stolz gleicht einer schwellenden Seifenblase, leer im Innern, glänzend von außen, der nächste Augenblick zerstört sie, und sein Wille gleicht der Windfahne auf dem Turme, die jeder Lufthauch dreht. Nichts ist beständig unter der Sonne, und noch ist Saturnus nicht gesättigt. Die List der Menschen gleicht vor Gott den Maulwurfsgängen, und unser Bemühen, eine Sache zu beschleunigen, dem Wege einer Schnecke."

In jener Zeit scheint er auch seinen Verwandten gegenüber aus seiner plötzlichen Abneigung, Ottos Nachfolger zu werden, kein Geheimnis gemacht zu haben, und da man seine mystische Richtung kannte, und er nur auf diesem Wege zu lenken war, hoffte man durch den Einfluß meines Vaters ihn wieder auf bessere Gedanken zu bringen, ihn für Griechenland begeistern zu können. Darum auch der Besuch von Herzog Max und eine Unterredung meines Vaters mit König Max. Bald nach der Abreise des Herzogs langte Adalbert an, und schnell kam die Rede auf die Wasserschauerin. Mein Vater ließ sie kommen. Der Prinz stellte nun anfangs Fragen, die sie gar nicht verstehen konnte. Er wollte wissen, ob der oder jener Würdenträger sein Feind sei? Ob er ihm vertrauen dürfe? Welches seine fernere Schicksale seien? Wohin die nächste große Reise gehe, welche er machen wolle? Wo er sein Glück finden werde? Auch die erregteste Phantasie konnte aus einem Glas Wasser, das sozusagen als Zauberspiegel diente, dies nicht ersehen. Nur bei der Frage wegen der Reise wurde die Frau etwas deutlicher: „Sie kommen in große Städte, Sie fahren auf einem großen Schiff, Sie kommen in ein Land, wo die Sonne gar hell und warm scheint, der Himmel schön blau ist."

„Das ist Griechenland!" flüsterte mein Vater.

„Ich weiß nicht, wie das Land heißt, aber es ist

nicht Griechenland," sagte die Wasserschauerin. „Sie finden dort, was Sie wünschen, ich sehe Sie neben einer vornehmen, schwarzverschleierten Dame."

„Das ist Spanien!" rief Adalbert.

Wir wußten nicht, hatte er schon vorher daran gedacht, aber wir sahen, daß er diesen Gedanken an Spanien mit Leidenschaft auffaßte, daß er ihm ein erlösender war. Auch nachdem die Frau fort war, kam seine Rede immer wieder auf Spanien, es schien ihm ordentlich wohlzuthun, den ihm von diplomatischer Seite aufoktroyirten Wunsch nach dem Throne Griechen= lands auf ein anderes Land, das seiner Romantik mehr zusagte, übertragen zu können.

„Die Griechen sind ein rohes, undankbares Volk, haben meinen Bruder, der es so gut mit ihnen meint, von Anfang an gequält und nicht verstanden, ich will nichts von Griechenland wissen, auch die Religion widerstrebt mir dort, ich bin gut römisch=katholisch!"

Den andern Tag fuhr der Prinz zu der Wasser= schauerin und frug sie lange allein.

„Es ist sicher auch nach der Richtung, die sie mir heute bezeichnet hat, Spanien," sagte er bei der Zurückkunft.

Mein Vater sah jetzt wohl ein, daß er ein schlechter Diplomat gewesen war, und der Erfolg, den er von der Aussage der Wasserschauerin erhofft hatte, Adalbert nach dem Wunsch seiner Verwandten für Griechenland zu bestimmen, ein durchaus negativer war; allerdings war er auch zu ehrlich gewesen, die Wasserschauerin irgend vorher zu instruiren, obgleich diese auch kaum zu bewegen gewesen wäre, anderes zu sagen, als ihr das magnetische Schauen eingab.

„Von Griechenland will ich nichts wissen, ich folge dem Wege, den mir die Seherin gezeigt hat," sagte er beim Abschied. Bald kamen Briefe von Rom, Neapel, von da reiste er nach Spanien, und zurück über einen Teil Marokkos nach Frankreich. Aus Paris (20. August 1855) schrieb er:

„Mein Empfang am spanischen Hof war ein äußerst glänzender, ich möchte sagen, besonders von seiten der Königin ein äußerst herzlicher, die Infantin Donna Amalia, ohne gerade eine vollkommene Schönheit zu sein, ist sehr anziehend und hat einen sanften Charakter, besonders schöne, große Augen. Sie hat mehr einen deutschen als spanischen Typus, nur die Augenbrauen erinnern an ihre Abstammung vom großen Ludwig XIV. Von seiten Spaniens liegt kein Hindernis gegen meine Verbindung mit ihr im Wege, ja man wünscht sogar diese Alliance, und es hängt nur noch vom Konsenz Bayerns ab, daß mein Glück sich kröne. Beharrlichkeit führt stets zum Ziele und ungestraft verleugnet kein Sterblicher die innere mahnende Stimme, die Gott in das Herz desselben legte. Eines schmerzlichen Gefühls kann man sich jedoch nicht erwehren, besonders wenn man Spanien liebt, über den tiefen Verfall dieses von der Natur gesegneten und einst so mächtigen Reiches, doch hoffe ich, daß es nun wieder blühen werde."

Bald zeigte ein Telegramm seine baldige Ankunft in Weinsberg an, die diesmal auch mehr der Wasserschauerin als meinem Vater galt, der ihn vergebens von fernern Fragen an die Frau abzuhalten suchte. Der Prinz besuchte die Seherin, wie er sie nannte, mehrmals und legte ihre kurzen Antworten nach seinen

Wünschen zurecht. Von Weilheim (im bayrischen Hoch=
gebirge) schrieb er im April 1856:

„Gerade von einer Auerhahnjagd in dieser schönen
Gegend zurückgekehrt, benütze ich die frühe Morgenstunde,
wo der Geist am frischesten ist, mich mit Ihnen, mein
teurer väterlicher Freund, in geistigen Rapport zu
setzen, was leider bloß durch die Feder als Medium
thunlich ist. Der Tag meiner Abreise nach Hispanien
ist leider noch nicht festgesetzt, doch denke ich mich schwer=
lich vor zwei Monaten dahin begeben zu können, werde
aber nicht versäumen, Sie noch rechtzeitig davon in
Kenntnis zu setzen, denn ich möchte nicht ohne Ihren
Segen den deutschen Boden verlassen. Ihre Seherin
hat wirklich recht gehabt in Bezug auf die Kaiserin
Eugenie. Meine Angelegenheit ist auf gutem Wege;
Ihre Pythia sagte voriges Jahr, daß ich auch meine
Pläne auf jener Halbinsel erfüllt sehen könnte, doch mit
vielen Widerwärtigkeiten zu kämpfen haben würde, doch
das schreckt mich nicht, denn ich bebe vor keiner Gefahr
zurück, sobald es Großes gilt. Fragen Sie daher die
Seherin, ob ich nicht der sein könne, der im Werkchen
von der Lenormand bezeichnet ist, und ob durch meine
Heirat in Spanien dieses Land, welches sie in zweiter Linie
stehend bezeichnete, nicht auch nebst dem mir angeborenen
mir zufallen würde. Fragen Sie ja jene Frau recht
ausführlich und antworten Sie mir gütigst recht bald.
Fragen Sie auch über das Los der Türkei, wie es
fallen wird, und was aus Griechenland und dem König
Otto wird und auch noch zum Schluß über Na=
poleon III., Deutschlands Zukunft und den großen
Monarchen?“

Mein Vater unterließ, die Wasserschauerin zu befragen, und schrieb dem Prinzen, dieselbe sei krank und ihre Sehergabe dadurch getrübt. Hiedurch waren die Fragen und auch die Korrespondenz längere Zeit sistirt, Adalbert reiste nach Spanien und heiratete.

Am 18. November 1856 schrieb er von Nymphenburg:

„Leider verhinderte mich die Krankheit meiner Frau, die aber nun, gottlob, gänzlich gehoben ist, so lange, Ihnen zu schreiben. Bei mir erfüllte sich leider nur zu bald das Sprichwort: ‚Der Ehestand ist ein Wehestand‘. Als die Infantin den ersten Schnee von ihrem Bette aus sah, ergötzte sie das nicht wenig, als wie jeder uns seltene Anblick, doch jetzt, wo der Winter die ganze Flur in sein eisiges Gewand gehüllt hat und nicht Miene macht, dessen duftige Falten zu öffnen, hat der Reiz der Neuheit auch bei ihr abgenommen. Letzthin fuhr ich mit ihr ins Theater, wobei sie nach spanischer Sitte die malerische Mantille trug, die mich recht lebhaft an ihr schönes, sonniges, aber unglückliches Vaterland erinnerte, das ich noch immer, so wie sie, innig und warm liebe. Meine liebe Amalie ist sehr betrübt, seit ihrer Abreise von dem teuren Vaterland weder von der Königin von Spanien noch dem König, ihrem Bruder, eine Zeile erhalten zu haben, ebensowenig war ich so glücklich; alles dies und die nie enden wollenden Wirren, die dieses ebenso beneidens- als beklagenswerte Land seit einem halben Jahrhundert sich nie erholen ließen und jetzt mit Riesenschritten an den Rand des Abgrundes zu schleudern drohen, erregt in Amaliens und meinem Herzen große Besorgnis für die Zukunft. Sie würden mich daher sehr verbinden, jene

Frau zu fragen, warum man mit uns alle Verbindung von seiten des Königs und der Königin abgebrochen und was deren Schicksal und das von uns sein würde?"

Mein Vater berief sich wieder auf die Krankheit der Seherin, welche man jetzt nicht mit Fragen belästigen dürfe. — Um den Prinzen in ruhiges Fahrwasser zu bringen und ihm einen Mentor zu geben, hatte er ihn schon früher aufgefordert, die Bekanntschaft von Gotthilf Schubert zu machen. Adalbert befolgte willig diesen Rat und schrieb darüber am 11. Februar 1857:

„In diesem Winter besuchte ich den edlen, vortrefflichen Schubert. Welch herrlicher Greis! Liebe und Verehrung flößt mir stets seine Nähe ein. Es dünkt mich alsdann, als stände ich vor einem Patriarchen der Geschichte der alten Vorzeit. Im Gespräche mit ihm lernt man wohl gar bald begreifen, daß es ein Wasser des Lebens gibt, worauf, wenn man davon getrunken, nimmer dürstet."

Das Urteil Schuberts über den Prinzen spricht sich in folgendem Brief Schuberts an meinen Vater aus:

„Gott vergelte Dir Deine christlich brüderliche und väterliche Teilnahme an den Schicksalen und — ich darf es gegen Dich ja aussprechen — an den Verirrungen dieses begabten, wohlwollenden Prinzen Adalbert. Ich habe ihm nie verhehlt, auf welchen Boden ihn sein Hang zu vorwitzigen Extravaganzen führen werde. Leider habe ich die Sache früher, weil ich nicht daran glauben konnte, daß es ihm so bitter Ernst damit werden könnte, selber zu scherzhaft genommen und bin zuweilen, wenn er mich so sehr darüber inquirirte, mit ihm geistig spazieren gegangen in die Gebiete des magnetischen Hellsehens und so weiter. Die ernsten Winke, welche ich meinen Berichten einzuweben niemals unterließ, sind ihm zu einem Ohre ein=, zum andern spurlos wieder ausgegangen, er hat aus jeder Lektüre über dieses Gebiet nicht wie die Biene Wachs oder Honig, sondern Gift für seinen persönlich=geistigen Zustand gezogen und von allem immer nur seinem Götzen, einer jugendlichen Lüsternheit nach hohem Ruhm und Ehre vor der Welt, Opfer gebracht. Er selber, wenn nicht Gott, wie ich dies fest hoffe, sich seiner erbarmt, wird diesem Götzen zum Opfer fallen. Hätte er nur Lust zur ernsten, gründlichen Beschäftigung! Aber daran fehlt es ihm ganz."

Bald konnte mein Vater mit Recht das Orakel verstummen lassen, die Wasserschauerin war gestorben. Ich besuchte sie wenige Tage vor ihrem Tode. Sie lag unbeweglich und lautlos zum Skelet abgemagert im Bette, ihr Gesicht war totenkopfähnlich eingetrocknet, nur an den schwarzen, stechenden Augen, die zwischen den steilen Backenknochen in unheimlichem Glanze flackerten, konnte man erkennen, daß die Lebensflamme noch nicht erloschen war.

Als Adalbert später nach Weinsberg kam, erschien er sichtlich verändert, seine Romantik war verschwunden, seine Lebensansichten waren ernüchtert, die Zukunft, welche seiner Phantasie einst in so märchenhaftem Glanze vorgeschwebt hatte, lag jetzt glatt und prosaisch wie ein Parketboden vor ihm, es gelüstete ihn nimmer, eine Seherin zu befragen, er hatte sich eingezwängt in das harmlose Dasein eines Prinzen zweiter Ordnung, das nur noch durch Hoffeste und offizielle Höflichkeitsreisen kleine Unterbrechungen erfuhr. Von einer solchen Reise schrieb er: Laxenburg, den 1. September 1858.

„Das frohe Ereignis, welches dem Kaiser einen Thronerben schenkte, veranlaßte auch meine Sendung an das hiesige Hoflager, wie Sie wohl aus den Zeitungen vielleicht ersehen haben werden. Gestern sah ich die kaiserliche Wöchnerin mit dem kleinen Kronprinzen, einem blühenden, recht gesunden Knaben."

*

> „Was sind Hoffnungen, was sind Entwürfe,
> Die der Mensch, der flüchtige Sohn der Stunde,
> Aufbaut auf dem beweglichen Grunde?"

Die Turner in Weinsberg.

Es war im Jahre 1846. Von allen Gauen Deutschlands zogen die Turner nach Heilbronn zum großen deutschen Turnfest.

Ein Gedicht: „Willkomm der Heilbronner Turner an ihre Gäste beim Turnfeste den 3. August 1846," von meinem Vater verfaßt, wurde unter die Turner verteilt und lautete:

> „Turnerbrüder, seid willkommen!
> Seid mit Jubel aufgenommen
> In der alten Neckarstadt,
> Wo ein Turner, nah' dem Blitze,
> Stehend auf des Kirchturms Spitze*)
> Längst schon euch erwartet hat.

---

*) Der heilige Kilian.

Folget seiner Fahne, Brüder!
Zieht heran! — Frisch, frei und bieder
Sollet ihr empfangen sein!
Kommt auf Neckars blauen Wogen,
Kommt zu Fuß durchs Thal gezogen
In die Stadt voll Sang und Wein!
Daß schon in der Vorzeit Jahren
Württemberger Turner waren,
Zeigt der Hirsch im Wappen klar,
Und der Hirt' aus alten Tagen,
Der den Eberhard getragen,
Auch ein tücht'ger Turner war.
Schaut den Aar in blauen Lüften,
Schaut die Gemse über Klüften,
Die Forelle in dem Fluß,
Schaut des Dampfes mächt'ges Ringen.
Ueberall schlägt seine Schwingen
Der Bewegung Genius.

Nur der Mensch sollt' träge liegen?
Nein! herbei in bunten Zügen,
Turnerbrüder! zu der Stadt,
Wo ein Turner nah' dem Blitze,
Stehend auf des Kirchturms Spitze,
Längst schon euch erwartet hat."

Tags darauf besuchten die Turner Weinsberg, brachten meinem Vater vor dem Hause ein Ständchen und zogen auf die Weibertreu, wo fröhlich gezecht wurde. Als mein Vater hinauf kam, erschallte ihm ein brausendes Lebehoch und Germain Metternich aus Köln, ein Hüne von Gestalt und Kraft, erfaßte ihn an den Hüften und hob ihn, der mindestens zwei Zentner schwer war, mit gestreckten Armen hoch in die Luft und rief: „Damit ihr alle den Justinus sehen könnt!" Unter freudigem Jubel ließ mein Vater von dieser lebenden

Tribüne herab die Turner hochleben und schwenkte seinen Hut. Bei der Heimkehr von der Burg versammelten sich die Turner zum Abschied noch einmal im Garten vor dem Hause, sangen das Lied: „Wo Mut und Kraft", und brachten ein Gutheil aus. Während des Gesanges hatte sich mein Vater leise entfernt und jetzt trat er, das lebensgroße Oelbild Lenaus — von Karl Rahl in Wien 1834 gemalt — in der Hand, auf die Altane heraus, stellte das Bild neben sich und sprach:

„Liebe Turner, höret die Worte eines alten Mannes! Ich war einst jung und kräftig wie ihr, jetzt bin ich ein kranker Greis, und wenn ich sterbe, geschieht es nach dem wohlthätigen Gesetze der Natur. Doch nicht immer wartet das Schicksal so lange, oft greift es mitten ins volle Leben; seht hier das Bild Lenaus und höret das letzte Gedicht, das er dichtete, eh' ihn Wahnsinn umfing:

> „.'s ist eitel nichts, wohin mein Aug' ich hefte,
> Das Leben ist ein vielbesagtes Wandern,
> Ein wüstes Jagen ist's von dem zum andern,
> Und unterwegs verlieren wir die Kräfte.
> Ja, könnte man zum letzten Erdenziele
> Noch als derselbe frische Bursche kommen,
> Wie man den ersten Anlauf einst genommen,
> So würde man noch lachen zu dem Spiele.
> Doch trägt uns eine Macht von Stund' zu Stund'
> Wie 's Krüglein, das am Brunnenstein zersprang,
> Und seinen Inhalt sickert auf den Grund,
> So weit es ging den ganzen Weg entlang;
> Nun ist es leck — wer mag daraus noch trinken?
> Und zu den andern Scherben muß es sinken!'

„Uebet euern Körper, doch vergeßt dabei nicht die rechte Pflege eures Geistes, damit man einst an euern Scherben noch sehen möge, daß ihr edle Gefäße waret.

Dies ist der Segensspruch, den ich euch auf den Weg gebe; lebt wohl und grüßt mir eure Eltern!"

> „Da trat in vieler Auge eine Thräne —
> Ahnte sie des Jünglings Ehre?
> Ahnte sie sein frühes Grab?"

Ernst zogen die Turner heimwärts.

Das Jahr achtundvierzig und seine nachfolgenden Stürme fällten manche dieser lebensfrohen Recken oder trieben sie aus dem Vaterlande und übers Meer. Germain Metternich fiel im Unionskriege.

Ganzhorn.

Ein gern gesehener Besuch im Kernerhaus war der auch als Dichter bekannte Oberamtsrichter Ganzhorn von der benachbarten Bezirksstadt Neckarsulm. Er zeichnete sich durch Originalität und Geradheit des Charakters aus, machte in seinen Gerichtsferien große Fußreisen und war ein guter Schwimmer. Einst führte ihn sein Weg nach Aßmannshausen am Rhein. Es war ein heißer Tag gewesen und trotz des einbrechen-  den Abends wollte er noch ein Bad nehmen. Je weiter er im Rhein schwamm, desto wohliger war ihm zu Mute und er beschloß, aus andere Ufer zu schwimmen. Aber das erforderte doch längere Zeit und größere

Mühe, als er sich vorgestellt hatte, und als er drüben an=
gekommen war und sich etwas ausgeruht hatte, war
die Nacht hereingebrochen und er getraute sich nimmer,
in der Dunkelheit zurückzuschwimmen. Ratlos schaute
er sich um; in halbstündiger Entfernung sah er die
Lichter eines Dorfes und beschloß, trotz seines Adam=
kostüms darauf zuzuwandern. Er kam an ein beleuch=
tetes Wirtshaus. Furchtlos wie der meerentronnene
Odysseus trat er in die Wirtsstube, neben der ein so=
genanntes Herrenstübchen war. Bei der unerwarteten
Erscheinung rief alles: „Hinaus, hinaus!“ und der
Wirt wollte sein Hausrecht gebrauchen, Ganzhorn aber
sprach ruhig lächelnd: „Ich bin der Oberamtsrichter
Ganzhorn von Neckarsulm und bitte um ein Tischtuch.“
Die Empörung ging in stummes Staunen über und
der Wirt reichte ihm einen Tischteppich. Wohldrapirt
trat er ins Honoratiorenstübchen, stellte sich den dort
anwesenden Herren vor, erzählte sein Abenteuer, und
bald entwickelte sich ein kordiales Gespräch, wobei Ganz=
horn, der kein Weinverächter war, weshalb ihm Freiligrath
den Namen „der trinkbare Mann“ gegeben hat, sichtlich
auftaute. Doch auf einmal wurde er nachdenklich und
sprach: „Die Herren werden es wohl begreiflich finden,
daß ich kein Portemonnaie bei mir habe; um aber
ruhig weiter kneipen zu können, muß ich bitten, daß
mir einer der Herren Kredit schenkt.“

„Von Herzen gern!“ riefen alle, und jetzt erst war er
in ungetrübtester Laune. Spät in der Nacht trennte man sich.

„Morgen früh bei Tagesanbruch schwimme ich nach
Aßmannshausen hinüber zur Stelle, wo meine Kleider
liegen,“ sagte er beim Abschied.

Morgens war großes Geläuf im Orte. Einer hatte
es dem andern gesagt, welch seltsamer Gast in der
Nacht angekommen, und das halbe Dorf begleitete ihn
zu der Stelle, wo seiner Ansicht nach am Ufer gegenüber seine Kleider lagen. Er schritt bis an die Hüften
ins Wasser, warf graziös den Teppich zurück und
schwamm hinüber. Er fand glücklich die Kleider, zog
sich an, mietete einen Nachen und war bald wieder im
Wirtshause, seine Schuld zu lösen.

Ganshorn hatte in Neckarsulm einen Keller voll
berühmt guter Weine, welche namentlich bei seinen von
Freiligrath und Scheffel besungenen Kindstaufen, bei
denen immer die drei: Oberbaurat Morlok, Hofrat Hackländer und Freiligrath als Paten erschienen, in
Strömen flossen, aber auch die Afrikareisenden Rohlfs
und Gerhardt fanden wiederholt Anfeuchtung ihres durch
den heißen Wüstensand ausgetrockneten Leibes in Gans-
horns kühlem Keller.

Fanny Janauschek.

Im Jahre 1847 gab eine Schauspielertruppe in
Heilbronn Vorstellungen, in welchen sich eine junge
Schauspielerin durch ihr Talent vor allen anderen aus-
zeichnete und großen Beifall erregte.

Aber der Besuch des Theaters war schlecht, die
Einnahmen gering und die Gesellschaft löste sich auf.
Die junge Aktrice blieb in höchster Armut in Heilbronn

zurück und wandte sich auf den Rat mehrerer Theater-freunde an meinen Vater, ob er ihr nicht wieder eine Anstellung verschaffen könne. Mein Vater, der sie nie auf dem Theater gesehen, aber viel Rühmliches von ihr gehört hatte, bat sie, als sie ihn besuchte, sie möge ihm einiges aus ihren gewohnten Theaterrollen vortragen. Das that sie sehr beherzt und mit großem Feuer. Mein Vater war durch ihr Spiel so überrascht und entzückt, daß er ihr einen Brief an den Stuttgarter Hoftheater-intendanten, Herrn von Gall, Schwager von Levin Schücking, mitgab, in welchem er denselben auf das große Talent der jungen siebenzehnjährigen Schau-spielerin aufmerksam machte und ihn beschwor, ihr bei dem Hoftheater, dem sie gewiß zur Zierde gereichen werde, eine Anstellung zu geben.

Herr von Gall, dem sie in ihrer ärmlichen Kleidung wenig imponirte, unterließ jede Prüfung und fragte sie: „Nun, wie hoch sind Ihre Ansprüche bei einer etwaigen Anstellung?“

„Wenn ich auf längere Zeit, etwa auf zehn Jahre, angestellt würde, dreihundert Gulden jährlich,“ antwortete sie beklommen.

„Wir haben alle untergeordneten Stellen Ihrer Gattung hinlänglich besetzt, wenden Sie sich an ein Provinztheater,“ sagte Herr von Gall unwirsch.

„Darf ich dann wieder um den Empfehlungsbrief bitten?“ bat sie niedergeschlagen.

Sie bekam den Brief und begab sich damit auf den Rat eines ihr befreundeten Schauspielers nach Köln, dort fand sie die gewünschte Anstellung; ein Jahr dar-auf wurde sie in Frankfurt als erste Liebhaberin engagirt,

wendete sich 1849 mehr dem tragischen Charakterfach
zu, wurde bald berühmt als ausgezeichnete Tragödin
und eine Zierde des Dresdener Hoftheaters.

Wenige Jahre, nachdem sie in Stuttgart eine so
herbe Abweisung erhalten hatte, trat sie daselbst als
hochgefeierte Fanny Janauschek in einigen Gastrollen
auf und bekam für einen Abend weit mehr, als sie
einst für ein ganzes Jahr gefordert hatte. Herr von
Gall sagte: „Ja, wie konnte ich das wissen!"

Etwas von Papageien.

Durch den Besuch der Frau Professor Bardili aus
Urach fühlte man sich immer gut unterhalten und
wohlthätig erfrischt. Sie hatte eine verheiratete Schwester
in Weinsberg, weshalb sie öfters dahin kam. Sie war
eine eifrige Altertümersammlerin und hatte ein großes
Himmelbett mit gestickter Decke, in welcher der Herzog
Eberhard von Württemberg längst vor ihrer Zeit bei
seinem Aufenthalt im Schloß Urach geschlafen hatte.
Mit ungemeiner Originalität wußte sie viel zu erzählen,
wobei ihr ehrliches Deutsch oft unbemerkt in Jägerlatein
überging, so daß sie zuletzt selbst glaubte, was ihre über-
quellende Phantasie ihr als thatsächliches Erlebnis vor-
gemalt hatte. So besaß sie einen ausgestopften grünen
Papagei, den sie täglich liebevoll abstäubte, ihm die
eingesetzten gläsernen Aeuglein blank wischte, den Schnabel
küßte und ihn mit Liebkosungen überhäufte, auch auf

Reisen mitnahm. Fragte man sie nach der Ursache der übergroßen Anhänglichkeit an den ausgestopften Vogel, aus dessen grüner Hülse die Papageiseele schon seit Jahren entflohen war, so konnte sie in Klagen und Seufzen ausbrechen: „O, reißen Sie nicht alte Wunden auf! Mahnen Sie mich nicht an das, was mir dieser Vogel war! Ach, er hatte ein so gutes Herz und einen Verstand, wie man ihn sonst nie bei einem Papagei findet! Denken Sie nur — es ist gewiß, ganz gewiß wahr! — als einst in Urach ein Pfarrer in mein Zimmer trat, rief er:

„‚Du, Frau Professorin, was ist denn das für ein schwarz Männle, da?‘"

*

Einen weniger intelligenten und sprachgewandten, aber offenbar solideren Papagei hatte eine Gräfin Urach. Dieselbe war in ihrem langen Leben zur Erkenntnis gekommen, daß man nie vorsichtig genug sein könne, und hatte sich darum einen Papagei gekauft und denselben nur ein Wort gelehrt, das er mit lauter, klarer Stimme rief, so oft man an ihm vorbeiging, es war das Wort: „Vorsicht!"

Mein Vater sagte oft zu mir: „Diesen Papagei der Gräfin Urach solltest Du haben!"

Die schwedische Gräfin.

Eine interessante alte Dame, die einst schön gewesen
sein mochte, jetzt aber etwas Hexenmäßiges an sich hatte,
hielt sich längere Zeit in Weinsberg auf und wohnte
in unserer Nähe; sie lebte still für sich, war im höchsten
Grade menschenscheu, betrat nur unser Haus, wenn keine
Besuche da waren. Mein Vater besuchte sie täglich, zumal da sie auch wegen Krankheit oft das Bett hüten
mußte.

Einem Brief meines Vaters an Emma Niendorf
vom 8. Oktober 1840 entnehme ich folgendes über
dieselbe:

„Die sonderbare Frau aus Schweden, die kürzlich
in Stuttgart starb und die einmal ein Jahr lang wegen
meiner sich in Weinsberg aufhielt, vermachte mir in
ihrem Testamente ihre Schildkrotdose, in welcher ein
Glockenspiel, und durch Prokurator Schott den Armen
in Stuttgart dreihundert Gulden. Sie war nicht reich;
es war eine ganz mysteriöse, sonderbare Frau, nannte
sich Eckemann Alleson; sie schien in eine Revolution in
Schweden verwickelt gewesen zu sein und mußte von
da fliehen, worauf sie eine alte Burg bei Jena bezog und
sich dort anbaute. Sie soll von gräflichem Stande gewesen sein; sie studirte immer Astrologie und Chi-
romantie und war eine große Anhängerin von Swedenborg; Professor Tafel von Tübingen, den man allgemein Swedenborg-Tafel nannte, machte sie mit mir
bekannt; sie that nirgends gut und zog in Deutschland
an wenigstens zwanzig verschiedenen Orten herum. Ich

möchte Näheres von ihrem Tode erfahren können; sie war eine Stickerin ohnegleichen, sie stickte die schönsten Porträts, die ganz wie gestochen aussahen."

Chezy.

Frau von Chezy, Enkelin der Karschin, wie sie sich in ihren Gedichten und Novellen unterschrieb, stand seit 1809 mit meinem Vater in Briefwechsel. Sie war zweimal in Weinsberg; das letztemal, 1849, war von früherer Schönheit und Anmut nichts mehr an ihr zu bemerken. Sie fiel durch ihr salopes Wesen störend auf, prachtvolle Ohrringe mit Berloquen, die sie einst von der Prinzessin Marianne von Preußen, deren Vor= leserin sie war, erhalten hatte, trug sie an der Haube angenäht, häufig fiel die Haube zurück, dann lagen die Ohrringe auf den Achseln. Neben dem sogenannten Sargzimmer, in welchem sie übernachtete, schlief der Kutscher. Nach einigen Tagen wanderte derselbe aus und machte sein Bett in den Stall, weil er das schreck= liche Schnarchen der fremden Dame nimmer aushalten konnte.

Aber in den Dämmerungsstunden, wenn man ihr Gesicht nimmer sah und wenn sie erzählte oder Gedichte sprach, da vergaß man bei dem Wohllaut ihrer Stimme und dem Geistvollen ihrer Rede alles andere, man fühlte sich wie in einem süßen Traume befangen.

Das Verhältnis zu ihrem Sohne, der in Baden=

Baden wohnte, war ein unglückliches. Der Sohn ließ sich oft zu Invektiven gegen die Mutter hinreißen. Doch einmal sollte ihn hiefür eine kleine Nemesis erreichen.

Im Jahre 1848 hatte er und sein Freund Spindler durch mißliebige Aeußerungen sich den Haß mehrerer badischen Bürger zugezogen. Als sie einmal in einem Kneipchen beisammen saßen, löschten einige Kerls plötzlich das Licht aus und fielen über sie her. Spindler gelang es noch, sich unter den Tisch zu flüchten, Chezy aber schrie, während er tüchtig durchgewalkt wurde: „Unter dem Tisch sitzt der Spindler, unter dem Tisch sitzt der Spindler!"

Dieser aufrichtige und schnell erfüllte Wunsch, die Hälfte der Prügel nach dem Satze: „Geteilter Schmerz ist halber Schmerz", auch auf Spindler übertragen zu sehen, entzweite die Freunde.

Kutscher Adam.

Kommen Sie doch schnell ins Oberamtsgefängnis, Herr Doktor, es ist gestern abend ein Geisteskranker aus dem Dorfe Weiler eingeliefert worden, der hat heute nacht den Ofen eingerissen, tobt und flucht und droht, mit einem Eisenstück jeden zu erschlagen, der sich ihm naht."

Mein Vater ging ins Gefängnis, die Zelle war verschlossen, der Wächter wagte nicht zu öffnen. Durch

das kleine Fenster an der Thüre, durch das den Gefangenen die Speisen gereicht werden, gewahrte man
den Irren. Er stand wie sprungbereit in der Ecke
gegenüber. Es war ein kleiner, abgemagerter Mann
mit auffallend niederer Stirne, die Kleider hatte er sich
vom Leibe gerissen, er keuchte wie ein gehetztes Wild,
die Augen glänzten fieberisch, er machte mehr einen
mitleidswerten als gefährlichen Eindruck, doch der feste,
mit Palissaden umzäunte Ofen, der in Stücken dalag,
zeigte, daß er nicht ohne Kraft, wenn auch eine krankhaft erregte, war. Offenbar war der Kranke, der sich
vorher' einer großen Sonnenhitze ausgesetzt hatte, von
den Bauern in Weiler arg geplagt, geschunden und
gebunden worden, wie es auf dem Lande bei „Narren"
gewöhnlich ist, bis sie ihn in die Oberamtsstadt gebracht
hatten. Auch der Gefängniswärter hatte noch dazu
beigetragen, ihn in Wut zu bringen, indem er durch
die in der Thüre befindliche Fensteröffnung mit einer
Stange ihm das Eisenstück aus der Hand zu schlagen
versucht hatte.

„Gehen Sie nur Ihren Geschäften nach," sagte
mein Vater zum Gefängniswärter, „ich will den Kranken
einige Zeit ungestört beobachten."

Als es stille um die beiden, den Arzt und den
Kranken, war, zog mein Vater sein Etuis mit den
Maultrommeln heraus und spielte zu dem Thürfenster
hinein seine geisterhaften Weisen, zuerst kaum hörbar
und wie aus weiter Ferne, dann lauter, voller und
jetzt wieder die Töne leise verschwinden lassend. Die
Züge des Kranken waren während des Spiels ruhiger
geworden, die Musik hatte zusehends immer mehr seine

Aufmerksamkeit gefesselt und jetzt, als die Töne ver-
stummten, sagte er mit sanfter, rührender Stimme:
„Du kannst aber schön spielen, spiele noch einmal!"
Mein Vater that es. Der Kranke sagte: „Spielen
kann ich nicht, aber schön singen."

„Nun, so laß hören," sagte mein Vater, zu dem
Kranken eintretend. Der Kranke sang ein kirchliches
Lied. Als er fertig war, sagte er:

„Gelt, ich kann's auch? Und ich kann noch viele,
viele Lieder."

„Das ist recht," sagte mein Vater, „aber wenn
Du so fromm bist und so schöne Lieder singen kannst,
warum bist Du so wild gewesen und hast den Ofen
eingerissen?"

„Ich hatte Angst, ich fürchtete mich so sehr, hinter
dem Ofen stand ein schwarzer Mann, der wollte auf
mich losspringen, mir die Augen aus dem Kopf drehen;
auch in Weiler hat er's ein paarmal probirt, ich habe
laut gesungen und gebetet, aber es hat nichts geholfen,
er ist immer aufs neue auf mich zugesprungen und
hat mich gewürgt, und als ich schrie und heulte und
gegen ihn spie und schlug, haben sie mich gebunden
und einen Narren geschimpft, ich bin aber kein Narr."

„Nein, aber krank bist Du, und wenn Du jetzt die
Arznei, die ich Dir aufschreibe, gut einnimmst und bis
morgen recht ruhig und folgsam bleibst, darfst Du
wieder heraus und mit mir nach Hause gehen, der
schwarze Mann darf Dich nimmer plagen."

Freundlich gab er dem Kranken die Hand und
empfahl dem Gefängnißwärter, ihn liebreich zu be-
handeln. Der Kranke nahm gutwillig die Arznei, machte

sich auch selbst kalte Umschläge, die ihm sichtbar wohl=
thaten, schlief gut, und den andern Tag sah man ihn
an meines Vaters Seite stolz den Berg herauf schreiten;
er hatte einen fast auf den Boden reichenden alten
Rock meines Vaters an, in dessen weiten Falten er wie
ein kleiner Kapuziner aussah.

Adam — so hieß er mit dem Vornamen — der
von uns Kindern anfangs mit stillem Grauen betrachtet
wurde, war bald der Liebling des Hauses, selbst meine
Mutter, der der sonderbare Ankömmling zuerst als ein
recht unnötiger Zuwachs der Familie erschien, befreundete
sich mit ihm. Er war der herzguteste Mensch, den man
sich denken kann, von einer unglaublichen Originalität
und Kindlichkeit.

Um ihn zu beschäftigen, sollte er im Garten Gras
mähen. Eilends kam er wieder mit seiner Sense ins
Haus zurück:

„Herr! im Grase stehen so viele gelbe und weiße
Blümlein, die schauen mich so freundlich an, ich kann
ihnen nichts zu leid thun, darf ich nicht um sie herum=
mähen?"

Einst, da der andere Knecht anderweitig beschäftigt
war, wollte ihn mein Vater als Kutscher verwenden.

„Kannst Du kutschiren?" fragte mein Vater.

„O freilich, das Gäule weiß ja den Weg, sonst
ginge es nicht voraus, und ich halte mich an dem
Lederlein, daß ich nicht herabfalle."

Nun, es ging auch, mein Vater leitete das Pferd
von der Chaise heraus, der Adam hielt sich an dem
Lederlein, blickte stolz um sich und wurde bald so kreuz=
fidel auf seinem Bock, daß er mit heller Stimme ein

geiſtliches Lied ſang. Die vornehmſte Stunde ſeines Lebens war vielleicht, als er einmal, auf des Doktors Kutſchbock ſitzend, mit fröhlichem Geſang in ſein Dorf, das er ſo ſchmählich als gebundener Narr verlaſſen hatte, einfahren durfte.

Damals wagte er es ſogar, auf einer Seite das Lederlein loszulaſſen und ſtolz die Peitſche zu ſchwingen, aber das Pferd damit zu ſchlagen, hütete er ſich wohl; er war gegen alle Tiere von äußerſter Sanftmut, ſtellte ſich aufs gleiche Niveau mit ihnen, ſprach mit ihnen, als ob ſie ſeinesgleichen wären, und teilte mit ihnen, namentlich mit den Hühnern, Hunden und Katzen, ehr- lich ſein Vesperbrot.

Doch Undank iſt der Welt Lohn! Einmal zwickte ihn ein Hund bedeutend in das Bein.

„Das arme Hundle muß Zahnweh gehabt haben,“ ſagte er, „ich ſpürte es in der Wade.“

Wenn Gäſte da waren, aß Adam nicht ſelten mit am Tiſch und amüſirte durch ſeine köſtlichen Fragen und Antworten.

Pfarrer Käferle.

Ein höchſt origineller Mann Namens Käferle war in Weinsberg, ſpäter im nahen Dorfe Sülzbach Pfarr- amtsverweſer.

Sein Vater war blind. Schon in früheſter Kindheit hatte ein Auge die Sehkraft verloren. Als achtjähriger

Knabe kam er an einem Platze vorbei, wo Kinder mit der Armbrust nach einer Scheibe schossen, welche statt des Zentrums ein rundes Loch hatte; er sprang hinzu und schaute von hinten durch das Loch, als im nämlichen Augenblick ein Pfeil durch das Zentrum flog und ihn auch auf dem andern Auge blendete. Trotz dieser Erblindung wurde er später ein berühmter Orgelbauer in Ludwigsburg.

Der Sohn hatte von ihm den Musiksinn geerbt und war ein geschickter Violoncellspieler, wodurch er oft meinen Vater erfreute. Einst lag Käferle im Bett und hörte, wie der Nachtwächter um Mitternacht sang: „Hört ihr Leu . . . —“ und dann schwieg er, durch irgend etwas abgehalten.

Unruhig wälzte sich Käferle auf dem Lager, sein musikalisches Gehör war durch das plötzliche Verstummen des Nachtwächters empfindlich alterirt, endlich sprang er auf, ergriff das Violoncello und vollendete mit einem kräftigen Strich: „. . . te, laßt euch sagen.“ Dann konnte er einschlafen.

Ein anderesmal kam er totblaß, ganz außer Atem, von Sülzbach her bei meinem Vater an.

„Wie Sie mich hier sehen, bin ich ein Kind des Todes, Herr Doktor!“ schrie er.

„Ums Himmels willen, was ist geschehen?“ rief mein Vater.

„Ich habe eine giftige Leberwurst gegessen!“ (Käferle hatte kurz vorher das Werk meines Vaters über das Wurstgift gelesen.)

„Ja, wissen Sie denn gewiß, daß die Wurst giftig war?“ fragte mein Vater.

„O gewiß, ganz gewiß!“ erwiderte Käferle.

„Ist denn nicht noch ein Stückchen von der Wurst
übrig, daß man sie chemisch untersuchen könnte?"

„O ja, noch fast die Hälfte habe ich in der Kom=
modeschublade eingeschlossen."

„Dann geben Sie mir schnell den Schlüssel, ich
will einen Boten hinausschicken, daß man sie holt,"
sagte mein Vater.

„Nichts da, nichts da! Ich erlaube es nicht!" rief
Käferle ganz empört.

„Aber, warum denn nicht?"

„Ich habe sie mir zum Nachtessen aufgehoben!"

Da Käferle hier viel von Geistererscheinungen las
und hörte, war er nicht allein geistergläubig, sondern
in seinem einsamen Pfarrhaus auch recht geisterfürchtig
geworden, so daß man ihm nachsagte, er lege sich nachts
im Kirchenrock zu Bett, um den Geistern, die an ihn
heran wollten, zu imponiren. Einmal bat er den Steuer=
rat Lemp von Stuttgart, der in Weinsberg war, er
möchte doch bei ihm übernachten, er höre ganz un=
erklärliche Töne, die offenbar von Geistern herrühren.
Da Käferle kein Sofa hatte, legte sich Lemp zu ihm
ins Bett. Nachts bekamen sie aber — denn Lemp war
dick und ein besseres Bett gewohnt — über den Platz,
den jeder nach der Ansicht des andern zu viel einnahm,
empfindliche Händel und vergaßen durch die körperlichen
Unbequemlichkeiten und die von Zeit zu Zeit recht
lebenswarmen Püffe, in die ihr Unmut ausartete, voll=
ständig, dem Geisterspuk ihre Aufmerksamkeit zu schenken.

„Nein, diese Nacht!" klagten morgens beide und
sahen blaß und übernächtig aus.

Woher die unerklärlichen Töne kamen, stellte sich

bald heraus: durch die dem Pfarrhaus angebaute Scheune hatte sich eine Gans auf den Dachboden verirrt und trappte ungeduldig auf und ab. Mein Vater lachte Käferle herzlich aus und sagte: „Ganz mit rechten Dingen ging es doch nicht zu, die Gans war keine gewöhnliche Gans, sondern eine von Luther besessene Martinsgans, und sie wollte vom Pfarramtsverweser exorcisirt sein!"

Klüpfel.

Es existirt in Weinsberg die Sage, im Jägerhauswalde, namentlich in einer Waldschlucht, der Spareis genannt, gehe der Geist eines Pfarrers Namens Klüpfel, der im vorigen Jahrhundert in Weinsberg als Dekan starb und dem man manches Böse nachsagte.

Dann und wann wollte einer, der durch den Wald ging, den Pfarrer im Kirchenrock gesehen haben, ist im Schrecken davongerannt und im Walde verirrt, wo dann jedesmal an einem Kreuzweg der Pfarrer wieder vor ihm stand. Oft wenn ich als Knabe mit meinem Vater nachts durch diesen Wald ging, rief er plötzlich: „Klüpfel!", um mich fürchtig zu machen.

David Strauß.

Zur Zeit, als die Seherin von Prevorst in Weins=
berg war, die zuerst bei einem Nachbar, dann im Par=
terrezimmer unseres Hauses wohnte, kam David Strauß
öfters von Tübingen nach Weins=
berg.

Ich erinnere mich seiner aus
jener Zeit gar gut; er war schlank,
die hohe Statur etwas vor=
gebeugt, die Gesichtszüge scharf,
intelligent, vor allem aber gefielen
mir seine braunen, seelentiefen
Augen, mit denen er einen, unter der Brille vor, recht
freundlich, zutraulich anschauen konnte. Er saß oft am
Bette der Seherin, hielt ihre Hand, redete mit ihr in
ihrem wachen und schlafwachen Zustande. Welchen
Eindruck sie auf ihn machte und was er bei ihr empfand,
hat er in seinen „Friedlichen Blättern" in folgenden
Worten niedergelegt:

„Kerner empfing mich mit väterlicher Güte und
stellte mich bald der Seherin vor, die in einem untern
Zimmer seines Hauses wachend zu Bett lag. In
kurzem aber verfiel sie in den magnetischen Schlaf, und
ich hatte so zum erstenmal den Anblick dieses merk=
würdigen Zustandes und zwar in seiner reinsten und
schönsten Gestalt. Das leidvolle, aber edel und zart
gebildete Gesicht von himmlischer Verklärung übergossen,
die Sprache das reinste Deutsch, der Vortrag sanft,
langsam, feierlich, musikalisch, fast wie ein Recitativ,

der Inhalt überschwengliche Gefühle, die bald wie
leichte, bald wie dunkle Wolken über die Seele zogen
und wieder zerflossen — bald stärkere, bald sanftere
Luftzüge durch die Saiten einer Aeolsharfe, — Unterhaltung mit und über selige oder unselige Geister, mit
einer Wahrheit durchgeführt, daß wir nicht zweifeln
konnten, hier wirklich eine Seherin, teilhaftig des Ver-
kehrs mit einer höhern Welt, vor uns zu haben."

Auch Besessene, die mein Vater 1836 in Behandlung hatte, beobachtete Strauß und schrieb darüber in
den Friedlichen Blättern. Vor allem aber war das, was
er darin über meine Eltern, die Gastfreundschaft unseres
Hauses und so weiter schrieb, so lieb und erfreute meinen
Vater so herzlich, daß ich ihm immer dankbar dafür
bleibe und über die Vorkommnisse späterer Zeiten, da
sein Charakter so scharfe Ecken und tiefe Schatten zeigte,
nur flüchtig und mild hinweggehen will.

Als Strauß im Jahre 1840 die durch ihren Gesang und vortreffliches Spiel berühmte Agnese Schebest
heiratete, freute sich mein Vater, zumal als er dieselbe
mit ihrem einfachen, anspruchslosen, so gar nicht schau-
spielerischen Wesen näher kennen lernte, sehr darüber,
er meinte, es müsse eine glückliche Ehe geben.

Inmitten einer glänzenden Künstlerlaufbahn, während
sie nicht nur wegen ihres beseelten Gesanges, sondern
auch wegen ihres unvergleichlichen dramatischen Spieles
bei jedem Auftreten die wohlbegründetsten Triumphe
feierte und ihr eine vorteilhafte feste Anstellung am
Hoftheater in Stuttgart in nächster Aussicht stand, hatte
Agnese Schebest all das hingegeben, um einen schlichten
Gelehrten zu heiraten, den sie als einen höchst kunst-

verständigen, für ihre Leistungen begeisterten Mann hatte kennen lernen. Je mehr sich ihr Sinn von der Oberflächlichkeit und dem lauten Treiben der Welt dem Ernsten zuwandte, desto mehr sehnte sie sich nach wohlthuender Ab-  geschlossenheit, nach stillem, fried- lichem Familienleben. Auch Strauß fühlte sich glücklich, als die gefeierte Künstlerin, die einen so gewaltigen Eindruck auf ihn gemacht und die er in Gedichten verherrlicht hatte, ihm das Jawort gab, aber doch mochte er, sich selbst unklar, mehr die Kunst als sie, die glänzende Repräsen- tantin derselben, geliebt haben.

Je mehr sie ihm eine einfache, pflichtgetreue Gattin war, die allem Streben, nach außen zu glänzen, ent- sagt hatte und sich alle Mühe gab, als fleißige, spar- same Hausfrau ihrem Manne zu gefallen, desto schneller zerfloß seine Begeisterung und trat Ernüchterung ein. Wohl merkte die gute Frau öfter Mißstimmungen an ihm, in ihrer arglosen Herzensgüte gab sie aber nur sich die Schuld und war um so thätiger in Haus und Küche und studirte mit rührendem Fleiß ihr Kochbuch. Es war betitelt: „Kochbuch der Frau Löfflerin“, und mein Vater nannte sie darum immer scherzweise „Frau Löfflerin“. Einst sagte sie scherzend: „Seit ich weiß, daß man die Lorbeerblätter so gut in der Küche ver- wenden kann, namentlich zum eingemachten Kalbfleisch, lerne ich erst recht den Wert der Lorbeerkränze schätzen, die man mir einst zuwarf.“

Doch diese dunklen Wölkchen am Ehehimmel wären

vorübergezogen und gewiß bald ein harmonisches Ver=
hältnis eingetreten, zumal die Ehe auch bald mit zwei
Kindern beglückt war, hätte nur ein guter Genius dem
jungen Paare den erlösenden Gedanken eingegeben, die
ersten Jahre des Ehestandes in einer größern Stadt
außerhalb Württembergs, etwa in Wien, zuzubringen.
So aber ließ sich Strauß in philisterhafter Genügsam=
keit mitten im engen Schwaben, in Heilbronn nieder.
Es wäre besser gewesen, er hätte sich mit seiner Frau
auf einen wimmelnden Ameisenhaufen gesetzt. Durch
sein Werk: „Das Leben Jesu“, hatte David Strauß
unter Pietisten und anderen kurz angelegten Leuten sich
viele Feinde zugezogen, die ihm gerne offen entgegen
getreten wären, hätten sie nicht seine scharfe Dialektik
und seine spitze Feder gefürchtet; jetzt aber fanden sie
einen wunden Punkt an ihm, wo sie ihm leicht wehe
thun konnten. Er, der Gottesleugner, hatte auch noch
das Verbrechen begangen, eine Schauspielerin zu hei=
raten. Sängerin, Schauspielerin, leichtfertige Person
waren ihrem blöden Sinne gleichbedeutend, und nun
hatten Lüge, Spott, Verdächtigung, Verleumdung ein
weites Feld, Trauer und Unfrieden in die Ehe zu
bringen, und auch die Weiber dieser Dunkelmänner be=
teiligten sich an der Verfolgung. Von allen Seiten
flogen die Krähen herbei, um auf die arme Nachtigall
einzuhacken. Strauß, der die trüben Quellen, aus
denen all dieser böse Klatsch floß, kannte und von dem
unantastbaren Wert seiner Frau überzeugt sein mußte,
hätte von diesen Anfeindungen sich nicht wankend
machen lassen sollen, und die bösen Zungen wären
bald erlahmt, wenn nicht dieser verächtlichen Rotte von

einer Seite, wo man es am wenigsten hätte erwarten sollen, Verbündete sich zugesellt hätten, und das waren die sogenannten Freunde von Strauß, die Straußianer, wie sie sich selbst mit Stolz nannten. Es waren das meist frühere Universitätsfreunde von Strauß, jetzt Pfarrer und Professoren, welche die von Strauß im Leben Jesu niedergelegten philosophischen und theologischen Ansichten teilten, ihn als Messias verehrten und sich als seine Jünger in seinem Ruhme sonnten. Wie kam er, dieser stramme Vorkämpfer der neuen Lehre, dazu, sich, ohne sie vorher zu befragen, so idyllisch zu verlieben und sich eine Frau, nicht aus einem ehrbaren Pfarrhaus oder einer soliden Beamtenwohnung, nein, vom Theater weg zu nehmen?

Trotz ihres sonstigen Unglaubens mußten sie hier fast an Liebestränke und Zauberei glauben.

Diese Ehe mußte um jeden Preis rückgängig gemacht, die Hexe entfernt werden, und was den plumpen Angriffen der Pietisten nicht gelungen war, das gelang den feinen Sticheleien und Verhetzungen dieser sogenannten Freunde.

„Hast Du Deine Zigeunerin noch immer nicht fortgejagt?" so stand im Briefe eines Freundes und Kompromotionalen von Strauß, eines Pfarrers, geschrieben, und Strauß hatte diesen Brief offen auf seinem Schreibtisch liegen lassen und seine Frau hatte ihn gelesen. Mit dem Brief in der Hand trat sie zu Strauß und sagte: „Ein Mensch, der solches über Deine Frau zu schreiben wagt, ist Deiner Freundschaft unwürdig, und ich verlange, daß Du jede Korrespondenz und Freundschaft mit ihm aufgibst."

„Du hast mir keine Vorschriften zu machen," ent-

gegnete Strauß; „viel eher als meine Freunde gebe ich
Dich auf!"

Damit war ein unjeliges Wort gesprochen, dem
bald die That folgte. Strauß klagte auf Scheidung,
das Gericht fand keine zureichenden Gründe hiefür. Wie
wenig Gravirendes der unglücklichen Frau nachzusagen
war, erhellt aus dem, was ihr als Verbrechen aus-
gelegt wurde: Während eines Besuchs des Aesthetikers
Friedrich Vischer bei Strauß debattirten die beiden darüber,
wie die alten Griechen ihre Mäntel wohl getragen haben
mochten. Da nahm Schebest ein Tischtuch, warf es
mit graziösem Faltenwurf über die Schulter und rief:
„Jedenfalls so haben sie dieselben getragen!"

Diese unerhörte Frechheit und Ueberhebung einem
Professor der Aesthetik gegenüber!

Eine Reallehrersfrau traf die Frau Doktor Strauß
nicht zu Hause, durchmusterte aber im Vorübergehen ihre
Küche und fand da in einer dunklen Ecke ein Töpfchen
mit Talglichterstümpfchen, welche die Magd für sich auf
die Seite gethan hatte. Die Frau Doktor Strauß hatte
sie nicht bemerkt! Diese schlechte, gewissenlose Hausfrau!

Jetzt kamen Jahre des Kummers und der Vereinsamung
für beide Gatten, doch nie gab Schebest die Hoffnung auf
Versöhnung auf, sie verteidigte ihren Mann, wo sie konnte.

„Ach, ich kann nicht aufhören, ihn zu lieben," sagte
sie, „er ist ja der Vater meiner Kinder!" Und so oft
Strauß, der ihre Liebe wohl kannte, ihr schrieb: „Als
Beweis Deiner Liebe verlange ich das und das," gab
sie es unbedacht und gutwillig hin, so schwer es sie
auch ankam, und verzichtete nach und nach fast auf alles,
was ihr das Gericht zugesprochen hatte, endlich auch

mit blutendem Herzen auf ihre Kinder, denen sie eine
unsäglich gute, aufopfernde Mutter gewesen war. Sie
wohnte die letzten Jahrzehnte ihres Lebens in Stuttgart; zurückgezogen und still, auf einen kleinen Kreis
treuer Freunde sich beschränkend und ihre Armut mit
Gelassenheit ertragend, gab sie musikalisch-deklamatorischen
und mimischen Unterricht und starb im Dezember 1870.

In den ersten Jahren des ehelichen Zwiespalts, als
Agnese Schebest mit ihren Kindern von Strauß getrennt
in Heilbronn lebte, kam sie öfters, das Wägelchen mit
den Kindern die Strecke von einer Stunde von Heilbronn nach Weinsberg selbst ziehend, zu meinem Vater,
um dort Trost und Erheiterung zu finden. Strauß,
der dies erfuhr, verlangte von meinem Vater, er solle
sich jeden Besuch dieser Frau verbitten, ihr keinerlei
Gastfreundschaft mehr angedeihen lassen. Mein Vater
antwortete ihm: „Was gehen mich eure ehelichen Händel
an; ich hoffe, ihr versöhnt euch bald wieder! Ich liebe
und verehre euch beide und werde immer jedes von euch
freundlich bei mir begrüßen.“

Auf dieses hin brach Strauß alle Freundschaft ab,
zum großen Leid meines Vaters. Mit der Zeit aber
wurde Strauß, der von Natur gut und gerecht, lange
Jahre in künstlich erregter, krankhafter Verbitterung gelebt hatte, milder gestimmt und im Mai 1861 sandte
er meinem Vater zur Erneuerung der alten Freundschaft
wieder seine Friedlichen Blätter mit folgender Widmung:

„Früh genoss'ner schöner Stunden,
Edler Freundschaft Widerschein
Trug ich, jung und frisch empfunden,
Einst in diese Blätter ein.

Sommer, seit ich es geschrieben,
Zogen viele durch das Thal:
Auf, ihr Blätter, grüßt den lieben
Freund mir heut zum zweitenmal!"

Bald darauf erhielt mein Vater von ihm folgende zwei Gedichte, welche in seiner schönen, charakteristischen Handschrift vor mir liegen und bezeugen, in welch unstäten, freudlosen Seelenzustand ihn seine lange Vereinsamung getrieben hat und wie er selbst erkannte, daß seine Freunde einst unrecht handelten, als sie sein stilles Glück grausam zerstörten:

West östlich.

Ich wollte reisen, nun verreis' ich nicht,
Doch ob ich bleiben werde, weiß ich nicht.
Daß ich hier in der Fremde bin, ist sicher;
Wo meine Heimat sei, das weiß ich nicht.
Ich mein', ich hatt' einmal zwei liebe Kinder,
Ob dies nicht bloß ein Traum sei, weiß ich nicht.
Ein Weib verstieß ich, ob zu Haß die Liebe,
Ob Haß zu Liebe wurde, weiß ich nicht.
Sie sagen, Bücher hätt' ich einst geschrieben,
Ob's Wahrheit oder Spott ist, weiß ich nicht,
Ungläubig, hör' ich, nennen mich die Leute,
Ob ich nicht eher fromm bin, weiß ich nicht.
Nie hab' ich vor dem Tode mich gefürchtet,
Ob ich nicht längst gestorben, weiß ich nicht.

Zur Beherzigung.

Ein Eheband zu knüpfen, rede du
    Niemals zu,
Da oft, wenn zwei sich hochbeglückt vereinen,
    Engel weinen.
Doch, wollen Gatten wieder trennen sich,
    Da widersprich!
Denn wo ein Bund sich löst, da ohne Zweifel
    Lachen die Teufel.

D. F. Strauß.

Auch Einer.

Ein Freund und Kompromotional von David Strauß kam als Student und später als Repetent von Tübingen öfters nach Weinsberg, Friedrich Vischer. Seine praktischen Lebensansichten, sein tiefes Wissen in allen Fächern der Literatur, sein richtiges Urteil, das er rücksichtslos, mitunter recht scharf über Schriftsteller und Politiker abgab, machten die Unterhaltung mit ihm pikant und anregend, und wenn er auch oft in seinen An=  sichten mit meinem Vater nicht übereinstimmte, wußte er in der ernstesten Debatte durch gutmütigen, urwüchsigen Humor schnell wieder zu ver= söhnen, so daß mein Vater immer große Freude hatte, wenn die Oster= und Herbstferien Vischer als Gast ins Haus brachten.

Still und zurückgezogen, in feineren weiblichen Ar= beiten äußerst gewandt und darin Rat und Unterricht erteilend, lebten in Weinsberg zwei Beamtentöchter, mit deren Brüdern Vischer eng befreundet war. In eine derselben, Johanna oder gewöhnlich das Hannele genannt, verliebte sich Vischer ernstlich und versprach sich mit der= selben. Die Braut war überglücklich, nähte fleißig an ihrer Aussteuer und in bescheidener Phantasie träumte sie von einem freundlichen Pfarrhaus auf dem Lande, und sich darin als waltender Hausfrau.

Es war ein schöner Oktobertag, der Gutsbesitzer

Mall gab in seinem Weinberg an der Weibertreu ein
Herbstfest, Böllerschüsse und Gesang ertönten, auf der
nahen Wiese wurde um ein Feuer getanzt, an dem in
großen Pfannen Bratwürste brodelten, die Becher kreisten.
Alles war ungetrübte Fröhlichkeit, Toaste wurden aus=
gebracht, auch ein Hoch auf das Brautpaar fehlte nicht,
zwischen hinein krachten Schwärmer, Frösche, und als
die Nacht herabsank, wurde unter lautem Gesang mit
Fackeln heimgezogen. Vischer führte seine Braut. Wie
selig hing sie an seinem Arm!

Die Ferien waren zu Ende, Vischer reiste ab, es
wurde Winter. Das Hannele wartete lange und ge=
duldig auf ein Zeichen der Liebe, einen Brief.

Endlich kam einer, freudig brach sie ihn auf und
starrte und starrte, es war ihr unfaßbar, unglaublich,
erschien ihr wie ein häßlicher Traum, und doch war es
erschreckbare Wahrheit.

Der Brief lautete:

An Johanna!

Wenn deine Augen nun es sehen,
Das Wort, das Wort voll Todesschmerz,
Da geht mit tausend herben Wehen
Ein Schwert durch dein getreues Herz.

Doch dieses Schwert, das ich gezücket,
Es ging zuerst durch meine Brust,
Ins eigne Herz hab' ich's gedrücket,
Mein Glück ist tot und meine Lust!

Ich sehe dich an Trauerweiden,
Ach! eine Gramgestalt, gebeugt,
Und ob dem allzu schweren Scheiden
Das liebe Haupt zum Grab geneigt,

Dann denke du: So tief gebeuget,
So steht auch er, den ich geliebt,
So ist sein Haupt zum Grab geneiget,
Sein Auge so vom Gram getrübt.

Dich werden stumme Blicke fragen:
Wer hat so schlimm an dir gethan?
Sie werden flüsternd stehn und sagen:
Das that ein böser, falscher Mann!

Du wirst in deinem Herzen sprechen:
Er war mir immer treu und gut,
Und sei es Schuld, sei es Verbrechen,
Der Herr vergeb ihm, was er thut.

Komm her, o Kind, du sollst nun schauen,
Wie man es schaut in hellem Traum,
Sieh, einen Altar will ich bauen
In meines Herzens tiefsten Raum.

Und auf dem Altar, schwarz umhangen,
Soll eine ew'ge Kerze stehn,
Und unsrem Glück, das nun vergangen,
Ein ewig Totenfest begehn.

Und vor dem Altar sieh mich knieen
In heiß ergossenem Gebet,
Die Lippen stammeln, Thränen glühen,
Die Seel' in dumpfem Beben fleht:

„O Gott, der du den Heiland sandtest,
Der du ein Herz voll Gnad' und Huld
Zum schwachen Menschenkinde wandtest,
Vergib mir meine große Schuld!

Du schaust in meines Herzens Tiefen,
Und jedes Rätsel ist dir kund,
Du hörst die Stimmen, die mich riefen,
Zu lösen jenen sel'gen Bund.

Du schaust mein Zittern und mein Schaudern,
Bis ich das Wort des Jammers sprach,
Du weißt, mit welchem bangen Zaudern
Ein Herz voll Lieb' und Treue brach.

Du siehst in meiner Seele Grunde
Den teuern Namen eingedrückt,
Und weißt, daß jede Zeit und Stunde
Mein Aug' auf ihn voll Liebe blickt."

Das Wort verstummt in Todesschweigen,
Das schwer wie Blut vom Herzen quoll,
Ihr, heiße Thränen, möget zeugen!
Leb wohl! leb wohl! leb ewig wohl!

Fr. Vischer.

Keine Klage, kein hartes Wort kam über ihre Lippe, still und ergeben trug sie ihr vereinsamtes Los, das Herbstfest an der Weibertreu war der letzte Lichtpunkt in ihrem armen Leben gewesen; sie zog sich von allen Menschen zurück, suchte in vermehrter Arbeit ihr Leid zu vergessen, und als sie nach langen Jahren als alte Jungfer starb, 16. Dez. 1879, waren ihre blonden Locken längst vor der Zeit ergraut.

Geistergeschichten.

Die Geistergeschichten, der Glaube an Geister waren nicht eine Spezialität Weinsbergs, die durch meinen Vater ins Leben gerufen worden wären, sie existirten schon längst in geheimer mündlicher Ueberlieferung, nicht allein in Weinsberg, weitverbreitet in Stadt und Land, aber mein Vater hatte den Mut, denselben schriftliche Be=

deutung zu geben, sie ans helle Tageslicht zu ziehen
und wissenschaftlich zu untersuchen. Er wollte, daß
alles, was man bald da, bald dort sich ängstlich erzählt, woran das Volk glaubt, was die einen erschreckt,
die anderen spöttisch verlachen, mag es Glauben, Unglauben, Wahrheit, Täuschung oder Betrug sein, daß
all das nicht ignorirt, sondern schriftlich fixirt und
wissenschaftlich untersucht werde.

Er sammelte alle im Volk erzählten Geister-, Schauer-
und Poltergeschichten mit der Ueberzeugung, daß Phantasie, Furcht, Dichtung, Aberglaube die Mehrzahl derselben erzeugt haben, daß die meisten bei näherer
Beleuchtung sich als unwahr und Truggebilde erweisen,
aber daß es doch einige darunter gebe, welche so un-
trüglich, unwiderleglich, unerklärlich seien, daß man sie
nicht unbeachtet lassen dürfe. Trotz des wüsten Schlamms
von Lüge, krankhafter Phantasie, Aberglauben, Unkultur,
Blödsinn, Lächerlichkeit, der der Mehrzahl derselben an-
klebt, sollen sie doch nicht unbesehen beiseite geworfen
werden, dann werden nach gründlicher Sichtung sich
auch solche finden, welche des Nachdenkens der Naturforscher wert seien; es sei dabei keinem zuzumuten, daß er
diese Phänomene für Geistererscheinungen, das unheimliche
Walten Verstorbener halte; er nenne sie nur Geistergeschichten, weil sie unter diesem Namen bekannt sind und
er keine andere erschöpfende Bezeichnung für sie finde.

In Weinsberg gab es mehrere Häuser, von denen
behauptet wurde, daß Geister darin ihren Sport treiben.
Da war zum Beispiel die alte Oberamtei, in der mehrfach Dienstboten, auch eine Tochter des Hauses im
Zeitraum verschiedener Jahre nachts bald durch diese,

bald jene rätselhafte Beunruhigung, wie Anhauchen, Zupfen an der Bettdecke, Vorbeihuschen einer schwarzen, oft mehr oder minder deutlichen Gestalt zum Glauben an das unheimliche Walten eines bösen Geistes gebracht wurden, und durch Jahrzehnte her war es unbestritten, daß um Mitternacht häufig der klagende Ruf: „Heinrich, Heinrich!" erscholl, und dieser Ruf, wie auch Schlurfen, Werfen ereignete sich hauptsächlich in einem großen, unbewohnten Zimmer des zweiten Stocks, der Saal genannt.

In den Christtagsferien, die ich als Student zu Hause zubrachte, schickte mich mein Vater in diese Oberamtei, um den Spuk zu ergründen. Ich ließ mir eine Matratze in den Saal bringen, legte mich in der Christtagsnacht um zehn Uhr darauf, las bis elf Uhr, löschte dann das Licht, suchte wach zu bleiben, was mir auch bis zwei Uhr gelang, dann schlief ich ein und erwachte morgens, als die Sonne in den Saal schien, ohne etwas Besonderes gesehen oder gehört zu haben. Meine Leistung als Detektiv war in jener Nacht gleich Null.

Im Rathaus in Weinsberg war parterre, an ein stark vergittertes Zimmer anstoßend, durch eine schwere Thüre getrennt, eine düstere Gefängniszelle, dieselbe hatte nur hoch oben eine kleine runde Fensteröffnung, weshalb Luft und Licht nur wenig eindringen konnten, so daß es schon am hellen Tag fast Nacht in ihr war. Das ganze Ameublement bestand aus einer schweren eichenen Bettlade, auf der ein Strohsack, ein Kissen und ein grauer Pferdsteppich lagen, einem hohen hölzernen Schemel und einem sehr primitiven Nachtstuhl. Das Rathaus, sonst nur aus Amts- und Aktenzimmern bestehend, war nachts unbewohnt. Das Eingesperrtwerden ist ohnedies keine

Freude, aber auch noch in einer solchen Gefängniszelle mit bösen Geistern eingesperrt sein, die einen nicht schlafen lassen, im engen Kerker herumschlurfen, die Bettlade in die Höhe heben und wieder schnappen lassen, den Teppich herabzupfen, einem wie ein schwerer Sack auf den Leib hüpfen, das ist geradezu eine Tortur; und das verspürten in dieser Zelle nicht nur eine zu= fällig nervöse, ängstliche Person, nein, baumstarke schicksalsharte Männer, darunter zwei Gendarmen, ein Kaufmann und so weiter, zu verschiedener Zeit und baten bei dem Oberamt, sie um alles aus diesem Kerker heraus in ein anderes Gefängnis zu thun, und sei es auch noch so hart.

Und dieser Gefängnisspuk dauerte viele Jahre und wird auch noch so sein.

Zwei Protokolle, in denen Gefangene ihre Erleb= nisse und Klagen niederlegten, sind von Oberamtmann Wolf verfaßt.

In dieses Gefängnis nun ließ ich mich in meiner Eigenschaft als Detektiv einsperren. Nachdem ich überall herumgeleuchtet hatte, was bei dem engen Raum und der ärmlichen Meublirung schnell geschehen war, wickelte ich mich in einen großen Teppich, den ich mitgenommen hatte, um mich vor dem Ekel der schwärzlichen, alten Pritsche zu schützen, und löschte das Licht. Ich wollte schnell einschlafen, weil ich dachte: Wenn etwas kommen will, so kommt es schneller, wenn man nicht darauf wartet und dem Geist das diabolische Vergnügen läßt, einen aus dem Schlafe zu wecken. Unglücklicherweise aber fielen mir zwei Begebenheiten aus meinem Leben ein, die einst einen tiefen Eindruck auf mich gemacht hatten und mit der Pritsche, auf der ich lag, in Verbindung standen.

Im Jahre 1828 hatte nämlich ein Handwerksbursche aus dem Oberamtsbezirk Gaildorf (Württemberg) seinen Kollegen, mit dem er in einem nahen Walde bei Weinsberg unter einer Eiche sich gelagert hatte, durch einen Schuß ins Ohr getötet und seiner Barschaft beraubt. Der Mörder wurde in Weinsberg enthauptet. Die zwei letzten Tage vor seiner Hinrichtung wurde er aus dem Oberamtsgerichtsgefängnis herausgeführt und in dieses Gefängnis im Rathaus gebracht. Den Tag über durfte er bei besserer Kost im anstoßenden geräumigen Zimmer unter Bewachung von Gendarmen verbleiben, in der Nacht aber war die Pritsche, auf der ich jetzt lag, sein Lager. „Welche schwere Gedanken mochten ihm wohl auf diesem Kissen durch den Kopf gegangen sein!" dachte ich. Und weiter erinnerte ich mich, wie andern Tags im Rathaussaal oben der Oberamtsrichter dem Mörder den Stab brach und ihm vor die Füße warf, und wie er dann auf einem Karren, der Pfarrer ihm gegenüber, langsam durch die Stadt zum Richtplatz fuhr; er sah erschreckend bleich aus, hatte rötliche Haare und einen großen, struppigen Bart.

Das Schafott war auf einer Wiese unterhalb der Weibertreu aufgeschlagen. In unseren Sonntagskleidern, das Gesangbuch in der Hand, die Lehrer zur Seite, mußten wir Schulkinder in geschlossener Reihe das Schafott umstehen. Als der Hieb, wobei ich schnell die Augen geschlossen hatte, gefallen war, hob der Scharfrichter das Haupt des Geköpften empor und rief, gegen den Oberamtsrichter gewandt:

„Herr Richter, hab' ich recht gerichtet, wie Recht und Urteil spricht?"

Der Oberamtsrichter senkte den Degen und sprach feierlich:

„Ich bezeuge vor Gott und Menschen, Sie haben recht gerichtet."

Dann hielt der Geistliche eine Rede, die begann: „Hier liegt er, den Kopf zwischen den Füßen," und wir Schulkinder sangen dann das Lied: „Heut leb' ich, ob ich morgen lebe, ob diesen Abend, weiß ich nicht."

Und sechs Jahre später wurde eine Bauernfrau hingerichtet, welche ihr zweijähriges Kind ersäuft hatte. Die kleine, magere Frau sträubte sich mit aller Gewalt, das Schafott zu beschreiten, man mußte sie schieben wie ein Kälblein, das nicht auf die Schlachtbank will. Bei diesem Anblick kam mir zur Erkenntnis, daß jede Hinrichtung ein abscheulicher Mord ist. Neben dem Schafott stand leichenblaß ein langer, magerer Bauernbub von etwa sechzehn Jahren. Als das Blut hoch aufspritzte, sprang er schnell auf das Schafott, füllte ein großes Trinkglas mit dem rauchenden Blut, trank es aus und lief in großen Sätzen die lange Wiese entlang seinem Heimatsorte zu. Ich hörte nachher, der junge Mensch leide an Epilepsie und man habe ihm geraten, dieses rauchende Blut als Sympathiemittel zu trinken und darauf zu laufen, bis er in Schweiß verfalle. „Diese arme Bauernfrau, die ich vor wenigen Jahren hatte köpfen sehen, lag auch auf dieser Pritsche," dachte ich, doch allmälich verdunkelten sich meine Gedanken, ich schlief ein und erwachte morgens, als man mir aufschloß. — Wieder nichts gesehen oder Abnormes gehört!

„Du mußt eben mehrere Nächte darin schlafen," sagte mein Vater, „viele der Eingesperrten haben auch in den ersten Nächten nichts gehört."

„Das mag sein," entgegnete ich, „aber ich schlafe nimmer darin. Angst vor Geistern habe ich nicht, aber Angst vor der Pritsche und meinen Gedanken auf ihr; die Geköpften kämen mir nimmer aus dem Sinn."

Mehrere Monate lang, vom September 1835 bis zum 11. Februar 1836 erregte eine Geistergeschichte in dem Oberamtsgerichtsgefängnis in Weinsberg um so größeres Aufsehen, als sie nicht im Geheimen, Verborgenen spielte, wo der Skeptiker so leicht und nach Belieben von Sinnestäuschung, Betrug, Lüge, krankhafter Phantasie, Leichtgläubigkeit, unwissenschaftlicher Untersuchung sprechen kann. Hier war es etwas anderes: ein nach außen streng abgeschlossenes Gefängnis von einfachster, solider Bauart, die Fenster der von Gefangenen bewohnten Zellen alle mit starken Gittern versehen, keines direkt mit der Straße kommunizirend, die ständigen Bewohner nur ein Gefängniswärter mit seiner Frau, alle anderen Personen, die diesen Geisterspuk mitansahen und unter ihm zu leiden hatten, Gefangene beiderlei Geschlechts, in verschiedenen Zimmern bald einzeln, bald zu mehreren eingeschlossen, streng beaufsichtigt.

Ueber das, was diese Gefangenen in der Zeit ihres Eingeschlossenseins Außerordentliches sahen, hörten, erlebten, wurde jedes nach seiner Entlassung protokollarisch vernommen, mitunter beeidigt, von dem Geistlichen ihres Ortes genau befragt, zu schriftlicher Beurkundung aufgefordert, keines widersprach dem andern, jedes be-

stätigte die gleichzeitigen Wahrnehmungen des andern.
Außer diesen bei geringen Strafen meist schnell wech=
selnden Gefangenen hatten mit Erlaubnis des Ober=
amtsrichters Männer von nah und fern, denen es um
wissenschaftliche Beobachtung, Untersuchung der statt=
findenden Phänomene zu thun war, Gelegenheit, die
Gefängnisräume zu besuchen, eine oder mehrere Nächte
darin zuzubringen, bald allein in einem Lokal, bald ein=
geschlossen mit Gefangenen. — Gläubige und Ungläubige
haben diese Erlaubnis mehrfach benützt und ihre Wahr=
nehmungen zu Protokoll gegeben.

Dies alles ist in dem Buche meines Vaters: „Eine
Erscheinung aus dem Nachtgebiete der Natur", zu lesen.

Obgleich meine Erfahrungen im Geistersehen bis
jetzt immer negativer Natur gewesen waren, begab ich
mich auf die Anzeige zweier eingesperrten Männer, daß
es öfters in der Nacht heftige Schläge thue, am Ge=
fängnisfenster sausend und schmetternd und wie trom=
melnd vorüberziehe und so weiter, in der Nacht vom
26. auf den 27. Dezember 1835 mit Erlaubnis des
Oberamtsrichters in das Gefängnis. Es ist mit einer
Mauer umgeben und, als Blockhaus gebaut, ein Ge=
fängnis im Gefängnis, so daß alle Fenster der Ge=
fängnislokale nicht auf eine Straße, sondern auf einen
Gang gehen.

Ich war über meine bisherigen Mißerfolge in ziem=
lich gereizter Stimmung und nahm mir vor, gewiß
nicht einzuschlafen und alles gründlich zu nehmen.
Darum steckte ich auch eine scharf geladene Pistole in
die Tasche. Ich dachte, die Gefangenen haben berichtet,
es ziehe brausend und schmetternd am Fenster vorbei;

soll das eine Art wildes Heer im kleinen vorstellen, so nehme ich mir eine der vorüberziehenden schwarzen Gestalten aufs Korn und brenne ihr eins auf den Pelz, dann soll es heißen: „Donnerwetter, der junge Kerner, das ist ein Kerl, der läßt sich nicht wie sein Vater ein X für ein U machen, hat, weiß Gott, einen, der einen Geist vorstellte, in den Schenkel geschossen, daß er liegen blieb!"

Ich fragte den Gerichtsdiener: „Wie ist's mit der Hausordnung? Kann ich Zimmer und Haus verlassen, wie ich will?"

„Nein," sagte er, „wegen der Gefangenen muß ich Sie zu denselben einschließen, alle Stuben der Gefangenen bleiben bis sechs Uhr früh geschlossen, dann komme ich."

„Unterdessen geht niemand auf dem Gang außen herum?" fragte ich.

„Nein," sagte er, „sobald Sie drin sind und ich abgeschlossen habe, lege auch ich mich nieder und schließe mich ein."

Er führte mich nun in eine Zelle der Männerabteilung, wo zweie auf der Pritsche lagen. — Der eine hieß Johann Strecker, vierundvierzig Jahre alt, war von Willsbach, der andere Ludwig Gräter, fünfzig Jahre, aus Schwabach. — Beide wurden auch später von ihren Pfarrern protokollarisch vernommen. — Es waren zwei ruhige Kameraden, äußerten keinerlei Angst, klagten nur, daß sie ob dem Gelärm oft aus dem Schlaf geweckt würden, der eine wollte außerdem schon zweimal gesehen haben; wie eine schwarze Gestalt auf ihn zukam.

Ich legte mich nun neben die Männer auf die Pritsche, welche hart an dem einzigen im Lokal befind= lichen, vergitterten Fenster war und durch das ich in den Gang sehen konnte, und löschte das Licht. Ich hörte noch, wie der Gerichtsdiener die Thüre seines Zimmers verschloß. Der Gang war durch eine kleine Oellaterne, die über dem Eingang zum Zimmer des Gerichtsdieners hing, spärlich erleuchtet. Es war jetzt Totenstille rings, ich hörte nur das Schnarchen meiner Schlafgenossen, hielt mich aber völlig wach. Gegen elf Uhr hörte ich nun ein Auf= und Zuschlagen wie von schweren Thüren, an denen die Riegel klapperten, bald war es wie in unmittelbarer Nähe bei uns, bald war es, als ob sich die Töne entfernten. Die zwei Männer erwachten, sagten, so sei es jede Nacht, nur oft viel länger und stärker. Dann that es Schläge, als fielen schwere Gewichte auf bretternen Boden, und nun auf einmal kam es an das Fenster, von dem ich keinen Fuß entfernt lag. Die dicken Eisenstangen des Gitters zit= terten und dröhnten zusammen, bald war es wie ein Rasseln, bald ganz nah, bald ferner, dann wieder wie Trommeln; ich schaute scharf hinaus, mir gegenüber sah ich die weiße Mauer des Gangs, nirgends etwas Auf= fälliges, das Geräusch zog sich weiter weg. Ich hörte in der Ferne einen Gefangenen laut beten. Um zwei Uhr morgens nahte sich der Lärm wieder, abermals schetterten die Gitterstäbe zusammen, brauste und trommelte es, ich aber sah auf dem Gange nicht das mindeste. Jetzt verlor sich das Lärmen am Fenster und es klopfte an die Thüre, ich rief „Herein!“, aber die Thüre blieb verschlossen, obgleich die zwei Gefangenen sagten, sie habe sich in früheren Nächten einigemal geöffnet und wieder geschlossen wie von selbst.

Als mir in der Frühe der Gerichtsdiener öffnete, untersuchte ich genau das Fenster meiner Zelle, es war nichts daran verändert oder verrückt, mit aller Gewalt konnte ich das Gitter nicht bewegen oder zu einem Geräusch bringen, die Gitterstangen waren fest in den Stein gekittet.

Nun, diesmal hatte ich doch etwas Geisterhaftes, mir Unerklärliches gehört, aber nicht so viel wie manche andere, auch nichts von einem Geist gesehen und meinen Stolz, die Pistole, hatte ich vergeblich mitgenommen.

Besessene.

Ich kam als blutjunger Student zum erstenmal in die Ferien nach Weinsberg, und wie ich als sechsjähriger Knabe am ersten Tag, da ich in die Schule ging, einem andern Buben, der zu dieser Würde noch nicht gelangt war, zurief: „Du Nichtskenner!", so war ich auch jetzt schon auf mein frisch eingeheimstes hohes Universitätswissen nicht wenig stolz. Als daher meine Schwester noch spät abends, während ich mein Köfferchen — eigentlich war es nur ein hölzernes Waschkistchen — auspackte, mir leise anvertraute: „Es ist eine Besessene im Haus, sie logirt oben in der Bühnenkammer," kam mir das so unglaublich und widersinnig vor, als hätte sie gesagt, es ist der ewige Jude gestern angekommen

und logirt drüben im Gartenhaus. Wäre ich nicht von
der Reise zu müde gewesen, so hätte ich ihr aus dem
Schatz meiner medizinischen Gelehrsamkeit docirt, daß
der Glaube an ein Besessensein ein krasser mittelalter=
licher Aberglaube sei, aus einer Zeit herrührend, wo
die Erkenntnis der Nervenkrankheiten noch in tiefem
Dunkel lag.

Am andern Morgen, als ich mein Schlafzimmer,
welches neben dem Studirzimmer meines Vaters —
doch nein, ich will ehrlich sein und ganz bei der Wahr=
heit bleiben — mein Schlafzimmer bestand aus einer
sogenannten Bettkommode, einer braun angestrichenen
langen Kiste, welche in dem Studirzimmer meines Vaters
stand, den Tag über war sie mit einem Brett zugedeckt
und diente als Tisch, in ihrem Innern aber barg sie
ein Bett, und that man den Deckel weg, zum Beispiel
wenn ich darin logirte, so war es mein Bett und mein
Schlafzimmer. Also den andern Morgen, als ich meiner
Bettkommode entstiegen war und zum Zimmer heraus=
trat, um meine Eltern zu begrüßen, sah ich, wie die
Bühnentreppe herab eine lange, hagere, schwarze Gestalt
kam und zwar nicht vorwärts wie andere gesetzte Leute,
sondern rückwärts, so daß ich ihr Gesicht erst sehen
konnte, als sie an mir vorbei die weitere Stiege hinab=
ging. Es war eine etwa vierzigjährige Bauernfrau in
schwarzer Kleidung, schwarzer Haube, und mit ernsten,
harten Gesichtszügen, die Augen waren geschlossen, sie
ging wie im Traume.

Ich probirte es später auch, so rückwärts die Treppe
hinabzugehen, brachte es aber, ohne hie und da rück=
wärts zu schauen und ängstlich zu werden, nicht fertig.

„Was ist das für eine seltsame Figur, die eben rückwärts da hinabging?" fragte ich beim Eintritt meinen Vater.

· „Das ist eine Bauernfrau von Jagtheim, die mir Dr. Bardili von Crailsheim zur Heilung übersandte; es ist, wie er mir schrieb, eine brave, fleißige Frau, glücklich verheiratet, hat drei Kinder, ist zu ihrem und der ganzen Familie Jammer schon mehrere Jahre auf die traurigste Art erkrankt, sie ist besessen."

„Aber, lieber Vater," sagte ich, „das ist doch nicht Dein Ernst? Besessene gibt es ja nicht!"

„In Deinen Compendien und Nosologien freilich nicht," entgegnete mein Vater, „aber im Neuen Testamente und bei Hippokrates, Lucian, Plutarch, Apollonius, ist die Krankheit des Besessenseins scharf von anderen Krankheiten, wie Epilepsie, Manie, Delirium tremens und so weiter geschieden, doch die modernen Professoren würden sich schämen, so ungebildet zu erscheinen und diese dämonische Krankheit als eine für sich bestehende und auf spezielle Art zu heilende anzuerkennen, besonders wenn sie sich dabei der Gefahr aussetzen, an Geister und Dämonen glauben zu müssen, sie werfen sie lieber in den allgemeinen Brei der Nervenkrankheiten und kuriren ohne näheres Eingehen in das ganz eigentümliche Wesen dieser Krankheit mit ihrem Baldrian, Teufelsdreck und so weiter drauf los und raten, wenn ihnen Geduld und Weisheit ausgeht, zu einer Kalt= wasseranstalt oder ins Irrenhaus. — Nun, Du hast jetzt Gelegenheit, eine solche Besessene zu beobachten und ihr Leiden zu studiren; ich mute Dir dabei nicht zu, an Besessensein von Dämonen oder Geistern Verstorbener

zu glauben, eine merkwürdige Aehnlichkeit mit den Be=
seffenen im Neuen Testament wirst Du aber bald er=
kennen."

Ja, ich hatte Gelegenheit, die Krankheit kennen zu
lernen, aber ich blieb dabei nicht, wie ich mir zugetraut
hatte, ein kalter Beobachter, ich wurde schnell mit in
den Jammerstrudel hineingezogen; es war mir unmög=
lich, auf meiner Stepsis zu beharren.

In Stunden, wo der Kranken vergönnt war, von
ihren Anfällen auszuruhen, machte sie mit ihrem ab=
gemagerten, bleichen, von Beulen, die sie sich in ihren
Krämpfen selbst geschlagen, entstellten Gesicht einen
mitleidsvollen Eindruck, und sie sprach so verständig,
schmucklos, tiefempfunden von ihren Leiden, daß man
ihren Worten unbedingt glauben mußte und überzeugt
war, keine Betrügerin oder Schwindlerin vor sich zu
haben. Auch war sie, obwohl viel zum Beten genötigt,
durchaus keine pietistisch veranlagte Frau; geduldig und
gottergeben trug sie ihr grausames Leiden, mehr ihren
Mann und ihre Kinder, die durch ihre Krankheit auch
im Gerede der Menschen so viel zu ertragen hätten,
als sich selbst beklagend.

Herr Dr. Bardili berichtete, als er die Frau meinem
Vater zusandte, über deren Krankheitszustand folgendes:
„Ohne eine bestimmt zu erhebende vorangegangene Ur=
sache wurde diese jetzt vierunddreißig Jahre alte Bauern=
frau, Maria Utzin von Jartheim, im August 1830 mit
furchtbaren konvulsivischen Anfällen behaftet, in welchen
dann eine fremde Stimme mit dämonischer Rede aus
ihr redete. Sobald die Stimme sprach, die sich für
einen unselig verstorbenen Menschen ausgab, war ihre

Individualität wie erloschen und eine andere in ihr herrschend. So lange dies stattfand, wußte sie auch von ihrer Individualität nichts, die nur wieder (aber ganz unversehrt und verständig) sich einstellte, hatte jene sich zur Ruhe gelegt. Dieser Dämon tobte, fluchte und schlug aufs fürchterlichste aus ihr, besonders stieß er Verwünschungen gegen Gott und alles Heilige aus. Sie hatte nie eine Krankheit, war nie mit Ausschlägen, Störung in der Menstruation oder anderen Uebeln behaftet, von denen ihr nachheriges Leiden hätte hergeschrieben werden können. In ihrer glücklichen Ehe gebar sie drei Kinder; ihr früheres und späteres Leben war immer tadellos, sie war fleißig in ihrem Hausstande, religiös, ohne Frömmlerin zu sein. Körperliche Mittel, körperliche Arzneien brachten nicht die mindeste Aenderung in ihrem Zustand, auch eine Schwangerschaft nicht und das Säugen in derselben. Nur anhaltendes Gebet, zu dem sie sich aber aufs standhafteste zwingen mußte, machte den Dämon auf einige Zeit wieder matt. Fünf Monate lang wurden bei ihr ärztliche Mittel aller Art vergebens gebraucht: Belladonna, asa foetida, valeriana, cupr. sulph. ammon., stramonium, drastische Purganzen, künstliche Ausschläge. Es sprachen im Gegenteil nun bald sogar zwei Dämonen aus ihr, die in ihr oft gleichsam das wilde Heer aufführten, wie Hunde bellten, wie Katzen schrien. Betete sie, so schmissen sie die Dämonen in die Höhe und fluchten und tobten aufs schrecklichste aus ihr. Ließen sie die Dämonen los, kam sie zu sich und sah die Wunden, die sie durch Schlagen und Werfen erhalten hatte, dann brach sie in Thränen über ihren Zustand aus. Einer

der Dämonen scheint sie verlassen zu haben, der Zurück=
gebliebene tobt mit desto größerer Gewalt in ihr."

Diese Frau also war jetzt in unserem Haus und
meinem Vater zur Beobachtung und Heilung übergeben.
Mein Vater hatte sich dieser Aufgabe unterzogen, nicht
allein, weil ihn als Arzt und Naturforscher dieser
wiederholte Fall von Besessensein interessirte (es war
früher eine andere Besessene, das Mädchen von Orlach,
im Hause, aber nur kurze Zeit, es kam auch bei ihr
nicht zum Exorcismus und ich sah sie nicht), sondern
auch weil er mit der schwergeprüften Frau innigstes
Mitleid spürte und ihr die Bitte, hier bleiben zu dürfen,
nicht verweigern wollte.

Meine Mutter sah diesen unheimlichen Gast nur
ungern im Hause, er paßte ihr schlecht zu den mannig=
fachen, lebenslustigen Besuchern, und die zwei Dienst=
boten, welche auf gleichem Boden mit der Patientin
schlafen mußten, bekamen Angst, wenn sie nachts das
laute Beten, Klagen, Schluchzen der Frau, das Geschrei,
Hohngelächter, teuflische Gerede, Brüllen der Dämonen
hörten, doch das Mitleiden, der Wunsch der armen
Frau, die in ihren anfallsfreien Stunden so klar und
freundlich mit ihnen sprach, sie in ihren Beschäftigungen
durch emsige Arbeit zu unterstützen suchte, möge geholfen
werden, überwog bald ihre Bedenken. Zu besonderer
Diät brauchte die Frau nicht angehalten zu werden, sie
trank nur Wasser und aß eine aus schwarzem Brot
bereitete Wassersuppe und auch von dieser nur so viel,
daß sie nicht verhungerte. Wollte man ihr etwas Besseres
zukommen lassen, so bekam sie schreckliche Konvulsionen
und es schrie aus ihr: „Das Luder soll Hungers sterben,

sie darf nichts essen!" Es drehte ihr den Löffel in der
Hand um, stieß ihr den Löffelstiel in den Mund, daß
oft Blut floß; die Frau verzichtete dann oft tagelang
auf jede Speise. — Die heftigen konvulsivischen Krämpfe,
das unsinnige Herumwerfen des Kopfs und des ganzen
Leibes, das trommelartige Aufgetriebenwerden des Bau-
ches, die entstellten, fratzenartigen Gesichtszüge, das
sonderbare Rückwärtsgehen, das Schreien, Brüllen hätte
mich nicht von dem Glauben bringen können, es mit
einer außergewöhnlichen Hysterie, Monomanie und so
weiter zu thun zu haben; aber wenn plötzlich eine bald
gellende, bald durchaus natürliche, sich gleichbleibende
Mannesstimme aus ihr tönte und zwar nicht in einzelnen
krankhaften Worten, sondern in fortgesetzter Rede, schau-
derte ich unwillkürlich zusammen wie vor etwas Un-
erklärlichem, Uebersinnlichem. Doch allmälich gewöhnte
ich mich daran, ich konnte mich oft kaum mehr von
dem Gedanken trennen, es mit einer von der Frau
unabhängigen Person zu thun zu haben, und ich fand
Interesse an der Unterhaltung mit diesem absonderlichen
Mietsmann. Daß er ein grober, gemeiner, nichtswürdiger Kerl war, zeigte er genugsam durch seine
wüste, unheilige Rede, sein Fluchen, Schreien, Gesichter-
schneiden und vor allem durch die teuflische Art, mit
der er die Frau plagte; doch zuweilen hatte er auch
seine ruhigen, anständigen Stunden, wo man ein gescheites Wort mit ihm reden, Fragen an ihn stellen
konnte. Er erzählte, wie er im Jahre 1783 geboren,
ein Müller gewesen sei, einen liederlichen Lebenswandel
geführt, Meineide geschworen, ein Kind umgebracht und
zuletzt sich selbst erhenkt habe. Das Nähere darüber

findet sich in meines Vaters „Geschichten Besessener", worin Staatsminister Karl von Wangenheim über das Geschehene und Gehörte ausführlichen Bericht erstattet. Er und meines Vaters Bruder waren die ganze Nacht dabei, in der mein Vater und ich durch abwechselnd fortgesetztes kakomagnetisches Verfahren (die magnetischen Striche von unten nach oben), durch Gebet, Beschwören, Handauflegen, exorcistische Formeln den Dämon auszutreiben suchten.

Es war eine schauervolle Nacht! Wangenheim schreibt darüber: „Ich habe sehr starke Nerven, dennoch griffen mich diese schauderhaften und doch dabei rührenden Auftritte so an, daß ich auf einige Zeit das Zimmer verlassen mußte, um mich in frischer Luft zu erholen."

Und mein Onkel sagte: „Ich habe alle Schrecken des russischen Feldzuges mitgemacht, aber kaum hat mich etwas so im Innersten erschüttert als die Erlebnisse dieser Nacht."

Bald kamen aus dem Innern der Frau schreckliche Flüche, Drohungen, Verwünschungen, Blasen, Hohngelächter, das Gesicht war fratzenhaft, über alle Ausdrücke scheußlich verzerrt, der Körper beschrieb einen steifen Bogen, nur mit Kopf und Fersen den Boden berührend, wurde wie ein Sack herumgeworfen, dann wieder sank die Frau todmüde zusammen, betete laut, bat unter Thränen und mit rührendem Ausdruck, doch ja nicht zu ermatten, im Magnetisiren und Beschwören fortzufahren, sie nicht zu verlassen; dann wieder gellender Aufschrei, Schlegeln mit Armen und Füßen, Speien, Schlagen, Herausstrecken der Zunge, Pfeifen, Blasen, Singen, Brüllen, Fluchen, Heulen, Lachen, ein

stundenlanges Hinundherwogen des guten und bösen
Prinzips, auf einmal furchtbares Würgen, dann Niederfallen der Frau, stummes, starres Daliegen in viertel-
stündigem Scheintod, dann Aufwachen wie aus bösem
Traum. Ihre Züge verklärten sich dann, sie weinte
und betete knieend, stammelte uns ihren Dank, sagte,
sie fühle sich befreit, trank die ihr gereichte Fleischbrühe
und wankte totmatt in ihr Bett, wo sie zum erstenmal,
seit sie im Hause war, einige Stunden ruhig schlief
und ohne Anfälle erwachte. Den andern Tag große
Freude im Haus, als wäre eine siegreiche Schlacht geschlagen worden. Die Frau konnte alles essen, fühlte
sich wie im Himmel, war voll Dankbarkeit und freute
sich auf die baldige Heimkehr. Zwei Tage darauf
saßen wir abends in der Wohnstube gemütlich um den
Tisch, die Frau mit Stricken beschäftigt in der Ecke am
Ofen, da auf einmal sprach es mit der bekannten
Männerstimme aus ihr: „Ich bin auch wieder da!" —
Unsere Bestürzung und Mutlosigkeit! Die Frau allein
verlor das Vertrauen nicht, bat uns, nun wieder mit
dem Austreiben zu beginnen, und in Gottes Namen,
von einem ankommenden glaubenskräftigen Freunde
meines Vaters unterstützt, begannen wir wieder mit dem
Exorcisiren. Alle traurigen und schrecklichen Auftritte
der früheren Nacht wiederholten sich wieder, doch in
etwas vermindertem Grade. Wieder kam zuletzt das
Würgen und scheintote Niederfallen, und jetzt erwachte
die Frau befreit und blieb es auch. Völlig von allen
Krämpfen und körperlichen Anfechtungen genesen, kehrte
sie in ihre Heimat zurück und sandte noch nach Jahren
dankbare Grüße. —

Ich sah bald darauf ein zehnjähriges Kind, das
bis zu seiner Heilung unglaublich Gräßliches zu erdulden
hatte. Es wurde aus dem Bett heraus bald in eine
Ecke, bald unter das Bett geworfen und lag da wie
ein Häufchen Unglück, wie ein Päckchen Lumpen, weshalb
wir sie auch „die Lumpendock" nannten. So erbärm=
lich schwach, klein, willenlos sie in anfallsfreiem Zu=
stand war, so stark, übermütig, aller Bosheit voll war
sie im Besessensein, sie fluchte, sang Sauflieder, sprach
in Ausdrücken, wie sie nur ein alter Sünder in den
Mund nehmen konnte, und dabei keine Kinderstimme
mehr, vielmehr ganz die eines Mannes.

Dann kam ein zweiundzwanzigjähriger Mann, ein
zwölfjähriges Kind, eine fünfzigjährige Frau — im
ganzen acht bis neun Personen von verschiedenstem
Alter, sie fanden alle Heilung durch Magnetismus und
zwar die lakomagnetische Behandlung.

Die Anwendung des Gebets und die Anrufung
heiliger Namen mag zuweilen unumgänglich notwendig
sein und wesentlich zur Heilung beitragen, wenn da=
durch das Selbstvertrauen des Magnetiseurs in seine
Heilkraft gestärkt, sein Wille konzentrirt, von allem
Aeußerlichen weg auf ein ernstes Ziel hingeleitet wird.
So gebrauchen auch Schäfer und Naturärzte bei ihren
sympathetischen Kuren meist einen Spruch oder eine aus
einem alten Buche hergenommene Formel und glauben,
die Formel gegen diese oder jene Krankheit, zum Beispiel
Gesichtsschmerz, Gesichtsrose und so weiter, helfe, während
es nur der Glaube an die Formel ist, welcher ihren
Willen konzentrirt, den Magnetismus erhöht.

Gewiß werden auch Mohammedaner, Buddhisten,

Indianer und so weiter ihrem Glauben angemessene Gebete und Beschwörungsformeln haben, mit denen sie heilen können.

Als die Besessenen im Hause waren, kamen viele Aerzte, Geistliche und andere gelehrte Männer nach Weinsberg, um die Thatsachen zu prüfen, oft auch ihre Hilfe anzutragen, unter anderen auch der Philosoph De Wette aus Heidelberg.

Nachdem derselbe ein solches Besessensein mitangesehen, glaubte er auf seine Art mit dem Dämon fertig zu werden, legte dem Kranken die Hand auf und rief: „O, Du, der Du nichts bist, der Du nur ein Wahn bist, fahre aus!"

Da kamen aus dem Besessenen mit diabolischem Lachen die ungeschlachten Worte: „Dummer Kerl! wenn ich nichts bin, wie kann ich ausfahren?"

Ja, der Teufel hat oft mehr Logik als ein Professor.

Dekan Kapff von Herrenberg, später Prälat in Stuttgart, traf auch mit seiner Frau ein. Er kam mit vollem Glauben, hier einen Fall biblischen Besessenseins vorzufinden, und durch Gebet und kräftige Bibelstellen wollte er im Namen Christi den unseligen Geist austreiben. Sein Vorsatz war gut und seine Hilfe meinem Vater willkommen. Fast schien es auch, als ob sein Bemühen Erfolg hätte. Das Schreien, Toben, Schlagen, Fluchen, Brüllen, in die Höhe bäumen, all die gewohnten satanischen Zeichen des Zornes und der Bedrängnis des schwarzen Insassen wurden unter den Gebeten, dem Handauflegen Kapffs immer stärker, schon kam es an ein Blasen, Würgen, wie es immer der

Fall war, wenn das böse Prinzip weichen mußte, immer lauter, eindringlicher erschallten die Gebete, Beschwörungen Kapffs, da plötzlich, wie vom Blitz getroffen, stürzte Kapff zu Boden und lag totenbleich in tiefer Ohnmacht. Die allzu große seelische Anstrengung wie die ungewohnten schrecklichen Eindrücke, die ihm geworden waren, mochten ihn allzu sehr erschöpft haben.

Die Gattin Kapffs jammerte entsetzlich, beschuldigte meinen Vater, er habe ihren Mann gemordet, ihn verleitet, sich mit dem Teufel einzulassen, und dazwischen ertönte aus dem Innern des Besessenen lautes Hohnlachen, lustiges Singen.

Es war eine Scene, wozu gute Nerven gehörten. Durch einen Gang ins Freie und ein Glas guten Weins fühlte sich Kapff bald wieder gestärkt, aber seine Frau drang auf schnelle Abreise und er durfte den Exorcismus nimmer wiederholen.

Ein Herr aus Frankfurt, welcher sich großer magnetischer Kraft rühmte, mußte sein Magnetisiren eines Besessenen schnell aufgeben, da er sich an beiden Armen steif und gelähmt fühlte, woran er über eine Woche zu leiden hatte.

Nach dem Tode meines Vaters bekam ich zwei kakodämonisch behaftete Patienten in Behandlung, die ich durch kakomagnetisches Verfahren zu heilen vermochte. Obgleich mit denselben Erscheinungen wie die oben erzählten, waren es doch weniger schwere Fälle, da es auch bei diesem Leiden, wie bei anderen Krankheiten je nach dem Subjekte und dem bösen Charakter der Infizirung leichtere und schwerer zu heilende Fälle gibt.

Furch.

Im Jahre 1844 war in Weinsberg ein Umgelds-
kommiſſär Namens Furch, ein bejahrter, kleiner, magerer
Schreiber, der ſich viel darauf zu gute that, ein Landsmann meines Vaters, ein geborener Ludwigsburger, zu
ſein. Er beſuchte ihn oft und wußte es bei kleiner
Beſoldung und großem Appetit meiſt ſo einzurichten, daß er
abends gerade zur Eſſenszeit kam. Da lud ihn dann
mein Vater zu Tiſch und ſie friſchten miteinander alte
Ludwigsburger Erinnerungen und Sagen auf. Im Anfang war die Unterhaltung immer amüſant, zum Beiſpiel
wurde häufig darüber debattirt, ob der Herzog Alexander
in der Nacht des 13. Mai 1737 eines natürlichen Todes im
Schloſſe in Ludwigsburg geſtorben oder auf draſtiſch revo-
lutionärem Wege oder gar, wie die allgemeine Sage geht,
vom Teufel in eigener Perſon erdroſſelt worden ſei,
der mit der durchlauchtigen Seele unter großem Gebraus
durchs Fenſter oder, wie andere behaupten, durch die
Uhrtafel des Schloſſes gefahren ſein ſoll, weshalb ja
ſeitdem der Einſer darauf fehlen ſoll.

Furch, als loyaler württembergiſcher Unterthan und
Beamter, war der philiſterhaften Anſicht, es ſei ein einfacher Schlaganfall geweſen, an dem der vollblütige,
hohe Herr ſo ſchnell verſtorben. Ich fand die mehrfach
geglaubte Annahme gerechtfertigt, daß eine Deputation
der über die Maitreſſenwirtſchaft, Geldverſchwendung
und heilloſe Mißregierung des Herzogs aufs äußerſte
empörten Stände, den entſchloſſenen Landſchaftskonſulenten
Moſer an der Spitze, den Herzog, nachdem er ihre

kniefälligen Bitten nur mit Kerkerdrohungen beantwortet
hatte, in jener Mainacht ohne viel Federlesen erwürgt
habe; mein Vater aber verteidigte scherzweise die roman=
tische Ansicht des Teufelholens, zumal historisch erwiesen
sei, daß in derselben Nacht im fernen Kloster Maulbronn
der Prälat Oetinger auf den Knieen laut um den Tod
des Herzogs gebetet habe.

Da Furch sich nun angewöhnte, jeden Abend zu
kommen, so erlahmte die Unterhaltung bald und seine
Gegenwart wurde, zumal wenn andere Fremde an=
wesend waren, oft recht lästig. Aber was war, ohne
unhöflich zu sein, zu machen? Weil er äußerst ängst=
licher Natur war und eines Abends gestand, es habe
ihn große Ueberwindung gekostet, in das durch seine
Geister verschrieene Weinsberg zu gehen, regalirten wir
ihn eine Zeit lang zum Nachtisch mit schrecklichen Geister=
geschichten, wobei ihm die Haare zu Berg stunden.
Eine, die ihm namentlich großes Entsetzen verursachte,
ist mir noch erinnerlich:

Der Pfarrer H. besuchte öfters einen Amtsbruder,
der eine Stunde von ihm entfernt wohnte. Sie unter=
hielten sich dabei auf dessen Studirzimmer meist über
philosophische Fragen. Einmal war es über dem Ge=
spräch fast Mitternacht geworden, die Freunde trennten
sich, und in der schönen Winternacht mit dem Voll=
mond über dem Schneefeld schritt H. rüstig und
wohlgemut heimwärts. Eine Viertelstunde vor seinem
Ort war ein langer, tiefer Hohlweg. Statt durch den=
selben, der, weil vom Monde nicht beschienen, dunkel
war und auch voll Schnee lag, zu gehen, zog H. es
vor, einen schmalen Fußweg einzuschlagen, der sich hart

neben dem Hohlweg bis zu deſſen Ende hinzog. Er
war bald faſt in der Mitte dieſes Fußwegs angelangt,
da gewahrte er plötzlich gegenüber auf der andern Seite
des Hohlwegs, wo auch ein Fußweg war, von dem
weißen Felde ſich deutlich abhebend, einen ſchwarzen
Sarg, der in gleicher Höhe mit ihm ſich fortbewegte.
H. blieb ſtehen und ſtarrte hinüber. Der Sarg blieb
auch ſtehen. H. ging ſchneller, der Sarg auch; er wich
einige Schritte zurück, der Sarg ebenfalls. Jetzt lief
er angſtvoll ſo ſchnell als möglich vorwärts, der Sarg
in gleicher Schnelligkeit mit ihm. Plötzlich blieb H.
ſtehen, es erfaßte ihn der gräßliche Gedanke: Aber wie
wird es ſein, wenn der Hohlweg aufhört, beide Fuß=
wege abwärts ziehen, ſich unten vereinigen? Mit
einem lauten Angſtruf raſte er vorwärts, den Abhang
hinab, der Sarg ebenfalls und jetzt waren ſie hart bei=
ſammen. Zitternd blieb H. ſtehen, · der Sarg richtete
ſich hoch vor ihm auf und war verſchwunden. Keuchend,
in Schweiß gebadet wankte H. heim, erzählte ſeiner
Frau, was ihm begegnet. Dieſe ſuchte ihn zu tröſten: er
habe wahrſcheinlich nur ſeinen Schatten geſehen, er aber rief:
Nein, nein, ich habe es nur zu deutlich geſehen, es war
ein Sarg, ein Sarg, ſelbſt die gedrehten Stollen unten ſah
ich. Doch bald ſchien er ruhiger. Ich habe noch etwas
zu ſchreiben, ſagte er; freundlich lächelnd drückte er ſeiner
Frau die Hand und ging in ſein Studirzimmer. Nach
einiger Zeit wurde es der Frau bange, ſie ſtand wieder vom
Bette auf, um nach dem Mann zu ſehen, trat in das
Studirzimmer — ſein Kopf ruhte auf dem Schreibtiſch,
die Arme hingen ſchlaff herab, er war tot; neben ihm
lag ein friſch beſchriebenes Blatt, ſein letzter Wille. —

Aber durch diese Geistergeschichte machten wir die Sache nur schlimmer. Statt Furch etwas hausscheu zu machen, wollte er aus Furcht vor Geistern jetzt nachts gar nimmer heim, behauptete, es sei in seinem Zimmer nicht richtig, habe sonderbar rumort, und gab nicht undeutlich zu verstehen, er wolle lieber ganz bei uns bleiben.

Eines Abends, da wir ihn, wie beim „Schwarze Peterspiel", einander zur Unterhaltung zuschoben und mein Vater mir einigemal zugeraunt hatte: „Der Kerl ist doch verflucht langweilig!" sagte mein Vater plötzlich: „Ei, Theobald, erzähle doch dem Herrn Furch die neueste Geschichte von seinem berühmten Landsmann Strauß."

„Welche Geschichte meinst Du?" fragte ich.

„Ach, Du weißt's ja!" sagte er ungeduldig und zwinkerte mir dabei mit den Augen zu.

Nun, ich merkte, daß es auf eine Mystifikation Furchs abgesehen war und daß um jeden Preis etwas erfunden werden mußte.

„Ja, mit dem Doktor Strauß ist's eine ganz eigene Geschichte, das kommt aber nur von dem vielen Bibel-lesen her," sagte ich.

„Ja, von dem vielen Bibellesen, namentlich auch im Alten Testament," ergänzte mein Vater.

„Da hat er sich jetzt," sprach ich weiter, „ganz in altbiblische Gebräuche hineingelebt und sich vor allem den Vater Abraham zum Vorbilde genommen."

„Freilich, freilich," lachte mein Vater, „fahre nur fort, Theobald!" und ich sah ihm an, wie er selbst auf die Erzählung begierig war.

„Wie nun Abraham außerordentlich gastfrei war

und selbst Engel beherbergte, so hat Strauß keine größere Freude, als Fremde bei sich aufzunehmen, und kommt gar ein Landsmann, so bricht der Tisch fast unter den Speisen und Getränken. Von seinem Bruder aus Köln hat er erst eine große Sendung excellenter Rheinweine erhalten —"

„Herrliche Weine," sagte mein Vater, „aber teuer, sehr teuer."

„Nun, denen, welchen er davon aufwartet, kann das gleichgiltig sein," fuhr ich fort, „aber eine Eigenheit hat er, die kommt auch vom Bibellesen, er will eben ganz mit alttestamentlicher Einfachheit und Einfalt behandelt sein. Kommt einer und macht Komplimente und spricht ihn per ‚Sie‘ an, so ist er steif und argwöhnisch und fertigt den Besuch kurz ab, läßt man sich aber durch sein anfängliches Mißtrauen gar nicht abschrecken und verlangt offen, was man will, und hält die Probe aus, so schmilzt die Eisrinde und er wird plötzlich ganz freundlich und tischt auf, was Zeug hält."

Mein Vater lachte herzlich.

„Es ist außerordentlich interessant, was Sie mir da von Strauß erzählen," sagte Furch und sein Gesicht strahlte. „Nicht wahr, er wohnt in Sontheim?"

„Ja, eine kleine Stunde von Heilbronn."

Den andern Tag kam Furch nicht, aber den Tag darauf erschien er traurig und schlaff wie einer, dem recht Trübes begegnet ist.

„Ich war gestern bei Strauß," sagte er dumpf.

„Nun, wie hat's Ihnen gefallen?"

„O, es ist mir schlecht ergangen. Das Alttestamentliche kam bei ihm gar nicht zum Durchbruch. Ich trat, ohne lang anzuklopfen, ein und sagte: ‚Grüß Gott, Strauß, ich bin Dein Landsmann Furch und will Dich besuchen.‘ Da sah er mich groß an und sagte: ‚Ich kenne Sie nicht, was wollen Sie?‘ — ‚Ach was,‘ sagte ich, ‚thu nur nicht so fremd, bei mir hilft keine Verstellung; gib nur von Deinem Rheinwein her, ich habe unbändig Durst.‘ Da ist er ganz zornig geworden, und je mehr ich gemütlich und kordial that und ihm das Beispiel Abrahams vorstellte, desto böser ward er und hat mich am Ende einen Narren geheißen und mir mit Hinauswerfen gedroht. Traurig zog ich dann heim.“

Wir mußten ob seiner Erzählung weidlich lachen.

Zu derselben Zeit ging es einem alten Pietistenvater Namens Salve von Neustadt an der Linde fast ebenso schlimm. Er hatte aus frommen Blättchen und vom Hörensagen über Strauß’ „Leben Jesu“ das Aergerlichste vernommen und wollte, von heiligem Eifer erfaßt, demselben ad hominem die Falschheit seiner Lehre demonstriren. Wie mit dem Schwerte Gideons umgürtet zog er mit einem mächtigen Stock von Neustadt aus und kam morgens acht Uhr nach zweistündigem Marsch in Weinsberg an.

„Ist Strauß noch in Sontheim?“

„Ja.“

„Dem will ich’s sagen!“ — und zog weiter.

„Wo wohnt der Strauß?“ fragte er in Sontheim, dessen Einwohnerschaft zum dritten Teil aus Israeliten besteht.

Ein Kind bezeichnete ihm das Haus eines jüdischen Krämers Namens Strauß. Hastig trat er ein: „Ist Er der Strauß, welcher Christus leugnet?“

Kerner, Das Kernerhaus.   19

„Ich heiße allerdings Strauß," sagte der Kaufmann, „aber wie kommen Sie zu der unverschämten Frage? Was geht Sie mein Glauben an?"

„So, das geht mich nichts an, Sie Antichrist, Sie? Als ob das nicht jeden Christen anginge! Und ich sage Ihnen, Sie müssen sich auf dem Fleck bessern und Christum anerkennen oder —"

„Was oder? Glauben Sie, ich fürchte Ihren Stock, Sie alter, besoffener Esel!"

„Was, ich ein Esel? Weiß Er nicht, daß da geschrieben steht: ‚Und da sie sich weise dünkten, sind sie zu Narren geworden?‘ Er dünkt sich in seiner Weisheit Wunder wie gescheit, aber das alles ist eitel Stückwerk, wenn der rechte Glauben fehlt."

Erschreckt durch den Lärm — denn Salve schrie mit eindringlicher Kanzelstimme — kam die Frau von Strauß herbeigestürzt. Jetzt wandte sich der Bekehrungseifer Salves gegen diese:

„Und Sie mit Ihrem schönen Theaterfrätzle sind wie die Schlange des Paradieses. Sie wollen auch nichts von Christus wissen, aber —"

Was er noch weiter sagen wollte, blieb ihm in der Kehle stecken, denn der Kaufmann, dem die Sache doch gar zu bunt wurde, hatte ihn mit einem tüchtigen Genickfang zur Thüre hinausgeworfen, und als er auf der Straße war, fand er doch für gut, sein Märtyrertum nicht weiter fortzusetzen, und trollte schweigend heimwärts.

Später erfuhr er zwar, daß er nicht beim rechten Strauß gewesen, aber dennoch verspürte er keine Lust, wieder hinzugehen; er behauptete fest, der Teufel habe mit ihm sein Spiel getrieben. Das Kind, das ihm

den Weg zu dem Juden Strauß gezeigt, sei kein rechtes
Kind gewesen, sondern eine dämonische Truggestalt im
Dienste von David Strauß.

Revisor Götz.

Zur Zeit, als die Seherin von Prevorst, Friederike
Hauffe, hier war, kam zu meinem Vater öfters ein
alter Herr mit weißen Haaren aus Heilbronn, er hieß
Götz, war Revisor und hatte großen Glauben an den
Magnetismus und alles Uebernatürliche.

In Heilbronn wohnte damals ein lustiger Kumpan
Namens Frisäus, er war Metzger und hatte eine be-
liebte Weinwirtschaft, wohin jeden Abend die Herren
Heilbronns kamen. Götz, ein höchst gutmütiger Mann,
aber an der Erfindung des Schießpulvers vollkommen
unschuldig, sagte einst beim Nachhausegehen aus dieser
Gesellschaft zum Papierfabrikanten Schäuffelen: „Es ist
ein Kreuz mit diesem Frisäus, er ist mir schon lange
einhundertundfünfzig Gulden schuldig, die ich ihm ge-
liehen habe, und er gibt mir sie eben nimmer heim!
Sage ich ihm 'was, so macht er nur seine Witze:
‚Geben sei seliger, denn nehmen,‘ oder thut er, als habe
er es nicht gehört, und gerichtlich verklagen mag ich
ihn nicht, sonst wird er mir feind und ich kann dann
nimmer in diese Gesellschaft. Was fang' ich nur an?“

„Nichts leichter als das,“ sagte Schäuffelen, „wir
wollen ihn schon gründlich mürb machen. Sie haben

doch auch schon von magnetischen Wundern, Sympathie und geheimen, übernatürlichen Kräften gehört? Ich weiß, wie man's machen kann, daß man einen aus der Entfernung haut. Ich habe zu Haus ein geweihtes, magnetisirtes Stöckchen. Mit diesem schlage ich zu einer bestimmten Stunde auf mein Kopfkissen und sage: ‚Frisäus, das gilt Deinem Kopf, das Deinem Rücken, das Deinem Arme!' und der Kerl spürt's, als ob ich ihn aus der nächsten Nähe geprügelt hätte."

„Unglaublich!" sagte Götz.

„Gewiß wahr!" sagte Schäuffelen; „gleich morgen wollen wir eine kleine Probe halten. Sie gehen morgen nachmittag zu Frisäus, und Schlag vier Uhr will ich zu Haus auf mein Kopfkissen schlagen, da sollen Sie bald Ihr blaues Wunder erleben."

Hocherfreut versprach Götz, sich um diese Zeit bei Frisäus einzufinden.

Schon um drei Uhr war Götz in der Wirtschaft von Frisäus, sprach mit diesem über das Wetter und alle möglichen gleichgiltigen Dinge, trank behaglich seinen Schoppen und schaute hie und da verstohlen auf die Uhr. Schlag vier Uhr, mitten im Gespräch, schrie Frisäus: „Donnerwetter, was ist das?" und fuhr mit der Hand gegen seinen Rücken und „Autsch, autsch!" rufend, rieb er jetzt seinen Arm und jetzt wehklagend den Schenkel; „das ist ja ein ganz infamer, horrender Schmerz!"

„Vielleicht ist's ein Rheumatismus, Sie sind erhitzt in den Keller gegangen," sagte Götz.

„Sauberer Rheumatismus!" brummte Frisäus, „ich hab's ganz deutlich gespürt, als ob mich einer mit

einem Stock schlagen würde! Wenn ich so abergläubisch
wäre, an Geisterspuk zu glauben, diesmal müßte ich
glauben, ein Geist hätte mit mir sein Spiel getrieben."

Seelenvergnügt trank Götz sein Glas aus, ging zu
Schäuffelen und rief ihm schon von weitem zu: „O,
herrlich, herrlich! Es hat gewirkt, aber ich meine, Sie
hätten länger fortmachen sollen!"

„Ja, freilich," sagte Schäuffelen, „doch heute war's
ja nur Probe. Morgen Schlag vier Uhr, da soll's
ganz anders zugehen!"

Den andern Nachmittag saß Götz wieder bei Frisäus,
hörte pfiffig lächelnd zu, wie ihm dieser erzählte, er habe
am Arm und auf dem Rücken einen blutroten Striemen,
das könne doch nicht von einem Rheumatismus herrühren.

„Und wie steht's mit der Bezahlung meines Gut-
habens?" sagte Götz, „Sie erinnern sich doch —?"

„Geben ist seliger, als nehmen," sagte Frisäus und
lachte wie ein verhärteter Sünder.

Plötzlich aber — die Wanduhr schlug eben vier Uhr
— schnellte Frisäus wie rasend vom Stuhle auf, wehrte
sich nach allen Weltgegenden mit den Armen, heulte und
schrie, tanzte bald auf dem einen, bald auf dem andern Beine
durch die Stube, versteckte sich unter den Tisch, sprang
hinter den Ofen, weinte, daß es einen Stein erbarmte,
fiel auf den Boden und krümmte sich wie ein Wurm.

„Es ist mein Tod, mein Tod!" wimmerte er und lag
jetzt bocksteif und röchelte nur noch. Totblaß nahm Götz seinen
Hut vom Nagel und rannte, so schnell er nur konnte, zu
Schäuffelen. Dieser stand in Hemdärmeln vor seinem
Bett, schlug mit einem dicken Stock auf sein Kopfkissen
und schrie in einem fort: „Frisäus, hin mußt sein!"

„Halt, halt! Ums Himmels willen, halten Sie ein!" rief Götz; „der Frisäus stirbt!"

Sie eilten miteinander zu Frisäus, er lag im Bette, den Kopf dick verbunden, das Gesicht mit einer Kompresse bedeckt.

„Ich sterbe," sagte er mit matter Stimme, „lebt wohl! Meine Witwe, meine arme Witwe wird Ihnen meine Schuld berichtigen, Revisor, haben Sie nur noch einige Zeit Geduld!"

„O, reden Sie nicht von dieser unseligen Schuld," seufzte Götz, die Hand des Sterbenden erfassend; „ich will das Geld gewiß nicht haben, werden Sie nur wieder gesund, dann ist alles recht, die Schuld soll Ihnen erlassen sein!"

„Juhe, der Schäuffelen ist Zeuge!" rief Frisäus, warf Tücher und Kompressen weit von sich, sprang aus dem Bette und umarmte stürmisch den Götz.

Der lustige Schabernack, den Schäuffelen und Frisäus dem Revisor Götz gespielt hatten, war bald stadtbekannt, an Spott gegen Götz fehlte es nicht, doch gutmütig, wie er war, hielt er getreu sein Wort, das er am fingirten Sterbebett gegeben, und fragte nie mehr nach der Schuld, ja, wenn öfters Frisäus seinen Gästen vormachte, wie er unter dem Einfluß des Zauberstöckchens sich gekrümmt und geschrieen hatte, lachte er herzlich mit. Daß er aber von dieser Zeit an gegen die Wunder des Magnetismus auch da, wo sie Berechtigung an Glauben hatten, sich sehr skeptisch und mißtrauisch verhielt, war ihm nicht zu verübeln.

Eduard Mörike.

Zwei Stunden von Weinsberg entfernt, in Clever-sulzbach, war Mörike neun Jahre lang Pfarrer. — Das Pfarrhaus hatte eine anmutige Lage, einen schönen Garten und unweit davon war der Kirchhof, auf welchem Mörikes Mutter und die Mutter Schillers begraben liegen. Auf der letzteren Grabstein ist von Mörike eigenhändig eingegraben: „Schillers Mutter". Mörike führte mit seiner Schwester Klärchen in ländlicher Zurück-gezogenheit ein idyllisches Leben,  sein poetischer Sinn hielt es nie lange in der engen Studir-stube aus, die Geschwister durchstreiften am liebsten Wald und Felder, und so kamen sie auch öfters nach Weinsberg, während mein Vater häufig auch Fremde, die sich beglückt fühlten, den beliebten Dichter persönlich kennen zu lernen, dem gastfreien Pfarrhause zuführte. Mörike war in seiner Unterhaltung äußerst belebend, entwickelte dabei oft ein unübertreffliches mimisches Talent. Dabei zeigte er, der im Leben nicht verwöhnt war, eine kindliche Freude an Wohlgerüchen, glänzenden Farben, Schmuck, kleinen Naturseltenheiten, auch war er im Zeichnen nicht ungewandt und hatte großen Sinn für Musik. Wir freuten uns immer herzlich, wenn er nach Weinsberg kam und ein neues Gedicht mitbrachte. Wie fröhlich wurden wir gestimmt, als er uns sein neuestes Gedicht:

„Der Sehrmann" vorlas, in welchem der köstliche Satz
vorkommt:

> „Schnurrbartsbewußtsein hebt und trägt den ganzen Mann
> Und gespannter Hosen Sicherheitsgefühl."

Onkel Sommerweste.

Ein Bruder meiner Mutter war fürstlich hohenlohe-
scher Rentamtmann in Oehringen, er hatte ein stattliche
Gestalt, war wohlbeleibt, von ungetrübtem Humor und
behaglicher Geselligkeit und einer Herzensgüte ohnegleichen.
Jeden Sonntag präzis zwölf Uhr kam er selbst kutschirend
in seiner Droschke angefahren, von uns Kindern mit
Jubelruf empfangen. Da er Jagdteilhaber war, brachte
er oft einen Hasen oder Rehschlegel mit, der im Triumph
in die Speisekammer getragen wurde. Es war eine
Freude zu sehen, wie ihm das Mittagessen schmeckte,
und obgleich meines Vaters Tischwein nicht gerade zu
den feinsten gehörte, lobte er ihn doch jedesmal und
sagte: „Der Wein mundet mir heute ausnehmend!"
und aus seinem geröteten Gesicht schauten die hellen
blauen Augen so freundlich und zufrieden heraus, daß
es allen wohl ums Herz wurde. Wenn er nach Tisch
die wohlangerauchte Meerschaumpfeife mit dem silbernen
Deckel aus dem roten seidenen Taschentuche wickelte, sie
langsam und bedächtig aus dem Tabaksbeutel stopfte,
Stahl, Stein und Zunder herauszog, Feuer schlug und
dann die blauen Wölkchen emporstiegen und sich im

Zimmer verbreiteten, da zog auch ein Hauch von Wohlbehagen über alle, die am Tisch saßen, und der Onkel
erzählte kleine Jagdgeschichten, die natürlich alle nicht
wahr, aber doch lustig anzuhören waren. Auch Fremden, die da waren, erschien er bald so lieb und verwandt, daß sie Titel und Namen vergaßen und ihn
nur Herr Onkel nannten.

Nach Mörikes Gedicht:

> „Lieber Vetter, er ist eine
> Von den sonnigen Naturen,
> Die ich Sommerwesten nenne,“

nannten ihn Lenau und Graf Alexander nur die Sommerweste, was er freundlich hinnahm.

Die letzten Strophen dieses Gedichtes:

> „Ach, daß diese Sommerwesten,
> Die bequemen, angenehmen,
> Endlich doch auch sterben müssen!“

bewahrheitete sich leider zu bald für uns und alle, die
den lieben Onkel kannten. Noch oft sahen wir Kinder
am Sonntag um zwölf Uhr unwillkürlich den Berg
hinab bis zur Ecke, um die der Onkel in seiner Droschke
mit den Schimmeln, an denen man ihn schon von
weitem erkannte, kommen sollte, aber — wie kraftlos
bleibt der Menschen Wünschen und Sehnen dem starren
Willen des Todes gegenüber — er kam nimmer!

Die Polen.

Es war im Jahre 1831, der Aufstand der Polen gegen Rußland war blutig niedergeschlagen, die Polen unter Generalissimus Rybinski nach Preußen über= gedrängt, es ging der Zug der flüchtigen Polen durch Deutschland nach Frankreich. Im Oktober kamen täg= lich in kleineren und größeren Abteilungen die Polen durch Weinsberg; meist übernachteten sie in Oehringen und fuhren von da auf Leiterwagen vor unserem Hause an. Das Mitleiden mit diesen aus dem Vaterland vertriebenen Unglücklichen mußte die Gastfreundschaft erhöhen, die Wände des kleinen Kernerhauses schienen sich gutherzig von selbst zu dehnen, um die flüchtigen Ankömmlinge zu fassen.

Im Garten am Hause wurden Tische aufgeschlagen und daran die Flüchtigen in der kurzen Rast — in Heilbronn waren Massenquartiere für sie bereitet — getränkt und gespeist; viele aber, namentlich Offiziere, denen das unruhige Treiben, das Wirtshausleben, die fortwährenden Ovationen zur Last waren, zogen es vor, hier im gastlichen Landhause länger zu verweilen. Für uns Kinder gab es da kein Bett und keine Schlaf= stube mehr, die Eltern zogen in ein Dachzimmer, wir legten uns auf den Boden neben sie; in allen Wohn= und Schlafzimmern aber hatte unsere gute, fleißige Mutter auf Sofa, Stühlen und in Betten für die Polen Lagerstätten bereitet und wir in unserem Verstecke oben wünschten jede Nacht vor dem Einschlafen den

Heimatlosen unten so fest und von ganzer Seele gute
Nacht, daß sie gewiß jedesmal gut geschlafen und
freundlich von den Ihrigen in der Ferne geträumt haben.

Unter diesen Flüchtlingen war wohl der vornehmste,
aber auch der unglücklichste Generalissimus Rybinski.
Man sah, nicht durch das Alter allein waren in die
hohe Stirne und die scharfen Gesichtszüge so tiefe,
eckige Furchen gerissen, Sorge und Kummer um sein
zerfleischtes Vaterland hatten ihn in kurzen Monaten
mehr als vorher ein langes Leben alt und krank gemacht.

Dazu kam die ermüdende Reise, der fortgesetzte
Festtumult um ihn. Er suchte Ruhe, nur Ruhe und
blieb bei uns zehn Tage. Er wohnte im Gartenhaus
still und zurückgezogen und erholte sich sichtlich, doch
auch hier blieb ihm Schmerz nicht erspart.

Eines Abends saßen wir mit Rybinski nebst acht neu
angekommenen polnischen Offizieren, welche verschiedenen
Regimentern angehörten, im Schweizerzimmer beim
Nachtessen. Kaum hatte es begonnen, so entstand unter
den Offizieren ein politischer Streit, der immer heftiger
wurde. Rybinski hatte mehrmals vergeblich zum Frieden gemahnt, endlich rief er den Offizieren zu: „Es
ist unpassend, im Beisein des Hausherrn in einer
Sprache zu reden, die er nicht versteht, ich bitte Sie,
nur deutsch oder französisch zu sprechen!"

Dadurch stockte die Unterhaltung, aber nur auf
kurze Zeit, der Wortkampf wurde immer lauter und
hitziger und mehrmals fiel das Wort „Verräter". Da
erhob sich Rybinski, sein grauer Schnurrbart zitterte
vor Aufregung und er rief: „Wollt ihr noch einmal

dem Kommando eures Obergenerals folgen, eh' wir
den französischen Boden betreten und uns auf immer
trennen, so befehle ich euch: Keiner rede heute mehr
ein Wort!"

Da ward alles still, stumm entfernte sich einer um
den andern von den Offizieren, einige küßten Rybinski
die Hand, einer der Jüngsten, Matuccinsky mit Namen,
weinte helle Thränen. Mein Vater behielt diesen Matuccinsky, als die anderen abreisten, zurück. Er hatte
Medizin studirt, war im Insurgentenheer Militärarzt
gewesen und mein Vater und Professor Eschenmayer
ließen ihn in Tübingen seine Studien vollenden. Einige
Jahre darauf starb er als geachteter Arzt in Paris an
Heimweh nach seinen Eltern und seinem Vaterlande.

Ein inniger Freund von ihm war der Komponist
Chopin, den er auch ärztlich behandelte.

Nachdem die Offiziere weg waren, sagte Rybinski
zu meinem Vater: „Es thut mir herzlich leid, daß Sie
Zeuge dieser widerwärtigen Scene waren, Sie haben
dadurch einen Einblick bekommen in die Krankheit, an
der unser Polen unrettbar dahin stirbt, — es ist die
Uneinigkeit."

*

Rybinski hatte großen Hang zum Mystischen, sprach
mit meinem Vater viel über Magnetismus, namentlich
interessirte ihn die der Wünschelrute beigelegte Kraft.
Mein Vater hatte schon vor Jahren zu Versuchen mit
der Wünschelrute an verschiedenen Stellen des Gartens
einen Meter tief viele Pfund Eisenstücke eingraben
lassen, es war längst Gras darüber gewachsen. Diese

Stellen suchte Rybinski mit der Wünschelrute aufzufinden, es gelang ihm aber nicht.

Der Abschied Rybinskis von meinen Eltern war traurig und herzlich. Ich, der Fabrikant so schöner Wünschelruten, durfte ihn in der Chaise bis Heilbronn begleiten. Dort gab er mir zum Abschied einen Kuß und sagte: „Ne m'oubliez pas!", was mich in meiner jugendlichen Polenbegeisterung ganz stolz machte.

Von Paris aus schrieb Rybinski an meinen Vater, und Lelewel, der Vorstand des Pariser Polenkomites, sandte ihm ein Dankschreiben.

Das Skelet.

Als bei Weinsberg der Eisenbahntunnel gebaut wurde, waren bei demselben viele Italiener beschäftigt. Unter ihnen war ein besonders langer Mensch, der mit unserem Diener Freundschaft geschlossen hatte.

Nach vollendetem Tunnel zogen die Italiener zu weiterer Arbeit fort nach Rottweil.

Da verübten drei derselben an einem Kameraden einen Raubmord; sie wurden zum Tode verurteilt und guillotinirt, und unter ihnen befand sich auch der lange Italiener.

Ein halbes Jahr darauf schrieb ich an die Anatomie in Tübingen um ein Skelet, und es wurde mir das des langen Italieners zugesandt. Es war aber kaum erst präparirt worden und roch noch stark.

Ich stellte es daher in den großen Garten auf einen freien Grasplatz nahe dem Alexanderhaus, damit Sonne und Regen es bleichen.

Im Parterre des Alexanderhauses hatte unser Diener seine Schlafstelle. In einer Nacht träumte ihm, das Skelet trete vor sein Bett und sage: „Du, es regnet so kalt und ich stehe draußen so allein, nimm mich zu Dir hinein!" — Er erwachte, und als er hörte, wie es draußen stark regnete, stand er auf, trug das Skelet herein, stellte es an sein Bett und schlief weiter. Wir bewunderten seine Unerschrockenheit, denn hätte er nicht an die Wahrheit der Erscheinung seines ehemaligen Freundes geglaubt, so hätte er ja das Skelet ruhig im Regen stehen lassen können.

Emma Niendorf.

So nannte sie sich mit ihrem Schriftstellernamen, die Frau des Oberst von Suckow, eine liebenswürdige Dame von höchster Gutmütigkeit, Literatin mit Leib und Seele und in diesem Berufe mit unermüdlichem Fleiße und gewandter Auffassungsgabe thätig. Sie hatte immer die Schreibtafel in der Hand und nahm wie ein Momentphotograph alles darin auf, was ihr merkwürdig erschien. Mit rührender Bescheidenheit und Selbstaufopferung unterwarf sie sich willig jedem Spott und Scherz und ließ sich den Schild mit Pfeilen spicken — woran es namentlich Lenau nicht fehlen ließ — wenn sie auf ihrer Fährte berühmte, interessante Männer traf, deren Worte, Sentenzen und Erzählungen, wie sie gerade aus dem Munde kamen, sie sofort in ihr immer parates Tagebuch einkapselte. Sie war beglückt über jede neue Dichterpflanze, die sie in ihr Herbarium getrockneter Dichter einlegen konnte.

Da bot ihr nun mein Vater mit den vielen Besuchen im Hause reichen Stoff. Vor allem waren es Lenau und Graf Alexander von Württemberg, die in ihren Notizen Aufnahme fanden, auch ein sehr schöner Mann, Amtsrichter Ostertag aus Langenburg, der Gedichte und die Sage von der Minneburg herausgegeben hatte, war ihr einige Zeit das Vorbild eines Troubadours aus alter Zeit. Der originelle, aber wenig galante Clemens Brentano, den Emma Niendorf in München besuchte, hatte sie, wie sie mit naiver Offenheit erzählte, „eine schöne Anmutstrampel" genannt, was ihr oftmals diesen Beinamen eintrug. Weniger angrifflich war seine Bemerkung, als sie einmal bei starkem Regen und ziemlich durchnäßt bei ihm eintrat: „Sie kommen ja daher wie eine wandelnde Filtrirmaschine."

Von Geistergeschichten ließ sie sich gerne durchgruseln und wünschte oft, selbst einmal derartiges zu erleben.

Einmal nach dem Nachtessen, als der Mond hell durch die Scheiben schien, begehrte sie noch die Weibertreu zu besteigen, aber nicht allein, ich müsse sie begleiten. Wir wanderten also den Berg hinauf und ich unterließ nicht, sie unterwegs angenehm von Gespenstererscheinungen zu unterhalten. — Als wir innerhalb der Ruinen die nur lückenhaft hellen Waldwege

betraten, wurde sie, obwohl sie öfters ihre Tapferkeit als Soldatenfrau rühmte, etwas zaghaft und noch
mehr, als ich dem Aeolsharfenturm zuschritt. Wir
gingen durch den langen, schmalen Mauereingang und
im Augenblick, als unser Fuß die im unsichern Mond-
lichte schimmernde Rotunde betrat, that ich einen lamen-
tablen Schrei, sprang rasch zurück und den Berg hinab,
sie mit ausgebreiteten Armen, immer „Halt, halt!"
rufend, kam in wilden Sätzen mir nach. Mein Vater
saß noch gemütlich am Eßtisch, als wir keuchend ein-
stürmten.

„Was ist's?" rief er.

„Ach," klagte sie, „eine Erscheinung — Theobald
soll's erzählen!"

„Ich? Ich habe nichts gesehen," sagte ich.

„O, freilich, freilich haben Sie etwas gesehen, wozu
sonst Ihr Schrei, die schreckliche Flucht? O, ich bitte,
sagen Sie es!" bat sie.

„Nun ja," entgegnete ich, „wenn Sie es durchaus
haben wollen, so will ich es in Gottes Namen gestehen:
Ich hatte gleich bei meinem Eintritt in die Rotunde
eine Gespenstererscheinung gehabt, die war so unheimlich,
so unsäglich unheimlich, so über alle Maßen schauerlich
und vielbedeutend, daß ich es gar nicht sagen kann,
und ich habe unterwegs einen heiligen Schwur gethan,
es nie jemand zu offenbaren."

Bei dieser Geheimnißthuerei, die sie natürlich bald
durchschaute, blieb ich, und für das Tagebuch war diese
unnennbare Geistergeschichte nicht zu gebrauchen.

Trotz des ungalanten Scherzes, der sie in so großen
Schrecken gebracht hatte, war der „tapfern Soldaten-

frau" die Begierde, etwas recht Romantisches im Kernerhause zu erleben, nicht erloschen, und einige Tage darauf, als wir im hellsten Mondschein auf dem alten
Geisterturme zu Nacht speisten, wobei der joviale
Freund meines Vaters, Dekan Dillenius, Gesellschaft
geleistet hatte, beharrte sie eigensinnig auf dem Wunsche,
da oben übernachten zu wollen und zwar mutterseelen-
allein — o, sie fürchte sich nicht.

Nun, man that ihr den Willen, und der Diener
mußte Matratze und so weiter auf die Plattform
tragen, und Frau von Suckow versah sich mit einem
warmen Shawl.

Wir nahmen von der Heldin gerührt Abschied.

Allmälich wurde es überall still, die Mitternachts-
stunde hatte geschlagen, da hörte sie ein sonderbares
Seufzen; sie sprang angstvoll von der Matratze und
bemerkte, wie von der Kirche her der Stadtmauer entlang, eine riesengroße weiße Lichtgestalt ohne Kopf sich
langsam dem Turme näherte, und jetzt kam sie durch
die Gartenpforte herein. Dabei erscholl wieder ein tiefes
Seufzen wie von einem Geiste, der um Erlösung fleht.

Emma Niendorf schaute schreckensbleich hinab, und
als das Gespenst am Turme war, raste sie mit ver-
zweiflungsvollem Entschlusse die Treppen und Staffeln
des Turmes herab, an der Schreckgestalt vorbei mit
dem Rufe: „O, Herr Geist, lieber Herr Geist, thun
Sie mir nichts!" und lief durch den Garten in das
Haus und schloß sich fest in ihrem Schlafzimmer ein.

Vergebens hatte der Geist ihr nachgerufen: „Frau
Oberstin, nur keine Angst! Ich bin's, der Dekan!"

Dieser hatte über eine angezündete Laterne ein

großes Leintuch geworfen. die Laterne auf seinen Kopf gesetzt, sich in das Leintuch eingehüllt und so einen Geist ohne Kopf dargestellt.

Emma Niendorf hat Vielfaches in Zeitungen geschrieben und auch in Büchern herausgegeben, namentlich: Reisescenen, die Villegiatur in Weinsberg, Lenau in Schwaben.

Sie starb als betagte Witwe im Januar 1876 in Rom. Unweit der Säule des Cestus ist ihr Grabstein.

Graf Alexander von Württemberg.

Es haucht mich wie frischer Morgenwind an, wenn ich an ihn denke. Im Anfang zwar, als ich mit anderen Knaben auf der Straße spielte und der Graf blitzschnell mit seinen schönen ungarischen Pferden in der leichten Droschke angefahren kam und der hohe, schlante Mann mit gewirbeltem blondem Schnurrbart in unser Haus trat und ich dann erfuhr, er sei der Sohn eines Herzogs, dem königlichen Hause nahe verwandt, da konnte ich nicht schnell genug meinen Kameraden erzählen, welche Ehre uns widerfahren. Aber als ich ihn näher kannte, welcher Unterschied zwischen meiner kindischen Vorstellung von einem Prinzen und ihm! Ach, er war ja auch ganz anders! Die steife

Flittergoldhülse schien er schon im Hausgang abgestreift zu haben, und er trat uns entgegen als einfach bürger= licher Mann, als Mensch im edelsten Sinne des Wortes. Wie er mir, dem Knaben, erschien, so unverfälscht, männlich gerade, freidenkend und in Freundschaft und kindlichem Glauben an die Menschheit,

> „Wie ein Meerfels unbewegt,
> Wenn an ihn die Woge schlägt.“

und welche Wogen schlugen oft an ihn! — so er= schien er mir auch noch in meinem Mannesalter bis zu seinem Tode. Nie sah ich seinen herrlichen Cha= rakter durch eine Wolke getrübt, verdunkelten auch deren noch so viele sein Leben. Wenn er nach Weins= berg kam, — und er kam oft und ich danke ihm noch in der Erinnerung für die Freude und den Trost, den er immer meinem Vater brachte — da spürte man durchs ganze Haus die Wirkung seines guten Geistes, alles war fröhlich erregt. Selbst Lenau, wenn er eben noch eine seiner schwarzen, misanthropischen Stunden hatte, meinte, es sei jetzt Zeit, sich der Melancholie zu ent= kleiden, und sprudelte bald von lustigen Wiener Geschichten und alles lachte herzlich zusammen. Wie nett und freundlich, keinen Standesunterschied beachtend, wußte Alexander mit jedem Gaste zu sprechen, und kam ein General oder sonst etwas Hohes, da wußte er auch seinen Mann zu stellen und die richtige Tonart zu finden. Nie war sein Erscheinen störend. Nur einmal erinnere ich mich eines Falles, wo es fast durch ihn, aber nicht durch seine Schuld, ungemütlich wurde.

David Strauß und Eduard Mörike waren auch angekommen und übernachteten im Kernerhause. Beim

Nachteſſen wurde viel Intereſſantes geſprochen und
erzählt, und es kam auch auf die Politik und von
ihr aus auf die Türkei die Rede. Strauß behauptete,
die Türkei ſei ein kranker Mann und die Türken ein
entnervtes, verweichlichtes Volk ohne Saft und Kraft
und geiſtiges Streben. Alexander widerſprach dem und
ſagte, man mißkenne vielfach dieſes Volk, es ſei zwar
durch Barbarei und Druck niedergehalten und wiſſen=
ſchaftlich verkürzt, aber die Verweichlichung gehe nicht
ſo tief, wie man oft meine, es läge in ihm eine un=
geahnte Energie und Tapferkeit, und man finde unter
den höheren Klaſſen ſehr ſtrebſame, geiſtreiche und hoch=
gebildete Männer.

„Herr Graf, waren Sie vielleicht ſchon in der Türkei,
daß Sie das ſo genau wiſſen?“ fragte Strauß ſpitzig.

„Nein, in der Türkei ſelbſt war ich nie,“ entgegnete
Alexander ruhig, „aber an der türkiſchen Grenze, und
in Ungarn und namentlich in Wien lernte ich viele
Türken von der Geſandtſchaft und Diplomatie kennen,
die ich wegen ihres Verſtandes und ihrer Kenntniſſe
hochſchätzte und mit denen ich viel über türkiſche Zu=
ſtände ſprach.

„Uebrigens, Herr Doktor, waren Sie ſchon in Beth=
lehem, da Sie alles von dort ſo genau wiſſen?“

„Nein!“ ſagte Strauß kurz und ſtand auf.

Den andern Morgen kam Alexander früher als die
anderen zum Frühſtück und mein Vater ſagte zu ihm:
„Du haſt — ſcheint’s — geſtern Strauß beleidigt.“

„Ich will’s ſchon wieder gut machen, es thäte mir
leid,“ entgegnete Alexander, und als Strauß eintrat,
ging er auf ihn zu und ſagte: „Herr Doktor, ich hatte

gestern abend etwas zu viel getrunken" (dem war aber nicht so!), „sollte ich Sie durch irgend eine Rede beleidigt haben, so bitte ich Sie herzlich um Verzeihung," und bot ihm dabei die Hand.

Strauß aber trat einen Schritt zurück, ohne ihm die Hand zu geben, und sagte: „Herr Graf, wir brauchen keine Zeremonien!"

Ich sah, wie Alexander rot im Gesicht wurde, schnell aber hatte er seinen Unwillen unterdrückt und sagte gutmütig lächelnd:

„Sie haben ganz recht, Herr Doktor, wir sind zwei zu entgegengesetzte Naturen, Sie sind der negative, ich der positive Pol, und wenn wir uns berühren, könnte es eine Explosion geben, und diesen Schrecken dürfen wir unserem guten, gastfreundlichen Justel nicht machen."

Die Gedichte von Graf Alexander von Württemberg enthalten viele echte Perlen der Poesie, zum Beispiel: „Des Kürassiers Gang zum Tode." Im Jahre 1843 erschienen von ihm Sonette: „Gegen den Strom." Weil sie gegen den Strom waren, fanden sie wenig Anklang, aber zu beachten ist, daß schon fünf Jahre vor 1848 ein Angehöriger des württembergischen Königshauses solches in Gedichten aussprach. Ich entnehme denselben eines:

> „Mein Vaterland, wie bist du doch zerrissen!
> Was nützt dich deine Kunst, dein vieles Wissen!
> Wie haben deine Feinde sich beflissen,
> Zu reizen dich mit allen Aergernissen!
>
> Du trägst ein Kleid von achtunddreißig Farben,
> Noch bluten deine Krieger an den Narben,
> Die sie im schlimmen Bruderkrieg erwarben,
> Wo viele Tausend auf dem Schlachtfeld starben.

Noch unbekannt bist du im eig'nen Meere,
Hast keine Flotte, die für dich sich wehre,
Und keine Flagge weht zu deiner Ehre.

Doch Mut gefaßt, der Sturm hat angeschlagen
Die Glocke der Geschichte! Wer wird zagen?
Jetzt gilt es, frisch zu handeln und zu wagen."

Mein Vater schrieb einige Tage nach Alexanders Tod, der ihn in unsägliche Trauer versetzte, Folgendes nieder:

„Der schwäbische Dichterkreis betrauert den Verlust seines ritterlichen Sangesgenossen, des Grafen Alexander von Württemberg. Nach vieljährigen Kämpfen mit einem leidenden Körper übereilte den Edlen der Tod am 7. Juli 1844 in den Bädern des Wildbades.

„Graf Alexander von Württemberg wurde am 5. November 1801 zu Kopenhagen geboren, wo sein Vater, Herzog Wilhelm von Württemberg, ein durch Herzensgüte und Biederkeit ausgezeichneter Fürst (Bruder König Friedrichs), Gouverneur war. Noch ein zartes Kind, kehrte er mit den Eltern in die Heimat nach Schwaben zurück, dem er auch seiner innersten Natur nach ganz angehörte. Herzensgüte, Freundestreue und eine reiche Phantasie, die ihn hauptsächlich zum Dichter schuf, waren Grundzüge seiner Natur. Als Soldat (früher Oberstlieutenant in einem Reiterregiment) erwarb er sich die Herzen seiner Kameraden und Untergebenen durch seine durchaus ungezwungene Natur. Bei der Liebe, mit der auch der Gemeine an ihm hing und für ihn jede kühne That gewagt hätte, bei seinem persönlichen Mut und seiner ritterlichen Erscheinung hätte er in einem Krieg gewiß Ausgezeichnetes geleistet. Es ist um so mehr zu

bedauern, daß sein Leben nur in Zeiten der Friedens-
ruhe fiel, wo die in ihm liegende Kraft nicht die ent-
sprechende Richtung nehmen konnte, was ihm gewiß die
Anerkennung des deutschen Vaterlandes verschafft hätte.
Seine „Gesammelten Gedichte" beginnen mit einer Reihe
von Liedern eines Soldaten im Frieden. Sie sprechen
eine einem Soldaten wohl zu verzeihende Trauer aus,
sich nicht in Kampfeslust ergehen, nicht den Tod fürs
Vaterland sterben zu können und doch Soldat zu sein;
sie fassen den Soldatenstand im Frieden elegisch auf.
Ihnen folgen Bilder vom Plattensee, Traumbilder,
Waldbilder, Bilder aus den Alpen, Lieder des Sturmes,
vermischte Gedichte. Alle diese Dichtungen zeugen von
einem tiefen Gefühle, von einer unverdorbenen Natur,
deutschem, bürgerliebendem Sinne neben einem Geiste
edler Ritterlichkeit und alle verklärt die Folie einer
reichen, bunten Phantasie. Schmerzlich fällt es auf,
daß sie hie und da getrübt werden durch das Ringen,
eine Kraft zu offenbaren, die zwar in seiner Seele lag,
die aber später sein durch Gemütsleiden und Krankheit
müde gewordener Leib nicht immer zu freier Entfaltung
kommen lassen wollte. Sein Herz war herzlich wie
kein Herz und man konnte mit allem Rechte sagen:
„Jeder Muskel an ihm ist ein Herz." Wen er einmal
mit Liebe umfing, von dem konnte er nicht mehr lassen,
nie mehr den Glauben an ihn verlieren. Zeigte sich
der Freund in der Folge auch noch so treulos und undankbar, er glaubte es nicht, glaubte nur seinem Herzen,
das von nichts wußte als von Liebe und Treue. Dadurch wurde er oft mißkannt und von denen, die seine
Natur nicht verstanden, schwach gescholten. Aber nicht die

Seele war schwach, nur sein durch vieljährige Krankheit untergrabener Körper, der früher in voller Manneskraft dastund und ihn zum treuesten Bilde eines ritterlichen schwäbischen Sängers aus alter Hohenstaufenzeit machte.

„Später war er das Bild eines Aares, dem ein Pfeil die Brust getroffen.

„Lange mochte er auch in sich ein Gefühl des Verwundetseins und Hinsterbens getragen haben, so sehr er es auch oft wieder zu verbergen suchte. Das sprechen auch nachstehende Verse, die er schon Jahre vorher schrieb, rührend aus:

> „Mein Leben gleicht dem alten Turme,
> Verwittert blickt er in die Welt,
> Trotzt wohl noch manchem harten Sturme,
> Bis er in sich zusammenfällt;
> Doch sind die Glocken drin zersprungen,
> Ein Blitzstrahl traf mir das Gemüt,
> Die frohen Lieder sind verklungen,
> Nur eine trübe Flamme, glüht
> Die Phantasie auf dem Altare
> Der Dichtkunst noch und wirft ihr Licht
> Auf eine stille Totenbahre,
> Bis daß der Turm zusammenbricht."

„Der ritterliche Turm ist gebrochen, der müde Leib zur Ruhe bestattet in der Stiftskirche zu Stuttgart in der Gruft seiner Ahnen, nahe dem Platze, den das Standbild des größten der schwäbischen Dichter ziert, aber sein Geist der Liebe und Treue lebt in den Herzen seiner Freunde, und, sind auch diese von der Erde gegangen, noch in fühlenden Herzen der Nachkommen in seinen Liedern fort."

Die Unglückskatze.

Eines Tages (ich meine, es war im Jahre 1842) brachte Graf Alexander von Württemberg meinem Vater ein Bild in einfacher schwarzer Rahme. Es stellte eine Wildkatze in Lebensgröße dar. Sie war mit schwarzer Kreide auf bläuliches Papier gezeichnet und diese Farbe des Papiers zeigte sich auch in den Augen der Katze wieder, die sonst ganz dunkel gehalten war.

Je länger man das Bild anblickte, desto mehr war man betroffen von der lebendigen Wahrheit der Zeichnung, namentlich schauten einen die Augen der Katze so bös und drohend an, daß es einem ordentlich unheimlich wurde, und jetzt noch nach so vielen Jahren kann ich ihren Blick nicht vergessen.

„Lieber Justel, ich habe Dir hier ein Bild mitgebracht, es ist so gut gemalt, daß ich es nicht verbrennen wollte, und doch kann ich es nicht mehr länger behalten, es würde mich närrisch machen. Bei einem früher in meinem Dienst gestandenen Jäger, der später Forstwart bei Eßlingen wurde, habe ich es einmal an der Wand hängen sehen und oft daran denken müssen. Vor zwei Monaten hat er sich, obgleich er in anscheinend glücklichen Verhältnissen lebte, erschossen, da habe ich es von der Frau gekauft und unter anderen Jagdbildern in meinem Schreibzimmer aufgehängt, aber ich kann die Augen dieser Katze nicht ertragen, und während ich den anderen Bildern keine Aufmerksamkeit schenke, muß ich dieses Bild unwillkürlich täglich anschauen, ich fühle, daß es mich ganz melancholisch macht, so daß es mir am Ende erginge wie dem Forstwart, darum bringe ich es Dir, mein Justel, Du bist der Herr der Geister, auf Dich hat der böse Zauber keinen Einfluß."

Die Katze hing nun im Studirzimmer meines Vaters, wir hießen sie die Alexanderkatze und hatten alle unsere Freude daran.

Aber die Augen! die Augen! Sie waren gar zu bösartig und man konnte den Blick nicht davon abwenden. So hing sie da lange Zeit, doch immer mehr fühlte mein Vater eine — wie wir es nannten — ungerechte Abneigung gegen dieselbe, er behauptete, ihr Anblick mache ihn ganz trübsinnig. Doch weil es das letzte Geschenk seines unterdessen verstorbenen Alexanders war, wollte er sie nicht hergeben. Eines Morgens aber brachte er sie mir und sagte: „Jetzt nimm Du die Alexanderkatze, ich kann's nimmer aushalten!"

Ich war erfreut, die Zeichnung zu haben, und hielt mich gewappnet gegen jeden Aberglauben. „Was doch die Einbildung macht!" dachte ich, indem ich dem Katzenbild einen Platz unter anderen Bildern über meinem Schreibtisch einräumte. „Hätte Alexander nicht gesagt, die Katze mache ihn melancholisch, hätte auch mein Vater nichts von dergleichen verspürt. Einer steckt den andern an."

Ich schenkte dem Katzenbild bald keine Beachtung mehr und es mochte schon ein Jahr dort hängen, als es mir in einer Winternacht — ich schrieb zu später Zeit an meinem Arbeitstische noch einen Brief — plötzlich vorkam, ich sei nicht allein im Zimmer; ich hatte die unheimliche Empfindung, es schleiche etwas Fremdes an mich heran. Ich sah schnell auf und meine Blicke trafen die Augen der Katze. Von jetzt an wußte ich, daß es keinen Frieden mehr zwischen uns gebe, ihre Augen schienen mich feindlich zu verfolgen und ich war innerlich voll Haß gegen sie und das Traurigste dabei, daß ich fühlte, wie sie stärker war als ich, ihre Blicke schienen langsam jede Lebenskraft aus mir zu saugen, meine Gedanken zu absorbiren. Aber dennoch wollte ich sie nicht vom Nagel nehmen, ich schämte mich meiner Schwäche.

Da sagte eines Tages mein Vater: „Ich begreife nicht, wie Du die Katze immer noch im Zimmer haben magst, auf mich macht sie immer noch einen dämonischen Eindruck.“

„Wenn das ist, so thue ich sie weg,“ entgegnete ich und war froh, einen Grund außer mir zu haben, den unseligen Bann zu lösen.

Nun kannte ich einen Herrn, der war ein lustiger Lebemann, dabei Jäger und großer Tierfreund. Er hatte sein Haus neu herrichten lassen. „Hier habe ich ein Bild für Ihren Hausgang,“ sagte ich, natürlich ohne ihm irgend etwas von dem Lebenslauf und dem Wirken des Bildes zu sagen. Er dankte freundlichst und hing es in den Hausgang. Nach einem halben Jahr wurde er ohne äußere Beweggründe trübsinnig und that sich einen Tod an.

Unser erster Gedanke war: Die Alexanderkatze!

Ein Verwandter des Verunglückten nahm die Katze mit sich und nach einigen Monaten wurde er tot im Bette gefunden, ob durch fremde Hand oder durch eigene, bleibt bis heute ein Rätsel.

Was aus der Katze weiter geworden, und auf wen sie jetzt unheilvoll niederschaut, weiß ich nicht.

Das entstellte Ebenbild Gottes.

Ein Päckchen mit Briefen liegt vor mir, die mein Vater besonders schätzte und vor der Kleptomanie der Autographensammler zu bewahren suchte.

Die Briefe schließen meistens mit: „Vale et ora! tuus totus quantus in sanctissimo corde Jesu, Alexander Hohenlohe, notus a calamo." Zuweilen lautet auch ihre Unterschrift: „Alexander Fürst Hohenlohe, Prälat und Domherr von Großwardein in Ungarn." Einmal auch nur „notus a calamo."

Im August 1834 schrieb Hohenlohe, durch den Ruhm seiner Heilungen mittelst Magnetismus und Gebet, weshalb er auch der „Wunderthäter" genannt wurde, meinem Vater bekannt, unter anderem:

„Seit dem Erscheinen Ihrer Werke zähle ich mich unter Ihre aufmerksamsten Leser. Katholik aus innerster Ueberzeugung, hindert es mich nicht, von Grund des Herzens mich zu freuen über den Christussinn, der in all Ihren Schriften herrscht, und den festen biblischen Glauben, dem Sie huldigen, der leider bei den winzigen Männleins unserer Zeit als „Auskerich" erscheint. Scheiden uns auch Dogmen, einigt uns doch das Band der heiligen Liebe, einer Liebe, die meine Kirche bekennt und übt, denn der Katholizismus ist Konsequenz, Toleranz und Liebe, und wer ihn anders beschreibt, kennt ihn nicht, und wer anders ihn übt, handelt nicht im Geiste der Kirche, die ein offenes Buch ist; so es sanft gedrückt wird, fließt Milch daraus, hart hingegen — Blut. Zählen Sie mich unter die ersteren. — —

Der Teufel bläst seinen Dudelsack und die Welt tanzt
dazu, darum gebären die Zeiten nichts Gutes, das sieht
wohl jeder ein, der nicht ganz blind ist. Lange kann
wohl die allgemeine Spannung nicht dauern. Das
Licht wandelt nach Amerika, und ich fürchte, nach etwa
hundert Jahren wird man von dort nach Europa reisen,
um die Trümmer der ehemaligen Herrlichkeiten zu sehen,
wie wir nach Griechenland und in den Orient reisen,
denn offenbar wandert der Christusglaube aus und mit
ihm das Licht, dann aber bricht unfehlbar die Nacht herein.

„Gott segne Sie, teurer Mann, und leite Ihre
Feder, damit Sie des Guten noch viel wirken mögen.
Recht sehr freuen wird es mich, wenn Sie mich mit
einem Briefe erfreuen würden, denn wahrlich, ich bin
Ihnen mit vieler Liebe zugethan."

Diesem Briefe des Prälaten folgten in Kürze andere
und am 11. November 1834 ein sehr umfangreicher,
den ich, auf den später im Druck erscheinenden Brief=
wechsel meines Vaters hinweisend, hier im kurzen Aus=
zuge geben kann:

„Ehe ich zu meiner Bitte übergehe, muß ich ein
Bekenntnis ablegen, so wahr als treu aus dem Herzen
mir kommend: Ich weiß es, mein praktisches Leben
lieferte mir Data, daß Ihre Schreibart, Ihr echter
Christussinn schon mehrere zum Glauben zurückbrachte.
Lieber Theuerer, das muß für Sie ein Trost sein, viel
vergütend die Schmach, womit das Heidentum unserer
Zeit wahre Christen verfolgt. Nicht bald kam mir ein
Laie vor, der so in den heiligen Urkunden bewandert
ist wie Sie, doch geben wir Gott alle Ehre, von dem
alle guten Gaben kommen.

„Nun, zu meiner Bitte, sie ist unbescheiden, ich fühle es, aber die Liebe, die uns vereint und vereint erhalten wird, macht mich kühn und läßt mich Gewährung hoffen, um so mehr, da es die Sache Gottes betrifft: Ich soll für die kommenden Fasten in der Kaiserstadt die Fastenpredigten halten, ich werde von allen Seiten gedrängt, durch eine — ich darf wohl sagen — so zeitraubende als kostspielige Weltkorrespondenz! Hiezu kommen örtliche Berufsgeschäfte, wohl auch eigenes Selbststudium, Fortbildung, Bücherlektüre, um meine Zeit nicht aus dem Auge zu lassen. Ergo totus quantus occupatus multis officiis et negotiis! Wiederholen kann und will ich mich nicht in meinen Vorträgen, und wer schon über zwanzig Jahre gepredigt hat, hat schon viel sich ausgesprochen. Mich treibt ein innerer Drang, gerade bei diesem angesehenen Auditorium von den sieben Hauptsünden zu predigen, da ich das fade Moralisirende, stets Liebende auf der Stätte, wo ernste Wahrheit ertönen soll, nicht leiden kann; also wie gesagt, über die sieben Hauptsünden. Die Entwürfe sind wie folgt: 1. von der Trägheit (Angabe des Textspruches, ersten, zweiten Teil und so weiter); 2. vom Neide; 3. vom Geize; 4. Friß und Völlerei; 5. von der Unkeuschheit; 6. Hoffart; Schluß ein rührendes Gebet zur gekreuzigten Liebe.

„Nun, lieber Mann Gottes, bitte ich Sie, mir diese sechs Fastenpredigten auszuarbeiten mit Ihrem Glauben, mit Ihrem Wissen, mit Ihrer gewandten Feder, von deren Abhaltung ich mir vielen Segen verspreche, und die wir dann drucken lassen wollen.

„Aber, geliebter Doktor! Die erste Predigt müßte

ich schon gegen Ende Januar in Händen haben, da am Aschermittwoch die erste Fastenpredigt beginnt. Bitte um baldige Antwort und Gewährung meiner Bitte, um so mehr, als mein grauer Greis schon zu dreimalen mich angetrieben, diese Bitte an Sie zu machen. Ueber den grauen Greis suo tempore ein Mehreres. Ignosce mihi — parce illi qui te amat ex toto corde suo. Tuus in Christo totus   Alexander Hohenlohe."

Mein Vater seufzte über diese unerwartete Anstellung als Fastenprediger, doch wollte er den Prälaten nicht durch eine abschlägige Antwort betrüben und, die Bibel neben sich, schrieb er und schrieb und schon am 24. Dezember kam Hohenlohes Antwort auf die erste Predigt:

„Mit innigem Danke für das übersandte ‚Die Lauheit‘ fand ich den Aufsatz, wie ich ihn nicht anders von einem Christen wie Sie nur erwartete. Ja noch mehr bestärkt es mich in meiner Ansicht, daß Ihnen Gott in summo gradu die Gabe des Wortes verliehen in Zeiten, wo es not thut, sich dem Unglauben mutig entgegenzustellen. Am Eingang habe ich nur die kirchliche Form hineingelegt und einige Stellen der Kirchenväter an die Hauptmomente beigefügt. So aus meiner Seele herausgeholt wird dem gläubigen Vortrag Gottes Segen gewiß nicht fehlen. Lieb wäre es mir (nach eingeholter Bewilligung der geistlichen Oberbehörde und Zensur), wenn Sie, teurer Freund, den Druck besorgen möchten. Ich würde jede Predigt, gleich nachdem sie abgehalten, auf sein Papier geschrieben Ihnen zusenden, doch hierin fiat voluntas tua, non mea. Die Auflage müßte wenigstens aus zweitausend Exemplaren bestehen. Gott leuchte mit seiner Gnade im Jahre 1835 in Ihnen und durch Sie erleuchte er recht viele zum Glauben an Jesus, den Sohn Gottes. Gott nahm mir alle meine teuersten Freunde: Fürst Joseph Schwarzenberg, J. M. Seiler, Sambaga, Bestlin, Stadtpfarrer in Laupheim bei Ellwangen, J. Berthold, Weihbischof Zirkel in Würzburg. Er nahm sie mir alle und gab mir in Ihnen einen neuen, an den ich mich fest und innig anschließe. So soll's bleiben! Leben Sie wohl, Teurer, behalten Sie mich lieb, denn auch ich liebe Sie von ganzer Seele als Ihr aufrichtiger Freund. Notus a calamo."

Am 25. März 1835. „Innig Verehrter! Wie finde ich Worte zu danken für alle Mühewaltung, um die ich gebeten, die Sie mir gegeben. Mit Rührung habe ich bereits schon die zweite Predigt vorgetragen und hoffe zu Gott den ganzen Cyklus so zu enden, zu Gottes Ehre und des Nächsten Frommen.

„Kaiser Franz ist hinweggenommen. Alles geht diesen Weg, alles verläßt und nur Gott bleibt. Der neue Kaiser ist mit Gott! gläubig, fromm, demütig, aber festen Willens und viel moralischer Kraft, wenn gleich bei körperlicher Schwäche. Ich kenne ihn genau seit Jahren und gewiß, alles wird gut gehen.

„Wie würde es mich freuen, Ihre persönliche Bekanntschaft zu machen, wo wir so vieles cor ad cor reden könnten, was man nicht immer der Feder anvertrauen kann. Hier ist ein Land, daß sich Gott erbarm! Man lebt nur dem Bauche und der Lust, von einem gläubigen Aufschwung ist gar nicht die Rede. Was die Geistlichkeit betrifft, so ist es sich zum Erbarmen, wenn man diese Menschen genau kennt. Ach, alles nur Form und äußerer Handwerksmechanismus.

Gott wolle mich nur bald aus diesem Fegfeuer erlösen. Mein seliger Lehrer Sailer sagte mir alles vor zwei= undzwanzig Jahren voraus. Doch all dies Gesumse macht mich nicht irre, ich fürchte das Nahen großer Stürme. Betreffend die Predigt über das sechste Gebot muß ich eine Bemerkung anführen, die bei der Beob= achtung unserer Zeit und dem, der sie vorträgt, bei deren Bearbeitung nicht aus den Augen gelassen werden kann. Der Prediger zählt erst vierzig Jahre, hat noch nie über diese debilitas generis gepredigt, weil es den grauen Haaren besser ansteht als dem Mann in der ganzen Kraft des Lebens. Es ist eine heikle Sache, darüber zu sprechen! Denn leider hat die Mehrzahl der Zeitgeistlinge keinen Glauben an Tugend und mein hierortiges Publikum ist geneigt, in jedem Diener der Religion mehr oder weniger einen Heuchler zu erblicken. Meine äußere Gestalt hat mich leider vielen Anfechtungen des weiblichen Geschlechts ausgesetzt, wo ich mich nur teilweise retten konnte per fugam, hoc est per se= gregationem ab omni conversatione feminarum oder wie die canones sagen: solus cum sola. Die vielen Schlingen, die mir in der hohen Welt schon gelegt wurden, haben mich dazu bestimmt. Aber deswegen bin ich nullo modo ein Kopfhänger, ein mürrischer, strenger Sittenrichter, vielmehr habe ich die größte Nach= sicht mit den Gebrechen meiner Mitmenschen, aber für mich möchte ich gerne strenge sein. Ich glaube, der Gegenstand müßte sehr zart, schonend aufgefaßt werden. Die Menge merkt mehr auf die physischen Uebel, und ein noch nicht ganz verhärtetes Herz könnte der Ehe= bruch, mit seinen tief eingreifenden Folgen geschildert, doch wenigstens zum Nachdenken bringen, denn bekehren, Freund, kann solche nur gratia specialis, gratia Augustiniana. Ach, Gott erbarme sich aller hierüber! Täglich liefern unsere Spitäler, Siechenhäuser und Narrenhäuser ein Bild zum Entsetzen, wie ich es seit Jahren in Wien sehe und noch immer sehen muß.

„Nichts bringt so leicht vom Glauben ab als die tief gesunkene Wollust. Das hat mir der Beichtstuhl seit Jahren zur Genüge gelehrt. Doch leider! Die Lust ist unbändig geworden.

„Es schmerzt mich, daß die Sions Wächter in meiner Kirche auch nun anfangen, das Gebot der Liebe hintanzusetzen und mit ihrer Verketzerungssucht Feuerlärm schlagen, wo die Gemüter nur mehr sich entfremden, die in caritate Christi intime conjuncti esse deberent. Das Losungswort unserer Zeit sollte heißen: Estne Christianus? Das cognomen catholicus wird dann von selbsten kommen. Papst Leo XII., der ein gnädiger Gönner und Freund von mir war, starb zu früh. Er war achtzehn Jahre in Deutschland, kannte und schätzte unsere Geistlichkeit, war ganz vom Geiste der Liebe durchdrungen, der hätte viel gestalten können. Es sollte nicht sein! Nun fangt Rom an zu politisiren, was mir nicht gefallen will. Jede Macht bleibe in ihrer Sphäre, der Altar beim Altar, der Thron beim Schwerte der Gerechtigkeit! Doch pia desideria!

„Da ich in Deutschland, Schweiz, Niederlande viele Anhänger habe, so wünschte ich, man möchte zweihundert Exemplare unseres Buches nach der Schweiz, vierhundert Exemplare in die kaiserlich-königlich österreichischen

Staaten, zweihundert Exemplare nach den Niederlanden, vierhundert Exemplare nach dem übrigen katholischen Deutschland senden. Der Titel wäre:

„‚Das entstellte Ebenbild Gottes durch die Sünde, dargestellt in sechs Fastenvorträgen von Alexander Fürst von Hohenlohe.‘

„Die Vorrede wäre ein Wort zur Zeit, eine Warnungstafel gegen das Gift der Zeit, beim Drängen der Zeit, bei unserer verkrüppelten Zeit, bei ihrer Not, wo, wie ein bekannter beliebter Schriftsteller sich äußert, ‚die Reue im Menschen eine schändliche Sache sei‘. Horrendum!“

Die Fastenpredigten über die sieben Todsünden, wovon nur die eine, die über den Zorn, vom Fürsten Hohenlohe, die andern sechs von meinem Vater, verfaßt sind, wurden vor dem kaiserlichen Hof in Wien als von Hohenlohe verfaßt gehalten und erschienen unter dem Titel: „Das entstellte Ebenbild Gottes und so weiter, von Alexander Fürst Hohenlohe“ im Jahre 1836 in erster und im Jahre 1844 in zweiter Auflage im Verlage von Joseph Manz in Regensburg.

Im November 1836 traf den Fürsten ein herber Schmerz, es starb seine von ihm so heiß geliebte Mutter. Wie sehr sein Herz an ihr hing, läßt sich aus folgendem, ein Jahr vor ihrem Tode aus Großwardein datirten Briefe ersehen:

„In einer schönen, romantischen Gegend, aus meinem Weinberg, den ich mir vor fünf Jahren kaufte und ein niedliches Landhäuschen mir darauf erbaute, auf einem gar schönen Berge, rechts ober mir eine Bergkette mit den üppigsten Waldungen, wo im blauen Hintergrunde

die fernen Siebenbürger Karpathen glänzen, links die
fruchtbare Ebene in mannigfacher Abwechslung, setze
ich mich an einem schönen Morgen unter mein Zelt,
wo nach verrichtetem Gebete ich nichts Besseres zu thun
weiß, als an meinen von mir so geliebten Justinus
Kerner zu schreiben. An meiner Seite sitzt meine ehr=
würdige, vierundachtzigjährige Mutter in noch jugend=
licher Frische und hilft mir bei meinem Psalmengebete
Gott loben und preisen. Ja, in dieser lieben Einsam=
keit ist reines, frommes, kindliches Menschen= und
Christenleben. Da schweigen alle Leidenschaften, da
hört man nichts von liebloser Nachrede gegen den
Nächsten, da schweigt das harte ‚frigiduum meum et
tuum‘, da kann man mit der Lerche ein freudiges Te
Deum laudamus anstimmen, vielleicht reiner, inniger
als im Dome, wo man oft einen knechtischen Mechanis=
mus findet, der das Herz erkalten macht. Hier kann
die Seele seinem Gott sich nahe denken, hier ist An=
betung im Geiste und in der Wahrheit, hier, wo man
nicht sieht so viele entstellte Ebenbilder Gottes.
Da fühle ich in mir helles Erkennen, des lautern
Willens Uebergewicht in großer Liebe und Demut, An=
regung des geistigen Lebens, da wird die Geistes=,
Lebens= und Liebestaufe erneuert, und für noch mehreres
von oben herab empfänglich gemacht. Arm und dürftig,
habe ich doch den besten Willen und wünsche nichts
Sehnlicheres, als die Kirche Christi, die Wahrheit ist
und alle selig machen will, nur mit den Waffen der
Liebe zu verbreiten und meiner Mitwelt nahe zu legen,
damit für jene, die guten Willens sind, Wahrheit, Ge=
wissensruhe und Heil werde. Aber ‚er kam in sein

Eigentum, aber die Seinen nahmen ihn nicht auf.' Da denke ich wehmütig über die Priesterschaft nach, an mir Elendem zuerst anfangend, und denke und sinne, wie wir sein sollten leuchtende Sterne, goldene Leuchter, in deren Mitte der Herr leuchten würde — aber wir sind es nicht! Darum so viele Unwissenheit und Verfinsterung. Doch eines muß ich bekennen und bekenne es freudig: Ich bin herüber, weg vom breiten Weg der Welt, in den schmalen Weg des Kreuzes, via crucis, via lucis! bin herübergetreten seit zwanzig Jahren, ohne in den Fluten der Tage untergegangen zu sein. Ja, sie lebt immer in mir, die eine ewige Wahrheit, die mir in und durch Christus alles in allem ist, Licht und Kraft im Kampfe gegen den alten Drachen gab. Sie ist noch und alle Wechsel der Dinge, die doch nur ihre Peripherie berühren können, haben mich unverrückt ge= lassen. So ist es, und mit Gottes erbarmender Gnade wird mir die Stunde nie schlagen, wo es heißen würde: ‚Sie sind mir gewesen'. Ich bleibe ruhig beim Chaos der Meinungen, sowie bei dem Gewirre der Bewegungen und halte es treu und redlich mit den Wenigen im Reiche Christi, aber mich jammern doch meine Mit= menschen, welche die Wahrheit in der Lüge, das Leben im Tode suchen und ohne Christus weise und selig werden wollen. ‚Mich jammert des Volkes,' sprechen mit Christus alle, in denen sich noch ein Funke seines göttlichen Geistes regt. Freilich hätte ich besser gethan, das Vaterland nicht vor dreizehn Jahren zu verlassen. Ich glaubte den Verfolgungen zu entgehen und kam vom Regen in die Traufe. Doch so wollte es Gott, so muß es wohl zu meinem Heile gewesen sein. Gern

ginge ich wieder in die heimatlichen Gauen und ließe
Titel und Einkünfte liegen, wo letztere mir doch nichts
sind, weil die Not, die Armut und das Elend meinen
Beutel so in Anspruch nehmen, daß am Ende das
Facit ist: ‚Gleich von Gleich geht auf.‘

„Was soll ich erst vom Landvolk sagen?

„Menschen, die einen solchen natürlichen Verstand
besitzen und eine Gutmütigkeit, wie ich sie beim egoisti=
schen deutschen Bauer nicht fand, aber leider verwahr=
lost und tief gebeugt unter Druck und Unwissenheit!
Besonders die armen Walachen! Von der Geistlichkeit
aller Konfessionen mag ich gar kein Wort schreiben,
um der Liebe nicht wehe zu thun. Das sind Menschen!
Die fragen wenig nach dem armen, am Kreuze hangen=
den Christus, nur die Wolle zu scheren, das verstehen
sie gut! Darum kann's aber auch lange so nicht mehr
dauern, und viele Stimmen im Lande sind darüber
schon laut geworden.

„Der Adel läuft seiner Lust nach, faselt von Freiheit,
während er seinen Unterthan unter der Fuchtel hält.
Und doch ist dieses Land von Gott mit solchen Natur=
reichtümern gesegnet wie fast keines in Europa. Da
denke ich mir: Gott läßt ihnen hier Gutes zu teil
kommen. Wie's aber Jenseits aussehen wird, weiß nur
Gott allein.

„Mein Bruder Karl, fürchte ich, wird's nicht mehr
lange machen. Gebe Gott ihm die Gnade der Erkennt=
nis — et ultimam gratiam finalem! Die alte Mutter
betet auch für ihn, wie eine Monika für ihren Augustin!

„Was macht der Episkopus Keller in Rottenburg?
Er scheint mir für diesen Klerus nicht gewachsen; noch

ärger soll es im katholischen Baden zugehen. Diese Pfäffleins scheinen mir alle mehr oder weniger Kinder der Mode zu sein; in Kleidung, Blick, Geberde verraten sie keine Spur von dem Ernste, der Würde und Modestie, die einem Priester so schön anstehen, sie duften mehr von den wohlriechenden Wassern der neuesten Art als von der Salbung des, wie sie meinen, veralteten Evangelismus, daher predigen sie leeres Stroh, lassen die Sünder kalt im Bußsakrament und den Sterbenden im Tode wenig Trost gebend. Doch keine Klage über andere, wohl aber über meine eigene Verwerflichkeit vor Gott.

„Vale et ora! tuus totus quantus in sanctissimo corde Jesu   Alexander Hohenlohe."

Die Mutter Hohenlohes wurde in Vöslau bestattet, der Fürst hielt ihr die Grabrede und sprach am Schlusse derselben: „Hochwürdiger Seelsorger dieser Pfarrgemeinde! Lassen Sie auch mir eine Ruhestätte neben der Gruft der teuern Mutter bereiten! Vöslaus Kirchhof sei fortan der Markstein meines Lebens, auf dem geschrieben steht: ‚Bis hieher und nicht weiter!'"

Im Jahre 1848, als er die Leiden der Brustwassersucht nahen fühlte, reiste er von Innsbruck, wo er einige Zeit gelebt hatte, nach Wien und, schon dem Tode nahe, nach Vöslau, um neben seiner Mutter die ewige Ruhe zu finden.

Er starb am 14. November 1848.

Berthold Auerbach.

Am 26. Juli 1852 kam von Untertürkheim aus Berthold Auerbach nach Weinsberg. Es war ein heißer Nachmittag; mein Vater, der allein im Zimmer war, schlummerte im Armsessel.

Auerbach trat leise ein und sich meinem Vater nähernd, sagte er: „Ich bin Berthold Auerbach!"

Mein Vater, dadurch aufgeweckt und jetzt noch halb im Schlafe, starrte ihn, den er früher nie gesehen hatte, an und sagte: „Bleib nur ganz ruhig stehen! Du kommst mir so sonderbar vor, es ist mir, als ob Du einen Schuh im Boden drin stehen würdest, Du hast etwas von einem Haustobold an Dir, ich muß ‚Du' zu Dir sagen."

Daher kam's, daß Auerbach später sagte, mein Vater habe mit ihm schmollirt, was eigentlich nicht so war. Von Auerbachs Werken hatte mein Vater nichts gelesen, freute sich aber herzlich, ihn persönlich kennen zu lernen.

Kapitän Medwin. Lady Crespigny.

In den fünfziger Jahren kamen zwei Engländer nach Weinsberg, Kapitän Medwin und Lady Crespigny, er war etwa 70, sie 45 Jahre alt. — Medwins wird auch in Goethes Werken erwähnt, derselbe war ein Freund Lord Byrons und sprach von diesem mit großer Begeisterung. Lady Crespigny war auch mit Lord Byron eng befreundet gewesen und Medwin sagte, das Andenken an Byron und innige Liebe zu ihm verbinde sie beide. Lady Crespigny hatte lichte blonde Haare, einen rosigen Teint und auch im Alter noch eine üppige junonische Gestalt. Auf der Harfe, welche sie mitgebracht hatte, spielte sie meisterhaft, was meinem Vater große Freude machte. Der Kapitän erzählte viel von Lord Byron und von seinen weiten Reisen, namentlich seinem Aufenthalt in Indien, wo er die Wunder der Fakirs zu seinem Studium machte; er behauptete, selbst dabei gewesen zu sein, als sich einer unter der Bedingung, in sechs Wochen wieder ausgegraben zu werden, lebendig habe begraben lassen mit der Bitte, den Sarg sorgfältig zu verpichen, damit die Ameisen nicht beikommen können. Der Kapitän habe selbst für strengste Bewachung des Grabes gesorgt, und nach der Ausgrabung in sechs Wochen sei der Scheintote äußerst abgemagert und schwach, aber doch bald wieder zu Kräften gelangend, dem Sarge enthoben worden, worauf man ihn reichlich beschenkt habe. Auch habe er gesehen, wie Fakirs frei in der Luft auf einem kleinen Brettchen saßen; die englischen Offiziere hätten mit Säbeln rings um das Brett gehauen, ohne irgend etwas entdecken zu können, was das Brett in der Schwebe hätte halten können.

Lady Crespigny hatte schon in Heidelberg, wo sich die beiden gewöhnlich aufhielten, Gedichte meines Vaters ins Englische übertragen, und als sie das nächste Jahr wieder nach Weinsberg kamen, übersetzte Kapitän Medwin den Text zu meinem Bilderbuch „Prinzessin Klatschrose" ins Englische und Lady Crespingy fuhr eifrig fort, an einem Werkchen zu arbeiten: „Gedichte deutscher Autoren in englischer Sprache", welches später in Heidelberg im Druck erschien.

Seltsame Bitte.

Im Hohenloheschen war ein Fürst, ein imposanter Herr und gewaltiger Jäger. In seinem Jagdanzug (gelbes Tuch mit grünem Kragen und Aufschlägen) kann man ihn jetzt noch in jener Gegend auf alten Pfeifenköpfen gemalt sehen. — Wenn er in seiner leichten Droschke, damals Wurst genannt, mit raschen Pferden daherfuhr, war er allen Bauern ein Schrecken, denn er knallte ihnen mit der Peitsche um die Ohren und sandte ihnen bombenschwere Flüche, wenn sie mit ihren Holz-wagen nicht schnell genug auswichen. Man hätte glauben können, er habe gar kein Gefühl. Aber wie es so geht, auch bei ihm kam es anders, eine Zeit tiefen Schmerzes und innerer Zerschlagenheit, und sein besseres Gefühl brach sich Bahn, aber nicht leise sickernd und in stiller Wehmut, nein, in tobender Flut, wie wenn bei einem mit neuem Wein bis an den Spunden gefüllten zehneimerigen Faß plötzlich eine Daube springt. Es war kein Halt mehr.

Man erzählte sich in der Umgebung des Schlosses, der Fürst sei erkrankt, doch mehr geistig als körperlich, er sei menschenscheu geworden, fahre nimmer aus, durch- schreite nachts ruhelos die Zimmer, man höre ihn oft laut klagen und schluchzen, und „dabei flucht er gar nimmer," setzte sein alter Bedienter geheimnisvoll hinzu, „und das ist doch gewiß ein Zeichen, daß er sehr krank ist."

Eines Tages hielt der Fürst in seiner Droschke vor unserem Hause, stieg aus und fragte nach meinem Vater. „O, Herr Doktor," sagte er und konnte vor Weinen kaum reden, „o, Herr Doktor, Sie sind der einzige, der mich aus meinem unseligen Jammer her- ausbringen, mir Körper und Seele retten kann."

„Was ist geschehen, Durchlaucht? Wie kann ich helfen?" fragte mein Vater, dem es auffiel, wie der Fürst, der sonst so überaus gesund und derb aussah, jetzt so schlaffe, müde Gesichtszüge hatte und ungemein gealtert war.

„Ach," sagte der Fürst, „Sie haben sie nicht ge- kannt, sonst würden Sie meinen Kummer begreifen. Ich hatte nämlich eine Köchin, ein so schmackhaftes, süßes Wesen, wie keines mehr ist; sie allein hat mich ver- standen, wir fühlten uns auch geistig verwandt. Schnell, ohne daß ich oder sie an den Tod dachte, ist sie an einem Schlaganfall gestorben; sterbend wollte sie mir noch etwas sagen, da ist ihr Mund erstarrt. Nun ist sie seit einem Monat tot, begraben. Jetzt bitte ich Sie,

Herr Doktor, o, citiren Sie ihren Geist, daß ich sie noch einmal sehe und weiß, wie es ihr geht, und von ihr erfahre, was sie mir noch sagen wollte; dann werde ich ruhiger werden und kann schlafen. O, bitte, bitte, erfüllen Sie mir diesen Wunsch!"

Dabei sah er meinen Vater so vertrauensvoll und flehend an, daß es diesem von Herzen leid that, dem Fürsten seine sonderbare Bitte nicht erfüllen zu können. Er sagte zögernd: „Ich kannte die selig Verstorbene nicht, aber nach Ihrer Schilderung muß es ein ganz vorzügliches, fehlerloses Wesen gewesen sein."

„Ja, das war sie!" rief der Fürst enthusiastisch.

„Nun, als solches," fuhr mein Vater weiter fort, „ist sie unzweifelhaft sogleich in einen höheren Lichtkreis versetzt worden, weilt nicht unter den unseligen Polter= geistern, welche man vermöge ihrer Sündenschwere, die sie noch an die Erde fesselt, zu sichtlichem Erscheinen citiren kann; hier geht meine Macht aus, die Lichtgeister höherer Regionen können sich nicht den Menschen sicht= bar machen, aber die Verstorbene wird Ihnen als Schutzgeist immer nahe sein, wenn Durchlaucht sie mit körperlichen Augen auch nicht schauen können — das soll Ihr Trost sein."

Der Fürst schien einigermaßen beruhigt, doch zu einer rechten Lebensfreude ist es bei ihm nicht mehr gekommen, er starb kurze Zeit nach seinem Besuche in Weinsberg.

Julius Mosen.

Herzlich erfreute meinen Vater der Besuch von Julius Mosen und seiner Frau im August 1846; er kam von Oldenburg, wo er als Dramaturg angestellt war. Der durch seine Dramen und fast noch mehr durch seine so populär gewordenen Lieder: „Die letzten Zehn vom vierten Regiment" und „Andreas Hofer" bekannte Dichter blieb mehrere Tage im Kernerhause, doch das Zusammensein war dadurch getrübt, daß er, der nur von seiner Frau unterstützt  gehen konnte, weder den Turm noch die Weibertreu zu besteigen vermochte. Es war der Anfang einer fortschreitenden Rückenmarkslähmung, ähnlich der Heines, die ihn zweiundzwanzig Jahre lang an das Krankenbett fesselte, bis ihn im Oktober 1867 der Tod von seinen Leiden, die er mit höchster Ergebung ertragen hatte, erlöste. Sein Sohn Erich fiel 1870 in der Schlacht bei Mars la Tour.

Charakteristik.

Wie mein Vater in seinen religiösen Ansichten freisinnig dachte, jeder Sektirerei abhold war, sich keiner Konfession, sei sie protestantisch, katholisch oder israeli-

tisch, ausschließlich zuneigte, in jeder aber das Beste an=
erkannte, keine Kirche besuchte und auf orthodoxe
Glaubensartikel nur wenig Wert legte, aber in jedem
den kirchlichen Sinn hochachtete, wenn es demselben ernst
damit war und er ihn werkthätig bewies, — so war
er auch in der Politik freisinnig, ohne Andersdenkenden
schroff gegenüber zu stehen. Das Beispiel seines Bru=
ders Georg und die Freundschaft mit Uhland, Karl
Mayer, Friedrich List hatten neben der angeborenen
Güte seines Charakters ihm schon in früher Jugend
den richtigen Weg bezeichnet. Er hielt treu zur Sache
des Volkes, war aber keinem böse, der andere Wege
als er einschlug, wenn er nur ohne Falsch und egoistische
Nebenabsichten es mit dem Volk wohl meinte. Sein
langes Wirken als Arzt hatte ihn mit den Sorgen und
Leiden der Armen so vielseitig bekannt gemacht, daß er
ihnen seine erhöhte Thätigkeit schenkte. Er hatte dabei
unter ihnen, so gut wie unter den höheren Ständen,
so viele edle, achtungswürdige Charaktere kennen ge=
lernt, daß er keinen Standesunterschied machte. Sein
Tisch im Speisezimmer war rund, an diesem gab es
kein Oben und kein Unten, jeder wurde geschätzt und
geliebt nach dem, was er als Mensch war.

Ich erinnere mich zwar, hie und da bei einem, der
sich standeshalber höher dünkte, anfänglich eine verdutzte,
still empörte Miene gesehen zu haben, aber bald trat
der bessere Sinn vor, und er nahm willig am behag=
lichen Gleichheitsgefühl teil und war einer einmal von
den Stelzen herab, so schämte er sich, sie wieder zu be=
steigen, so lange er im Kernerhause war.

Oft, wenn ein hoher Besuch dagewesen war, sagte

mein Vater: „Siehst Du, wie wohlthuend einfach und natürlich dieser Mann war, ohne die geringste Ueber=hebung, das ist wahre Vornehmheit. Der Adelstolz ist nur bei nieder angelegten Naturen zu finden, bei solchen, die sich ohne ihren Adel geistig arm fühlen, und dann darf man ihnen den Adelstolz eigentlich nicht übel nehmen, er entspringt aus innerer Bescheidenheit."

Ueber diese bonhomistische Schlußfolgerung mußte er selbst herzlich lachen.

Für Etiketteformen hatte mein Vater kein Verständ=nis, er war in seiner Kleidung immer so einfach als möglich; er hatte nie eine Halsbinde, trug unabänder=lich eine vorn geschlossene und in Falten gelegte schwarze Tuchweste, über die sich der Hemdkragen herlegte, und darüber einen schwarzen, weiten Paletot, was ihm ein etwas priesterliches Aussehen gab. Kam ein junger Herr mit Glacéhandschuhen, so wurde mein Vater un=ruhig und sagte endlich: „Ziehen Sie doch Ihre Affen=fingerchen aus, es beengt mich."

Bei dem Besuche eines Prinzen gingen wir im Garten einen schmalen Weg entlang. Zuerst kam der Prinz, dann mein Vater, zuletzt ich. Mein Vater sagte zu dem Prinzen: „Durchlaucht!"

Ich zupfte ihn am Rock und flüsterte ihm zu: „Hoheit!"

Da sagte mein Vater zum Prinzen: „Ei, eben sagt mir mein Theobald, Sie seien Hoheit, ist das wahr?"

„Ja," entgegnete dieser.

„Königliche Hoheit?" fragte mein Vater.

„Nein," sagte lächelnd der Prinz.

„Ach, das thut nichts," sagte mein Vater und klopfte dem Prinzen tröstend auf die Achsel, „ich bin's auch nicht."

Als das Jahr 1848 anbrach und unter den März-stürmen alles zusammenkrachte, was morsch war, da er-faßte auch meinen Vater jugendliche Begeisterung und das mutige Wagniß eines einfachen Handwerkers, sich einem hochstudirten, redegewandten Geistlichen gegenüber als Kandidat in das Parlament aufzustellen, begrüßte er freudig, und nachdem Schlosser Nägele aus Murr-hardt von der Rathausstaffel in Weinsberg herab dem auf dem Marktplatz versammelten Volk seine Grundsätze und politischen Ansichten in freier, trefflicher Rede ent-wickelt hatte, trat mein Vater auf ihn zu, reichte ihm die Hand und rief unter allgemeinem Applaus:

„Nicht Doktor, nicht gelehrte Geister,
Wir wählen diesen Schlossermeister,
Er schwing' die Hämmer klein und groß.
Schlag' rüstig Deutschlands Fesseln los!"

Schlosser Nägele wurde mit glänzender Majorität in das Parlament gewählt.

Als aber die revolutionäre Bewegung immer weitere, gefährlichere Kreise zog, als Auerswald und Lichnowsky vom Pöbel ermordet wurden und überall wilder Tumult herrschte, das Trommeln und Schreien gar nicht aufhörte, als er, der Sänger des Liedes: „Preisend mit viel schönen Reden", selbst für das Königshaus fürchtete, da fühlte er sich allzu grell aus seinem poetischen Frieden aufgeschreckt, und er erklärte all das Treiben für Wahnsinn, für eine Art von po-litischem Veitstanz, und mich sah er oft mit bedenklicher

Arztmiene an, als entdecke er auch an mir die Symptome dieser Krankheit. Das hinderte ihn aber nicht, die freisinnigen Parlamentsabgeordneten Simon aus Breslau, Jakobi von Königsberg, Moriz Hartmann, Clasen und andere, welche auf dem Wege von Frankfurt zum sogenannten Rumpfparlament in Stuttgart nach Weinsberg kamen, gastfreundlichst zu empfangen. Auch seine Freundschaft mit dem volkstreuen Uhland blieb immer eine ungetrübte.

Sein Vers an Uhland verlor nie an seiner tiefgefühlten Wahrheit:

> „Treibt auch für jetzt der Menschen Treiben
> Mich dahin und Dich dort hinaus,
> Muß ich doch immer bei Dir bleiben,
> Ist ja Dein Herz schon lang mein Haus.“

Abbildungen.

Mein Vater wurde von durchreisenden Künstlern häufig nach dem Leben gezeichnet; es existiren manche von diesen Künstlern der Oeffentlichkeit übergebene Lithographien, von denen aber keine sonderlich geraten ist. Eine der anspruchslosesten und darum besten ist die, unter welcher der Vers meines Vaters steht:

> „Dies soll ich sein, ich weiß es nicht,
> Getroffen ist nicht mein Gesicht,
> Getroffen aber ist der Rock,
> Des Körpers Haltung und der Stock.“

Gut ist auch ein von Breitschwert gezeichnetes, als Lithographie im Kunstverlag erschienenes Gruppenbild, Uhland, Gustav Schwab und Justinus Kerner darstellend, auf welchem namentlich Gustav Schwab vorzüglich getroffen ist. Auch Schlachtenmaler Kotzebue hat meinen Vater in einer kleinen Skizze gut aufgefaßt. Andere Lithographiebilder meines Vaters, welche in meinem Besitze, sind schrecklich anzusehen. Die Künstler, welche nicht immer von den besten waren, wollten recht charakteristischen Ausdruck dem Gesichte geben, wollten ihn bald als Mystiker der Nachwelt überliefern, bald als Geisterseher, Arzt, Dichter und so weiter; mein Vater aber hat diese Schauerbilder eigenhändig mit passenden Unterschriften versehen, wie: „Der Kürbsentopf", „Der Räuber", „Der Simpel", „Der Kirchenbusler", „Der Sterngucker", „Der Schatzgräber".

Von den Photographien im Handel existirt eine, im Jahre 1854 nach dem Tode meiner Mutter aufgenommen, mit der Unterschrift:

> „Fort, fort sind meine Rosen,
> Fort ist mein schöner Traum!"

Die ähnlichste ist die aus seinen letzten Jahren mit seiner Unterschrift: „Justinus Kerner".

Wenige Monate vor seinem Tode, zu einer Zeit, da sich mein Vater schon sehr krank fühlte, mußte er sich noch einmal photographiren lassen; es kam ein Photograph aus Stuttgart mit seinem Apparat und ließ nicht nach, ihn um eine Sitzung zu bitten. —

Mein Vater war zu gutmütig es ihm abzuschlagen. Das Bild wurde sehr ähnlich, man sieht aber, daß sein Gesicht in letzter Zeit abgemagert war und es zeigt einen leidenden Zug. Mein Vater schrieb darunter:

„Alldieweil Lieb bei Lieb ist, weiß lieb Lieb nicht, wie lieb Lieb ist, — wenn aber Lieb von Lieb scheidet, weiß Lieb wohl wie lieb Lieb war."

Suso.

Als Büste modellirte meinen Vater Bildhauer Zell, als Medaillonbild Professor Eduard Herdtle. Dieses Medaillonbild ist auch auf dem Denkmal angebracht.

Weil ich so viel von Abbildungen rede, drückt mich mein Gewissen, eine kleine Missethat von mir zu beichten. Da der, an dem ich sie beging, mir nachträglich vollständig verziehen hat, mögen's auch andere thun.

Die Künstler, welche meinen Vater porträtirten, baten ihn meistens, ihnen einen Empfehlungsbrief an Uhland mitzugeben, daß er sich auch zeichnen oder malen lasse, sie fanden aber alle bei Uhland gründliche Abweisung, er wollte nicht, daß ein Bild aus älteren Jahren von ihm existire.

Nun wollte Buchhändler Wizgall in Tübingen die Biographien schwäbischer Dichter nebst ihren Bildern in Heften erscheinen lassen, er hatte schon mit dem Drucke begonnen, das Unternehmen drohte aber gleich anfangs daran zu scheitern, daß keinerlei Bild von Uhland da war. Da traf ich auf der Eisenbahn mit einer nahen Verwandtin Uhlands zusammen; sie erzählte mir, sie hätten erst ein Jubiläumsfest gefeiert und der Jubilar habe ein Photographiealbum mit sämtlichen Verwandten bekommen.

„Hat sich auch Uhland dazu photographiren lassen?" fragte ich.

„Ja freilich," sagte sie, „wir haben ihm arg zu= reden müssen, er hat's nicht thun wollen."

„Und bei wem hat er sich photographiren lassen?" fragte ich. Sie nannte mir den Namen des Photo= graphen, und ich ging zu ihm. „Haben Sie in den letzten Wochen besondere Berühmtheiten photographirt, einen großen Dichter oder so etwas?" fragte ich.

„Nicht, daß ich wüßte," sagte er, „doch in der Marmorschale dort sind alle meine Photographien der letzten Zeit."

Ich durchmusterte die Schale, und endlich zu meiner Freude fand ich die Photographie Uhlands und sehr gut getroffen. „Wer ist das?" fragte ich und zeigte dem Photographen das Bild.

„Ich weiß es nicht, der Herr hat mir seinen Namen nicht genannt."

„Sonderbar, höchst sonderbar!" sagte ich, „die Pho= tographie sieht einem Onkel von mir auffallend ähnlich, ich möchte ihm gerne eine Freude machen und sie ihm schenken, könnten Sie mir die Photographie wohl ab= treten?"

„Recht gerne," sagte er, und ich ging fröhlich mit meinem Raub heim und sandte ihn an Wizgall.

Als Uhland sein Bild im Heft sah, war er sehr erstaunt und zürnte mir anfänglich als dem Urheber der Missethat, doch da das Bild ähnlich und günstig aufgefaßt war, söhnte er sich bald mit der Veröffent= lichung seines Bildes aus und — gut ist es doch, daß man jetzt ein getreues Bild von Uhland besitzt.

Franz Anton Mesmer.

Es war im Jahr 1854, da folgte mein Vater der dringenden Einladung des Freiherrn Jos. von Laßberg zum Besuch auf seinem alten Schlosse Meersburg am Bodensee. Der 84jährige Greis, der, wie mit Uhland, so auch mit meinem Vater schon seit längerer Zeit in regem Briefwechsel stand, wollte vor seinem Tode meinen Vater noch persönlich kennen lernen, und er folgte dieser Einladung um so lieber, als er schon längst wünschte, das Grab Mesmers zu besuchen, der, am 5. März 1815

gestorben, auf dem Kirchhof in Meersburg begraben liegt nicht weit von dem Grabe der Dichterin Annette Droste-Hülshoff, der Schwester der Frau von Laßberg. Auch wollte er nachforschen, ob sich vielleicht noch Briefe, Schriften ꝛc. aus dem Nachlasse Mesmers vorfänden. — Diese Forschung war nicht vergeblich. Von alten Verwandten Mesmers erhielt er um Geld und gute Worte mehrere noch ungedruckte Schriften und Original-briefe Mesmers, Briefe deutscher und französischer Freunde und Anhänger Mesmers und — was ihn am meisten freute — ein lebensgroßes Oelbild Mesmers. Es stellt Mesmer dar, wie er in seinem 76. Jahre, anno 1810, aussah, es ist sehr gut erhalten und macht den Eindruck eines Mannes von körperlicher und geistiger Kraft und einer mit Ernst gepaarten Menschenfreundlichkeit. Unter dem Bilde steht: F. A. Mesmer, docteur en médecine, âgé 76 ans, auteurs du magnetisme animal 1810.

Herr von Laßberg, welcher Mesmer im Leben gekannt hatte, fand das Bild sehr gut getroffen. Auf dem Bilde trägt Mesmer einen Ring am Finger mit einer scharf geschnittenen Kamee, den Kopf Platos vorstellend; diesen Ring soll Mesmer immer getragen haben. — Laßberg, der das Bild zuvor nicht gesehen, erkannte, daß diese Kamee mit dem Platokopf vor Jahren durch einen Kauf ihm gehörte, und schenkte sie meinem Vater, der darob hoch erfreut war. Als es zum Abschied kam, führte Laßberg meinen Vater noch einmal in seine alten, geräumigen, halb unterirdischen Gewölbe, in denen die merkwürdigsten Schätze altdeutscher Literatur, besonders der Poesie des Mittelalters, wie der älteste Codex des Nibelungenliedes, Originalhandschriften der Meister- und Minnesänger, und viele seltene Dokumente aus alter und neuer Zeit in Reihen von Schränken aufbewahrt waren. Hier zeigte er auf ein Fach, in welchem teure Aktenstücke und Dokumente aus dem vorigen Jahrhundert sich befanden und sagte:

„Da nun, als sollte es so sein, Ihnen so vieles Teure vom alten, guten Mesmer zugefallen, so glaube ich, daß es sein Wille ist, es solle Ihnen auch sein Doktordiplom zukommen, und ich werde es wohl in unserem Schwaben in keine besseren Hände geben können; es fiel mir vor etlichen zwanzig Jahren auf dem gleichen Wege wie jene Kamee zu."

So kam mein Vater in den Besitz des Doktordiploms von Mesmer. Dasselbe ist auf Pergament in lateinischer Sprache geschrieben und mit einer an einer schwarz und gelben Schnur hängenden Kapsel versehen, welche das wächserne Universitätssiegel, das Bild der Maria Theresia, enthält. Das Diplom lautet so:

Nos Rector et antiquissima ac celeberrima universitas vindobonensis lectoribus salutem.

Laudabile imprimis majorum nostrorum institutum est, ut qui honestis studiis atque artibus diu sese dediderunt, antequam ad vitae communis usum atque ad praxim sese conferant, ante omnia subeant examen, ut debitum eruditionis suae testimonium legitimo acquirant modo. Cum itaque ornatissimus, doctissimusque vir Antonius Mesmer Marisburgensis Acron. Suev. A.A. L.L. et philosophiae doctor diligentem assiduamque Medicinae multos annos operam navasset, atque jam ad exhibendum doctrinae suae specimen paratus esset, petiisetque a nobis, ut ipsum titulo academico doctrinae suae convenienti ornaremus. Nos cum honestissimae aecquissimaeque ipsius petitioni hac in parte deesse non possemus, ipsum primo per universam medicinam accurate examinavimus ac deinde theses de planetarum influxu publice adversus omnium opponere volentium argumenta objectionesque tuentim audivimus. In quibus omnibus cum praeclaram eruditionem suam ac Medicinae peritiam abunde nobis probasset, libenter contulimus petenti honorem, qui virtuti et honestis studiis debetur. Qua propter potestate nobis ab augustissima Imperatrice et apostolica Regina Maria Theresia concessa, eundem Antonium Mesmer die trigesimo primo May anni millesimi septingentesimi sexagesimi sexti Doctorem Medicinae pronunciavimus ac declaramus, dedimus ac damus ei potestatem cathedram doctoralem conscendendi ac de Medicina respondendi, consultandi, praxim caeteraque exercendi, quae Medicinae Doctores exercere solent. Tribuimus ei insuper privilegia omnia ac praerogativas, quaecunque vero Medicinae Doctori legibus vel consuetudine tribui solent. In quorum omnium fidem Diploma hoc publicum majore Universitatis sigillo signatum, necnon manu Notarii inclytae facultatis Medicae subscriptum ei dari curavimus.

Viennae Austriae anno, mense et die subradictis.

Dominicus Berelino, Rektor der Univerſität.

Franz Anton Maier, Canzler der Univerſität.

Gerard van Swieten, Präſes der mediz. Fakultät.

Anton Stork, Dekan der mediz. Fakultät.

Heinrich Johann Kranz, promovirender Profeſſor.

Joſeph Heeg, Notar der mediz. Fakultät.

Intereſſant iſt die Unterſchrift von Gerard van Swieten, dem alten, vortrefflichen Schriftſteller und Lehrer der Arzneikunde und Leibarzt der Kaiſerin Maria Thereſia. Mein Vater ſagte: „Wie ehrenvoll iſt dieſes Diplom für Mesmers wiſſenſchaftliche Studien, und dennoch mußte Mesmer, als er ſpäter mit ſeiner Entdeckung des Magnetismus auftrat, von Männern, deren Geiſt und Wiſſen weit unter dem ſeinigen ſtand, als unwiſſen= der Quackſalber, ja Betrüger, angeſchwärzt und ver= ſchrieen werden!“

Mein Vater ſchrieb nun, zumal er in Meersburg aus der Hinterlaſſenſchaft Mesmers ſo wertvolle, noch ungedruckte Schriften und Brieſſchaften Mesmers und ſeiner Anhänger gerettet hatte, das „Leben Mesmers“ getreu nach den Alten, um das durch boshafte Ignoranten und Querköpfe entſtellte und verdunkelte Andenken Mesmers im wahren Lichte darzuſtellen. Das Buch erſchien 1856.

Es möchte gar vielen, die jetzt im Reviere des Magnetismus leichthin radfahren und ſich auf ihren hohen Lederſitzchen neuer Entdeckungen rühmen, gar wohl anſtehen, wenn ſie ſich mitunter auch noch des alten Mesmer dankbar erinnerten, der unter Drangſalen aller

Art schon vor anderthalb Jahrhunderten als ernster Pionier mit schwerer Art für sie den Wald gelichtet und ihnen die Wege gebahnt hat.

Mesmer, der 1734 geboren, 52 Jahre älter als mein Vater war, kam nie nach Weinsberg, und mein Vater kannte ihn nicht persönlich, aber sein Bild schaut mich jetzt mit so freundlichen Augen an und er scheint sich auf seinem Platze neben dem Bilde der Seherin von Prevorst und im Ausblick auf das von der Seherin im magnetischen Schlaf angegebene und von ihr oft gebrauchte magnetische Baquet so behäbig wohl zu fühlen, daß ich nicht umhin konnte, ihm eine Stelle unter den Gästen des Kernerhauses einzuräumen.

Das Gartenbänkchen.

Gott, wie die Zeit vergeht! Es sind schon über sechzig Jahre! Die Tännchen, die damals mein Vater am abgelegensten Ende des Gartens, etwa zweihundert Schritte vom Alexanderhäuschen entfernt, pflanzte, waren klein und schlank wie Rekruten, jetzt stehen sie hoch und steif wie alte Grenadiere, und mancher von ihnen ist am Absterben, der Specht hämmert auf und ab an der braunen, morschen Rinde.

Ich trug, nachdem das Wäldchen gepflanzt war, auf meines Vaters Kommando ein schweres Eichenbrett herbei und vier unten zugespitzte Holzscheite und Nägel, Bohrer und Hammer, und er schlug die Scheiter in angemeſſener Entfernung von einander in den Boden, legte das Brett darauf, nagelte es gut auf die Scheiter, und die Bank war fertig. „Die Bank iſt feſt und hält uns aus!" ſagte mein Vater, und jetzt ſind ſo viele Jahre dahingegangen und die gute alte Bank iſt noch immer da und ſteht feſt auf den Beinen.

Das war das Lieblingsplätzchen meines Vaters, namentlich ſeit dem Tode meiner Mutter, hier war der Friede und die Einſamkeit eines Waldes, die Bäume rauſchten, die Vögel zwitſcherten, die Bienen ſummten, und ſelten nur drang ein Menſchenlaut in die Stille.

Hier ſaßen wir an einem ſchönen Oktoberabend 1861, mein Vater und ich. Die Sonne ging unter, herrliches Abendrot umſäumte die Weibertreu, wir wurden immer ernſter in unſeren Betrachtungen und ſprachen vom Tode. „Es iſt unbegreiflich," ſagte ich, „daß die Natur, die ſonſt in allem ſo graziös und zweckmäßig verfährt, dem Menſchen im Sterben ein ſo widerliches Los bereitet; ſtatt ein abſchreckender, verweſender Leichnam zu werden, könnte er doch, wenn es zu Ende geht, ſchnell auflodern und zu Aſche zer= fallen."

„Du haſt recht," ſagte mein Vater, „aber da es nun einmal ſo iſt, ſollte man wenigſtens ſo vernünftig ſein und den toten Leib verbrennen." Auf einmal fragte er mich: „Glaubſt Du an ein Leben nach dem Tode?"

Ich ſagte: „An eine individuelle, perſönliche Fort= dauer mit Rückerinnerung an das Leben vor dem Tode glaube ich nicht, das Sterben dünkt mich eine ſo ſchwere Operation, daß, wenn ſelbſt eine Fortdauer wäre, doch das Ich dabei zu Grunde gehen müßte, ſo gewiß als der

Schmetterling sich seines Raupenlebens nimmer bewußt ist; besser ist's übrigens, man denkt über all diese Dinge nicht nach, man kommt doch nur auf Abwege. In Tübingen ging ich als Student einst mit einem jungen Theologen in einer schönen Mondnacht auf der Straße gegen Lustnau spazieren. Der Mond schien taghell herab und ich sagte: ,Wenn jetzt ein Mondbewohner herabfiele und mit heiler Haut, ohne zu Brei zu zerfallen, vor uns zu liegen käme, wie sähe er wohl aus?'

„,Darüber läßt sich selbst mit der blühendsten Phantasie nichts sagen', entgegnete der Theologe, ,denn wir haben ja nur menschliche, aus unseren Anschauungen auf der Erde erwachsene Begriffe. Schon wenn Du von heiler Haut und Brei sprichst, setzest Du bereits eine tierische Gestalt voraus; das kann ja aber etwas ganz anderes sein, etwas, für das wir keinen Begriff und keine Worte haben. Ueber etwas, das ganz außerhalb unseres Denkbegriffs liegt, soll der Mensch am besten gar nicht denken.'

„So, lieber Vater, geht mir's auch mit der Unsterblichkeit. Wenn meine Gedanken darauf kommen, rufe ich sie eilends zurück, sie sollen sich nicht auf unnützer Suche in den Nebel hinein unnötig abmühen, über irdisches Fühlen und Wünschen kommen sie ja doch nicht hinaus."

„Also glaubst Du auch nicht an Geister?" sagte mein Vater.

„Das ist schon etwas anderes," entgegnete ich, „die Geister wären als solche noch nicht übersinnlich, über unsere irdischen Begriffe hinaus, sie hafteten noch an der Erde, wären nur die noch einige Zeit fortlebenden

Ueberbleibsel von Gestorbenen; an solche Geister glaube ich zuweilen in nervösen Stunden. Uebrigens daß es, ganz abgesehen von dem, was wir Geister und Ge=spenster nennen, in der Schöpfung noch viele eigen=artige, individuelle Wesen geben kann, die wir, weil sie körperlos und unserem Gesichtskreis entrückt sind, weder sehen noch begreifen und nur ahnen können, ist nicht allein möglich, sondern mir auch wahrscheinlich."

„Wenn ich Dir einmal als Geist erscheinen würde," sagte mein Vater, „würdest Du erschrecken?"

„O nein, es wäre mir vielleicht im Anfang un=heimlich, aber je mehr ich zum Bewußtsein käme, daß Du es bist, desto mehr würde ich mich freuen, Dich wiederzusehen. Doch wir sind da auf ein trauriges Thema geraten, laß uns lieber von etwas anderem sprechen."

„Nun," sagte mein Vater, „von dem Tod, der ja unausbleiblich ist, und von den unlöslichen Rätseln, vor die er uns stellt, darf man wohl sprechen; ich habe so manche Erfahrungen gemacht, die mich an Geister glauben machen, obgleich die meisten Geistergeschichten, die uns jetzt als solche erscheinen, durch spätere Ent=deckung von Naturkräften, die uns jetzt noch verborgen sind, sich als ganz natürliche Erscheinungen werden er=klären lassen. Wenn es Geister gibt, so werde ich Dir erscheinen und zwar hier an diesem Bänkchen; erscheine ich Dir aber nicht, so ist das immer noch kein Beweis, daß es keine Geister gibt, vielleicht kann oder darf ich Dir nicht erscheinen, oder Dein Sinn und Aug' ist nicht dazu geeignet, mich zu sehen."

Einige Monate später saß ich allein Abends auf

dem Bänkchen, es war am Begräbnistage meines Vaters,
ich starrte, Thränen in den Augen, in die dunkle
Nacht hinein und rief: „O, komm, komm!" — er kam
nicht, und wie oft bin ich seitdem auf dem Bänkchen
gesessen und suchte mich hinein zu träumen in einen
Zustand, wo ich fähig wäre, Geister zu sehen! Er kam
nicht, aber oft war mir's, als träte er mir näher, als
stände er neben mir.

Tod meiner Eltern.

Das Jahr 1854 war für uns ein trauriges.
Schon seit einiger Zeit war die Gesundheit unserer
guten Mutter wankend, ohne daß sie eigentlich krank
war. Oft hatte sie, von Schwächezuständen befallen,
geäußert: „Ich wäre schon längst gestorben, aber die
Gäste lassen mir keine Zeit dazu," und da hatte sie
eigentlich recht.

In so namenlose Angst auch mein Vater geriet,
wenn unsere Mutter krank wurde, so war er doch wieder so sanguinisch, daß er fest glaubte, sein Rickele könne
unmöglich vor ihm sterben, diesen Schmerz könne sie
ihm nicht anthun. Ohne sie erschien er sich aber auch
in jedem Augenblick so hilflos, daß, wenn Fremde
kamen und die Mutter krank zu Bette lag, er unwillkürlich ausrief: „Rickele, steh auf, es sind Besuche gekommen!" und sie raffte sich auf und kochte und sorgte
und durch ihren festen Willen war die Krankheit au-

scheinend verschwunden, aber bald ging es doch nimmer, und als sie ernstlich krank wurde, reiste mein Vater nach Stuttgart, um den als Arzt geschätzten Staatsrat Ludwig wegen ihres Zustandes zu befragen.

Nachdem ihm mein Vater die Krankheit ausführlich geschildert hatte, fragte Ludwig: „Wie alt ist denn Ihre Frau?"

„So alt wie ich, achtundsechzig Jahre," sagte mein Vater.

„Nun, was wollen Sie denn? Wenn man so alt ist, muß man nicht an Besserwerden denken, sondern an den Tod," entgegnete Ludwig.

Dieser Ausspruch, der wohl ärztliche Berech= tigung haben mochte, aber auf das Gemüt meines Vaters gar roh einwirkte, schmetterte ihn ganz nieder und er hatte kaum die Kraft, der Mutter seine Trost= losigkeit zu verbergen. Vor meiner Mutter war auch keine Täuschung möglich, sie fühlte selbst zu genau das Nahen des Todes, sah ihm mit Ruhe und in vollster Geistesgegenwart entgegen, es kam keine Klage über ihre Lippen, all ihr Denken war nur darauf gerichtet, den armen Vater zu trösten. Als er in der Nacht vor dem Ostersonntag an ihrem Sterbelager kniete und sie fühlte, wie seine Thränen auf ihre Hand nieder= stürzten, flüsterte sie: „Du darfst nicht weinen, ich will's nicht haben, Du störst sonst meine Ruhe; wir waren ja so viele, viele Jahre glücklich miteinander, es wäre undankbar von Dir, wenn Du über die kurze Zeit der Trennung klagen würdest, bald sind wir wie= der beisammen und dann gibt's kein Scheiden mehr." Das waren ihre letzten Worte. Wir fürchteten, als

die Gewißheit ihres Todes eingetreten war, einen ver=
zweiflungsvollen Schmerzensausbruch unseres Vaters,
aber er vergoß keine Thräne, er schleppte sich in die
Wohnstube in seinen Armsessel und saß da stumm und
totenblaß und kalt anzufühlen, wie in Erstarrung,
sprach nur hie und da wie im Traume vor sich hin:
„Ich darf nicht klagen, sie will's nicht haben!" Mit
Mühe brachten wir ihn ins Bett. Den andern Tag
kamen Freunde, um zu kondoliren. Ich ließ niemand zu
ihm, er war vollständig apathisch, schlummerte meist im
Armsessel oder hatte wenigstens die Augen geschlossen.
Abends ging ich auf eine Stunde weg. Als ich zu=
rückkam, sagte er: „Wo warst Du? Du riechst nach
Erde, Du warst auf dem Kirchhof an ihrem Grabe?"

„Ja, ich habe den Boden geküßt, auf dem sie
ruhen wird," entgegnete ich.

„O, hättest Du mich mitgenommen, ich hätte mich
hineingelegt und wäre vielleicht gestorben," sagte er.

Den andern Morgen in aller Frühe, während mein
Vater noch schlief, wurde die Mutter ganz still und
ohne Glockengeläut und Gesang, um meinen Vater nicht
auf die Begräbnisstunde aufmerksam zu machen, zur
Erde bestattet.

Mein Vater blieb noch lange in seinem klaglosen,
traumartigen Zustand, nur in Gedichten sprach er sein
Heimweh nach der Hingegangenen aus. Von einem
wollenen Tuch, das meine Mutter oft getragen hatte
und in das man sie, als sie beim Sterben über Frost
klagte, gehüllt hatte, trennte er sich fast nie. Am Tag,
wenn er im Armsessel saß, breitete er das Tuch über
seine Kniee aus, in der Nacht mußte man es ihm auf

die Decke legen. Wenn Fremde kamen, raffte er sich auf, heiter zu erscheinen, aber um so schlafloser, in qualvoller Sehnsucht sich hinmarternder Aufregung waren die Nächte, dazu kam vermehrtes Leiden durch Gicht und Erblindung, und so hat er dieses zerhackte Leben noch acht Jahre ertragen, bis ihn ein Grippeanfall wohlthätig erlöste. — Eine Woche vor seinem Tode bekam er von München ein Fäßchen Bier zugesandt, er lud hiezu den alten Thorwart und andere ältere Bürger Weinsbergs ein, ermunterte sie zum Trinken, sprach mit ihnen von den alten Zeiten, von seinem nahen Tode als etwas von ihm Heißersehntem, bat sie, seiner nicht zu vergessen, stieß auf das Wohl Weinsbergs an. Zwei Tage darauf konnte er das Bett nimmer verlassen, Husten und Fieber quälten ihn, ließen ihn nur selten noch zum Schlafe kommen, und in der Nacht vom 21. auf den 22. Februar 1862 starb er bei vollstem Bewußtsein, nachdem er jedem von uns, die sein Krankenlager umstanden, die Hand gegeben und uns zu gegenseitiger Liebe ermahnt hatte, mit den Worten: „Herr, Dein Werk ist vollbracht!" und einige Minuten später: „Gute Nacht, gute Nacht! Schlaft alle wohl!"

Letzter Wille und Begräbnis.

Der letzte Wille meines Vaters lautete:

Verordnung:

Meine Leiche soll man in aller Stille ohne Gesang und Klang wie die meines Vaters begraben. Mit meinem Sohne und dem Tochtermann soll nur noch

ein Freund und ein Geiſtlicher, ſonſt n i e m a n d meine
Leiche zum Grabe geleiten. K e i n e R e d e ſoll ge=
halten, auch nicht geſungen werden. Man ſoll ein
ſtilles V a t e r u n ſ e r beten, den Sarg verſenken und
dann fortgehen. Dies ſ o l l geſchehen und nichts anderes.

Weinsberg, den 24. März 1850.

Juſtinus Kerner.

Noch einmal geleſen und beſtätigt im Mai 1857.
Zwiſchen meiner Frau und meinem Grab ſoll ein
Stein gelegt werden (eine liegende Platte, keine ſtehende),
mit der Inſchrift:

Friederike Kerner und ihr Juſtinus.

† 1854. † 18—

Sonſt kein Wort, auch nicht: Hier liegt und ſo weiter.

Weinsberg im Mai 1857.

Dieſem letzten Willen folgend, machte ich auswärts den
Tag und die Stunde des Begräbniſſes nicht kund. Es war
auf Montag den 24. Februar morgens neun Uhr feſtgeſetzt.

Dennoch kamen an dieſem Tage in aller Frühe die
bis zum Tode getreuen alten Freunde meines Vaters,
Ludwig Uhland, Karl Mayer von Tübingen und Prä=
ſident Auguſt Köſtlin von Stuttgart, wie auch die
beiden Söhne Graf Alexanders, Eberhard und Alexan=
der, und der Neffe meines Vaters, General von Baur
aus Ludwigsburg im verwaiſten Kernerhauſe an. Ihr
gutes Herz hatte ſie noch in letzter Stunde hergezogen,
und als ſie am offenen Sarge meines Vaters ſtanden
und ihre Thränen auf ihn niedertropften, da war es
mir, als ſei durch die Anweſenheit dieſer lieben Ge=
treuen meinem Vater trotz ſeines letzten Willens noch
eine rechte Freude geworden.

Unentstellt von dem Eingriff des Todes lag er in seiner braunen Kapuzinerkutte, die er in der letzten Zeit statt eines Schlafrocks zu tragen gewohnt war, die schönen weißen Hände auf dem Tuche der Mutter ruhend, wohlthätig schmerzlos, wie schlafend da; seine edlen, klaren Gesichtszüge, von der Morgensonne beschienen, erregten nicht den schreckenden Eindruck einer Leiche, durch allen Schmerz um den Verstorbenen brach immer wieder der tröstende, freudige Gedanke: Welchen Segen brachte ihm der Tod!

Der Sarg, von den Bürgern Weinsbergs abwechselnd auf den Achseln durch die Stadt getragen, langte, gefolgt von dem langen Zuge der Weinsberger und vieler Freunde aus Heilbronn, auf dem Kirchhof an und wurde still neben dem Grabe der Mutter in die Erde versenkt, dann ein stilles Vaterunser gebetet, der Weinsberger Liederkranz neigte die umflorte Fahne über das Grab, Scholle auf Scholle fiel hinab, auch viele Kränze und manche dankbare Thräne, die er durch sein vierzigjähriges segensreiches Wirken als Arzt wohlverdient hatte, und traurig und lautlos ging es heim vom Grabe. — Weinsberg hatte seinen besten Bürger begraben. Von unserem alten Turm und von der Weibertreu wehte eine Woche lang eine schwarze Fahne.

Der Grabstein.

Das altertümliche Nürnberg mit seiner Sebalduskirche und dem Johanneskirchhofe machte auf meinen Vater schon in seinen Jugendjahren einen tiefpoetischen

Eindruck, weshalb er auch in seinen „Reiseschatten" dem damaligen Besuche dieser Stadt einige Kapitel weihte. Als er in späterer Zeit bei einer Naturforscherversammlung in Nürnberg wieder auf dem Johanniskirchhofe war, sagte er mir: „Solche liegende Platten, wie sie das Grab von Albrecht Dürer und Hans Sachs bezeichnen, sind doch die einfachsten und einzig poetischen Grabdenkmäler, unter solchem Stein will ich auch einmal begraben sein, aber man darf keine Blumen darum setzen, das mahnt sonst an die Kindergärtchen, nur Epheu soll es wild umranken."

Da sein letzter, niedergeschriebener Wille diesen Wunsch wiederholte, reiste ich nach seinem Tode nach Nürnberg und ließ genau nach der Grabplatte Albrecht Dürers eine solche aus Alpirsbacher Granit anfertigen. Auf einer in der Mitte des Steines eingelassenen Metallplatte steht in erhabenen Buchstaben: „Friederike Kerner † 1854 und ihr Justinus † 1862" und der Epheu hat das Grab wild umrankt.

Totenklage.

I.

Als im Sarg Du lagst gebettet,
Auf die kalte, bleiche Stirne
Fiel da eine heiße Thräne,
Nicht um Dich, um mich geweint.

Ach! zum erstenmal, o Vater!
Hattest Du Dein Kind verlassen,
Keine Antwort meiner Klage
Kam aus Deinem lieben Mund.

Kalt lag Deine Hand in meiner,
Als ob Böses ich verschuldet,
Einsam stand ich, nur die heiße
Thräne durfte mit Dir gehn.

II.

Angstvoll hat Dein Herz geschlagen
Oft in mancher nächt'gen Stunde,
Während ich auf weichem Kissen
Träumte einen frohen Traum.

Jetzt, seit Ruhe Du gefunden,
Fühlt mein Herz so bitt're Qualen,
Als ob in dasselbe wäre
Uebersiedelt all Dein Schmerz.

O willkommen Deine Sorgen!
O willkommen Deine Schmerzen! —
Doch Dein Herz war auch voll Liebe:
Gib auch diese Liebe mir!

III.

Kann man auf zerriss'nen Saiten
Spielen fröhliche Accorde?
Kann aus dem zersprung'nen Herzen
Tönen einer Freude Klang?

Seit Du tot, ist alles worden
Mir so fremd, als ob mich zöge
In das Grab, ins Reich der Schatten
Eine liebe Geisterhand.

Lebe wohl, Du goldne Sonne!
Lebet wohl, ihr Blütenbäume!
Klaglos geht der müde Pilger
Durch die dunkle Pforte ein.

Das Denkmal.

Kurze Zeit nach dem Tode meines Vaters bildete sich in Weinsberg ein Komite zum Zweck der Errichtung eines Kernerdenkmals. Es geschah dies während meiner Abwesenheit; ich wohnte damals in Cannstatt.

Als ich nach Weinsberg kam, waren schon mehrere Komitesitzungen abgehalten worden, Schreiben nach außen ergangen, zu Beiträgen aufgefordert, auch der Platz für das Denkmal im Innern der Ruinen der Burg Weibertreu beschlossen.

Es berührte mich das unangenehm.

Meiner Ansicht nach hätte, wenn je ein Denkmal gesetzt werden sollte, dies nicht so pressirt und späterer Zeit vorbehalten werden müssen, auch wäre es natürlicher gewesen, die Anregung hiezu wäre aus weiteren Kreisen von außen her ergangen, Weinsberg wäre ja dennoch zum Orte des Denkmals ausersehen worden.

Dagegen war nun nichts mehr zu machen, aber daß das Denkmal auf die Weibertreu komme, konnte ich nicht zugeben. Ein modernes Denkmal zwischen den alten Mauern und Türmen der Weibertreu hätte sich jedenfalls kleinlich ausgenommen, auch wäre es zu sehr der Verderbnis durch rohe Hände an diesem abgelegenen Punkte ausgesetzt und im Winter für ältere Besucher unzugänglich gewesen. Auch war mir erinnerlich, daß mein Vater, als einst sein Freund Heideloff zu ihm sagte: „Auf der Weibertreu muß einmal Ihr Denkmal stehen!" voll Entrüstung ausgerufen hatte: „Nichts da! Da spielte ich eine Rolle, als wäre ich der Gockeler der treuen Weiber von Weinsberg gewesen, und dem alten Gebiß der Weibertreu darf man mich nicht als Zahn einsetzen!"

Dies alles machte ich geltend, und kräftig unterstützt durch den Professor Eduard Herdtle, dessen Plan zu einem Denkmal allgemeinen Beifall fand, setzte ich es durch, daß mir die Wahl des Platzes überlassen wurde. Dieser, in nächster Nähe des Kernerhauses, mit der Aussicht auf Haus, Turm, Kirche, Weibertreu, war bald gefunden und angekauft, und der Entwurf Herdtles konnte jetzt zur Ausführung kommen.

Da trat eine unerwartete Störung ein.

König Ludwig I. von Bayern ersuchte, ihm die bisherigen Entwürfe zum Denkmal einzureichen. Alle Zeichnungen samt der Photographie eines großen Medaillons, auf welchem Professor Herdtle den Kopf meines Vaters aufs treffendste in Hautrelief modellirt hatte und das in der Mitte des Denkmals in Erz gegossen angebracht werden sollte, wurden dem König zugesandt.

Die Antwort darauf lautete, der König sei mit

diesem Denkmal nicht einverstanden, er wolle auf eigene Kosten meinem Vater ein Monument errichten lassen, die Ausführung aber müsse einem bayrischen Künstler überlassen werden.

Was war zu thun? Ich wollte Herdtle, der bisher so uneigennützig und pietätvoll für das Denkmal gearbeitet hatte, nicht weh thun, auch dachte ich: Ein bronzenes Standbild auf hohem Postament stehend, vom Kopf bis zu den Hosen und Stiefeln herab kunstvoll ausgeführt und die moderne, unschöne Kleidung mit einem wallenden Mantel, wie ihn der Lebende nie getragen, trappirt, — solche Verewigungen taugen nur für Generale und andere, schon im Leben hochgestellte Personen, bei einem Dichter und Schriftsteller soll nur sein Kopf zur Geltung kommen, und so wies ich das Anerbieten mit der Entschuldigung ab, das Denkmal sei in der Ausführung schon zu weit vorangeschritten und eine Aenderung könne nicht mehr stattfinden.

Durch Sammlungen für das Denkmal waren dreitausend Gulden eingegangen, das war nicht viel, aber reichte hinlänglich, um das Denkmal, wie es Herdtle entworfen und Professor Beyer in kunstvoller Ausführung zur Vollendung brachte, schuldenfrei herzustellen.

Die feierliche Einweihung des Denkmals fand am 18. Oktober 1865 statt. Bei derselben sprachen Dr. Friedrich Notter, Karl Mayer, Professor J. G. Fischer, Dr. Dulk. Später ließ ich dem Denkmal noch zwei Bronzeplatten einfügen. Die eine trägt in erhabenen Lettern die Inschrift:

Aegrotorum solatium, daemonum flagellum,
Musarum deliciae, dulce patriae decus.

So wurde mein Vater in dem erneuten Doktors-
diplom benannt, welches ihm die medizinische Fakultät
Tübingen im Dezember 1858 zu seinem fünfzigjährigen
Doktorsjubiläum übersandte. Auf der andern Bronze-
platte ist das Gedicht verewigt, welches Präsident August
Köstlin, der alte, treue Freund Uhlands, Karl Mayers
und meines Vaters bei der Einweihung des Kernerdenkmals gesprochen hat:

> Wer hat wie Du geliebt den Freund,
> Wer ihm die Seele so gehoben,
> Wer so mit Ernst, dem Scherz vereint,
> Ein Zauberband um ihn gewoben?
>
> Wer hat in heit'res Schattenspiel
> Wie Du das Leben umgestaltet,
> Und wer mit tieferem Gefühl
> Die Blätter seines Ernsts entfaltet?
>
> Ein lebensfreudiger Prophet
> Standst Du auf zweier Welten Grenze,
> Von Himmelsluft das Haupt umweht
> Und pflückend froh der Erde Kränze.

Anhang

zu Seite 10.

Besucher des Kernerhauses innerhalb weniger Jahre.

Nach der Fremdenliste.

Franz Dingelstedt.

Moriz Carrière.

Regierungsrat Dittmann aus Königsberg.

B. R. Caird aus Schottland.

Rev. Harry Ferrus aus Irland.

Dr. Eckhoff aus Itzehoe.

Wilken aus Krain.

Cotta mit Tochter. Stuttgart.

Frau Jolberg mit Vater Zimmern. Heidelberg.

General von Menden, Direktor der Kriegsschule. St. Petersburg.

Frau Professor Flint aus Klagenfurt.

Bischof Keller aus Rottenburg a. N.

Ministerialrat v. Marschall. Karlsruhe.

Herr und Frau Dr. Passavant. Frankfurt a/M.

Fräulein Hutwalker. Itzehoe.

Herr und Frau von Sturmfeder. Oppenweiler.

Pfarrer Gerber aus Buchenbach.

Doktor Bauer aus Mühlhausen.

Missionar Winkler aus Indien.

Erziehungsrat Eslinger. Zürich.

Dr. Reuter. Frankfurt.

Pfarrer Moßdorf von Nußbaum.

Bundestagsgesandter Sieveking aus Hamburg mit einem Engländer.

Graf Alexander von Württemberg.

Frau Gräfin Helene von Württemberg.

Lehrer Sauter aus Konstanz.

Herr Sprecher von Berneck aus Chur.

Amtsrichter Ostertag von Niederstetten.

Bürgermeister von Albertini aus Chur.

Geheimeratssekretär Hahn. Stuttgart.

Cand. Busch (Naturforscher) aus Münster.

Jur. stud. Döderlen aus Erlangen.

Stud. theol. Hagemann von Waldeck.

Professor Hanno aus Heidelberg.

Staatsrat von Hartmann. Stuttgart.

Mod. Naumann. Nürnberg.

Professor Ferdinand Gmelin. Tübingen.

Direktor von Wächter mit Frau, geb. Vellnagel. Stuttgart.

Prof. Schott von Schottenstein. Tübingen.

Frau von Luck. Lautenbach.

Herr von Treskow aus Liegnitz.

Professor Hauff. Schönthal.

Regierungsassessor Rümelin. Ellwangen.

Frau von Suckow. Stuttgart.

Frau Minister von Hügel. Stuttgart.

Diakonus Moser. Ulm.

Frau Krick. Ulm.

Oekonomierat Zeller. Darmstadt.

Graf und Gräfin Maldeghem. Niederstotzingen.

Nikolaus Müller. Stuttgart.

Kaufmann Strauß. Köln.

Gesandtschaftsrat von Mahrberger. Stuttgart.

Prinzessin Sophie von Württemberg.

Hartung. Stuttgart.

Pfarrer Offinger v. Maria Kappel.

Prälat Märklin.

Graf von Helmstädt. Heidelberg.

Dr. jur. Hartmann. Karlsruhe.

K. Konf. Rödinger nebst Braut. Stuttgart.

J. G. Fischer aus Stuttgart.

Pfeiffer aus Kassel.

Regierungsrat Weißer mit Frau. Stuttgart.

Gräfin v. Holstein aus Dänemark.

Baronin v. Grotthaus a. Kurland.

Rektor Ströbel aus Stetten.

Dr. Stellwag aus Frankfurt.

Gräfin von Pappenheim. München.

Agnes von Callatin. München.

Hufeland aus Berlin.

Herrmann Kurz. Stuttgart.

Kandidat Gröber aus Düsseldorf.

Dichter Molgenoff aus Moskau.

Fabrikant Röchlin von Sulzbach bei Saarbrücken.

Pfarrer Käferle von Perouse.

Niembsch von Strehlenau. Ungarn.

Schauspieler Moritz. Stuttgart.

Musikdirektor Hetsch. Heidelberg.

Pfarrer Ottmar Schönhut. Dörzbach.

Eulenstein aus London.

Frau von Eschholz, Witwe des Weltumseglers aus Rußland.

Herr Koßmann aus Rußland.

Jakob de Castro aus Altona.

Gräfin Marie von Württemberg.

Hofrat Reinbeck mit Frau.

Fräulein von Zeppelin. Stuttgart.

Fräulein von Beulwitz. Stuttgart.

Dr. Frankfurter. Hamburg.

Dr. Anselmius aus Mannheim.

Dr. Fink aus Rappenau.

Pfarrer Vogel. Bonfeld.

Prinz Jerome, Sohn des ehemaligen Königs von Westfalen.

Graf Crivelli aus Mailand, österreichischer Legationssekretär.

Graf Karl von Waldeck mit Frau und 4 Kindern.

Hofprediger Grüneisen. Stuttgart.

Herr Pinter mit Frau.

Herr Tretschmer aus Naumburg a. S.

Baurat Dillenius. Ellwangen.

Oberstlieutenant von Sukow. Stuttgart.

Prinzessin Marie von Württemberg mit ihrem Gatten Graf Alfred von Neipperg.

Fräulein von Zeppelin.

Dr. David Strauß aus Stuttgart.

Dichter Mörike. Cleversulzbach.

Baron von Fahrenheit aus Königsberg.

Dichter Karl Mayer mit Gattin und Kindern.

Dr. Ricken aus Oldenburg.

Oberforstmeister von Fahnenberg mit Frau und Töchtern. Neustadt.

Graf von Scheeler mit Frau von Stuttgart.

Dr. Mörike mit Mutter von Stuttgart.

Fräulein Kammerer aus Stuttgart.

Frau von Mauclair. Stuttgart.

Forstverwalter v. Brand. Neustadt.

Referendär Gundert. Eßlingen.

Lehrer Straubenmüller. Stuttgart.

Vikar Jäger. Stuttgart.

Fürst und Fürstin von Löwenstein-Wertheim.

Oberkonsistorialrat Störer. Stuttgart.

Frau von Moltke. Ulm.

Staatsrat von Mosloff. Moskau.

Dr. Moldenhauer aus Dessau.

Oberlandesgerichtsassessor, Dichter Schulz. Berlin.

Graf Holstein.

Fräulein von Gemmingen. Stuttgart.

Major von Olberg.

Kapitän von Selasinsky vom preußischen Generalstab in Berlin.

Artillerielieutenant Graf v. Sponeck.

Artillerielieutenant von Freydorf. Karlsruhe.

Eduard Devrient u. Frau. Berlin.

Regimentsarzt Keller. Ludwigsburg.

Rittmeister von Kober. Ludwigsburg.

Kanzleirat von Bunz. Stuttgart.

Fräulein von Bartruff. Ludwigsburg.

Friedrich Springsfeld aus Aachen.

Dr. Steinbeis. Bachzimmern.

Gräfin Lullu von Jenisson mit Schwester aus Dresden.

Stud. theol. Bäring aus Rudolstadt.

Varnhagen von Ense mit Rahel.

Frau von Pleß, geb. Gräfin Degenfeld.

Herr von Ziegesar mit Frau. Winzerhausen.

Herr und Fräulein Binder aus Stuttgart.

Pfarrer Witt von Buchlingen.

Wilhelm Plate aus Altona.

Dichter Gustav Schwab mit Kindern u. Frau. Gomaringen.

Lotte Gmelin von Tübingen.

Dr. Raith von Niedernau.

Julius Meyer aus Berlin.

P. Thrige aus Dänemark.

Dr. von Bieland aus dem Haag.

Graf Bieland.

Dichter Ferdinand Freiligrath aus Rolandseck.

Minister von Wangenheim aus Coburg.

Ludwig Uhland mit Gattin aus Tübingen.

Stud. Haberwender aus Pest.

Philippi aus Ungarn.

Fräulein von der Recke aus Karlsruhe.

Stud. Loc aus Jevers in Oldenburg.

Stud. Müller aus Oldenburg.

Pfarrer Oechslen aus Schaffhausen.

Professor Reuschle aus Stuttgart.

Fräulein Friedrich aus Frankfurt.

Herr van der Velden aus Holland.

Pfarrer Wagner aus Gmünd.

Pfarrer Ranz aus Leonberg.

Hofrat Dr. Muhl aus Baden-Baden.

Forstrat von Wedekind aus Darmstadt.

Herr Lichtenfeld aus Karlsruhe.

Dichter Albert Knapp aus Stuttgart.

Mechanikus Oechsle. Pforzheim.

Stadtpfarrer Burk aus Bottwar.

Stiftsprediger Jäger aus Oberstenfeld.

Frau von Kunowsky aus Berlin.

Boris von Uxkull mit Tochter aus Livland.

Ludwig von Uxkull-Gyllenband aus Esthland.

Baron von Hügel, Ulanenoffizier aus Wien.

Hofrat Zeller. Winnenthal.

Baron von Meisenburg aus Karlsruhe.

Dichter Mosenthal aus Kassel.

Theolog Süßkind aus Stuttgart.

Professorin Agnes Aßhausen, geb. Prittwitz.

Theolog Griesinger aus Frankfurt.

Jur. stud. Habermann aus Jena.

Dr. Brignaski aus Kalisch.

Buchhändler Erhard aus Stuttgart.

Dichter Ludwig Tieck. Dresden.

Gräfin Finkenstein. Dresden.

Agnes, Tochter Tiecks. Dresden.

Frau von Wahl nebst Tochter. Dorpat.

Dr. Scheeve aus Dresden.

Patuzzi aus Wien.

Baron Hügel aus Wien.

Fräulein Grisi aus München.

Advokat Glocker aus Stuttgart.

Graf Uxkull mit Frau aus Magenheim.

Gräfin Leutrum.

David de Castro aus Altona.

Frau von Plessen-Degenfeld.

Frau Heinrich von Stuttgart.

Fräulein Kammerer. Stuttgart.

Maler Weniger von Düsseldorf.

Dichter Ruof aus Jassy.

Dr. Cleß von Stuttgart.

Hofprediger Karl Zimmermann aus Darmstadt.

Dr. Rösch von Schwenningen.

Frau von Nellenstein.

Musikdirektor Wolf von Wernigerode.

Baron Rieger aus Wien.

Julian Moris mit Schwester. Harz.

Advokat Streiter aus Bozen, Tirol.

Phil. stud. Seubert aus Heidelberg.

v. Bülow, preuß. Oberst. mit Frau.

Dr. Kolb aus Stuttgart.

F. von Hertling. Ellwangen.

Dekan Göß mit Frau von Aalen.

Frau Leins aus Ulm mit Schwestern.

Frau von Troifft.

Frau von Dalbenden.

Fräulein von Ellrichshausen. Stuttgart.

Theolog Schaaf aus der Schweiz.

Frau von Gruner aus Berlin.

Dr. Karl Jäger aus Wien.

Lady Rosa Stuart.

Anna Dumbar aus England.

Dr. Friedrich Jäger, Leibarzt. Wien.

Emma Gärtner aus Stuttgart.

Wagner, Reinhard, Studenten aus Gießen.

Ludwig Mayer mit Karl Mayer.

Carus, Oekonom aus Böhmen.

Gräfin La Corrée aus Stuttgart.

Herr und Frau von Rakowitz.

Oberfinanzrat Hauber mit Familie. Stuttgart.

Prezäptor Ritter. Besigheim.

Präsident Fr. von Meyer aus Frankfurt

Fräulein Josephine von Kraft aus Ulm.

Herr Gsell aus Amsterdam.

Herr Taylor, Herr Lades aus London.

Baron Moltke. Ulm.

Theodosius Harnak. Petersburg.

Herr Reiße aus Wien.

Dr. Wöniger, Literat. Berlin.

Prof. Platz. Wertheim.

Fräulein Gerold. Frankfurt.

Fräulein Steinmetz und Nichte aus der Pfalz.

Herr von Krenowsky aus Preußen.

Stud. Hubety aus Kopenhagen.

Stud. Seiler aus Nürnberg.

Dr. Kreger aus Hamburg.

Dr. Wackernagel aus Berlin.

Lehrer Pop in Stetten.

Frau Major von Izstein. Ansbach.

Fräulein Schröner. Halle.

Fräulein Agnese Schebest aus Böhmen.

Dr. Röse aus Lübeck.

Buchhändler Snoden. Leipzig.

Privatdozent Zeller. Tübingen.

Med. stud. Oppenheim.

Madame Whiß. Homburg.

Fräulein Louise von Gemmingen.

Professor Uhlmann. Heidelberg.

Dichter Ganzhorn von Sindelfingen.

Dr. Köster. Frankfurt.

Dr. phil. Bornemann.

Jur. stud. Lehmann.

Krieger aus Dänemark.

Frau von Bischer aus Stuttgart.

Kathinka Evers, Sängerin aus Hamburg, mit Bruder und Schwägerin.

Herr Heerbrand aus Ulm.

Oberkonsistorialrat von Grüneisen.

Fräulein Lilli von Seckendorf.

Dr. Märklein von Elberfeld.

Pfarrer Schottin von Köstritz.

Schulrat Dilger. Frankfurt.

Dr. Dittmann. Eisenach.

Herr Kaulla von Stuttgart.

Graf Wilhelm von Württemberg.

Graf Georg von Scheeler.

Stud. A. Reinhardt. Straßburg.

Prof. Holzmann. Karlsruhe.

Gräfin Jardownka aus Polen.

Jur. cand. Wichs aus Preußisch-Minden.

Herr Schöffe und Familie. Amsterdam.

Direktor Hackländer aus Stuttgart.

Schauspieler F. Löwe aus Stuttgart.

Präsident von Jenull mit Tochter. Innsbruck.

Dr. Ehrenbaum. Berlin.

Theolog Roser. Stuttgart.

Konsistorialrat A. Köstlin. Stuttgart.

Meyer aus Florenz.

Graf Ingelheim.

Baron Taubenheim. Stuttgart.

Siveking mit Frau und Sohn aus London.

Theolog Thode aus Hannover mit 6 Heidelberger Studenten.

Weckherlin aus Stuttgart.

Fürstin von Kirchberg.

Frau von Trott mit 6 Töchtern aus Neustadt.

Dichter und Buchdrucker Fröhlich aus Stralsund.

Gräfin Lerchenfeld aus München.

Frau von La Roche aus München.

Theolog Gutter aus Bern.

Dr. Weigel aus Schlesien.

Theolog de Bier aus Danzig.

Stud. jur. Böhm aus Wien.

Professor Siegle aus Berlin.

Prof. Leyendecker, Vorsteher eines Instituts in Wiesbaden, mit Zöglingen.

Professor Hofmann in Unterlaichingen.

Stud. med. Malischoff aus Leiden.

Professor Ganu aus Köln.

Dr. Härtel aus Leipzig.

Konsistorialassistent Schuhmann aus München.

Gräfin von Waldeck mit Bruder und Schwester aus Gaildorf.

Lyceumsinspektor Schreiber. Augsburg.

Theolog Chius. Sachsen-Meiningen.

Professor Fehling. Stuttgart.

Obermedizinalrat Endres. Ulm.

Hofschauspieler Hermann. Karls=
ruhe.

Professor Reuschlin. Stuttgart.

Baron v. Einsiedel. Stuttgart.

Repetent Dörtenbach aus Stutt=
gart.

Pfarrer Schmiedlin von Bürk.

Dozent Bernard aus Bern.

Dr. Griesinger. Stuttgart.

Theolog Teichmann. Tübingen.

Theol. stud. Burgelich aus Dessau.

Prof. Siemens aus Hohenheim.

Repetent Hauber.

Repetent Denzel. Maulbronn.

Schwedischer Konsul Nölting mit
Frau. Lübeck.

Herr von Borborikin aus Rußland.

Karl von Moltke. Ludwigsburg.

Franz von Ditfurth bei Haßfurt.

Dr. Elsäßer. Neustadt.

Theol. stud. Else aus Dessau.

General von Baß. Stuttgart.

Gesandter von Hügel aus London.

Oberfinanzrat Raser aus Ulm.

Freiherr von Aufsäß mit Gemahlin
von Aufsäß bei Bamberg.

Missionar Lacroix aus Kalkutta.

H. von Wirsing. Stuttgart.

Sekretär Hörner von Wertheim.

Theolog Bilhuber von Vaihingen.

Frau von Herder nebst sehr schöner
Tochter, Enkelin Herders, von
Heidelberg.

Baron von Luttow. Berlin.

von Todtenberg. Preußen.

Bayrischer Gesandter von Malzen.

Ladislaus von Pirker, Erzbischof
von Eylau, mit Sekretär.

Theol. stud. Kitt aus Zürich.

Rabbi Birkenthal aus Brody in
Galizien.

Rektor Pfaff aus Eßlingen.

Dr. Castell aus Amerika. Phrenolog.

Conrektor Laukhardt aus Gießen.

Hellmann aus Petersburg.

Dichter Emanuel Geibel. Lübeck.

Major v. Prittwitz mit Frau. Posen.

Reallehrer Zaminer.

Herr von Hohenstein aus Darmstadt.

Dr. Frank aus Berlin.

Prinz von Löwenstein, bei der
preußischen Gesandtschaft in
Karlsruhe.

Philos. Schellings Sohn und Ge=
senius von Halle.

Dr. Rose. Lübeck.

Frau Oberregierungsrat Rudinger
von Münster.

Missionar Weitbrecht aus Ostindien.

Stud. phil. Nagel aus Kleve.

Theol. stud. Braun aus Karlsruhe.

Theol. stud. Tiersch aus Erlangen.

Kronprinz Max von Bayern mit
Gemahlin.

Advokat Leonidas Egonta aus
Athen.

Amalie Schoppe. Jena.

Karl von Kotzebue, russischer See=
offizier.

Dr. Rau aus Heidelberg mit einem
Griechen aus Patras.

Kaufmann Schäfer mit Frau aus
Frankfurt.

Professor Hades aus Zürich.

Gräfin Morinsko. Lithauen.

Madame Arens aus Bremen.

Obermedizinalrat Cleß aus Stuttgart.

Kaufmann Werner aus Hamburg.

Fräulein Malvieux aus Wien.

Baron von Catte aus Preußen.

Dr. Ladislaus Scerluki aus Polen.

Assessor Schwab. Stuttgart.

Medizinalrat Hochstetter. Ludwigsburg.

Regisseur Krebs. Stuttgart.

Pfarrer Georgi. Gaisburg.

Pfarrer Valentine. Holstein.

Regierungspräsident zum Rhein
mit Familie aus Regensburg.

Etatsrat von Wagner mit Frau
und deren Mutter aus Petersburg.

Fräulein Vasse, Sängerin aus
Stuttgart.

Advokat Betz aus Livland.

Pfarrer Herwig mit Braut.

Baron von Maltiz, russischer Gesandter im Haag.

Geheimerat Rau von Heidelberg.

Stud. Possart. Heidelberg.

Prof. Lindemann. Zürich.

Dr. jur. Raue aus Harburg.

Baron von Grimm mit Frau,
Erzieherin des Großfürsten Kon-
stantin. Petersburg.

Lokomotivfabrikant Meyer. Mühlhausen.

Grafen Eberhard und Alexander
jun. von Württemberg.

Professor Dr. Jäger mit Frau.
Wien.

Dr. Breitenstein aus Hildburg-
hausen.

Dr. Hermann Rollet aus Wien.

Stud. theol. Steeger aus Kiel.

Obermedizinalrat von Schelling mit
Frau und Töchtern aus Stuttgart.

Professor Pfeifer. Heidelberg.

Professor Hitzig. Zürich.

Daburger mit Frau und Nichte.
Tirol.

Arthur Schott aus Ungarn kommend.

Luise Kapf aus Rothenburg.

Eduard Duller mit Frau.

Theol. cand. Irion.

Jur. cand. Goldner aus Ulm.

Graf von Vieregg aus München.

Gräfin Buol-Schauenstein. Wien.

Herr von Glokowsky aus Lem-
berg.

Dr. med. Hagen aus Bayern.

Pauline Schücking, Schwester von
Lewin Schücking aus West-
falen.

Theolog Makindosch aus Schottland.

Professor Friedrich Vischer (Schar-
tenmaier) von Tübingen.

Ahrens von Dessau.

Madame Callisen und Tochter.
Dänemark.

Dr. Ullmann aus Weimar.

Frau Oberstlieutenant von Hör-
mann aus München.

Fräulein Meyer aus Köln.

Graf von Bosse mit Frau und Töchter. Dorpat.

Professor Eyth. Schönthal.

Dr. Ellinger mit 6 Irren von Winnenthal.

Pfarrer Duttenberger mit Frau. Heidelberg.

Oberappellationsrat Güthner aus Wien.

Madame Schacht mit Tochter aus Hamburg.

Majorin von Scheffel mit Sohn. Karlsruhe.

Herr von Palm mit Tochter und Sohn. Eßlingen.

Professor Eschenmayer aus Kirchheim.

Stud. Dentersen aus Holstein.

Kanzleirat Frankhard aus Breslau.

Pfarrer Kirchner. Frankfurt.

Dr. Schumann aus Annaberg in Sachsen.

Gymnasiallehrer Dr. Palmer mit Frau und Tochter aus Darmstadt.

Herr Traugott Luschke aus Dresden.

Herr Würth aus Wien.

Herr Tenner mit Frau, Sohn und Tochter. Darmstadt.

Dr. Guggenberger aus Stuttgart.

Dr. Blumhardt. Stuttgart.

Oberamtsrichter Fetzer von Herrenberg.

Reichsrat von Riethammer. München.

Professor Lebret. Stuttgart.

Theodor Köstlin. Stuttgart.

Professor Döderlin. Erlangen.

Dr. Ströbel von Sinzheim.

Graf von Helmstädt aus Hochhausen.

Professor Dörner. Mössingen.

Kammerherr Polenz mit Frau, Tochter und Sohn.

Pfarrer Bauer. Gnadenthal.

Pfarrer Welsch von Ruppertshofen.

Dr. Hartwig aus Ostende.

Reformator Johannes Ronge und dessen Bruder aus Schlesien.

Pfarrer Roth aus Niemesch in Siebenbürgen.

Dr. Ebeling aus Hamburg.

Theolog Libag aus Ungarn.

Kupferstecher Wagner. Nürnberg.

Stud. Siveking aus Hamburg.

Dr. Berini aus Braunschweig.

Oberregierungsrat Sauter aus Stuttgart.

Konsistorialrat Friedrich. Frankfurt.

Herr Zollikofer aus St. Gallen.

Stud. Schwarzenberg.

Stud. Hartheim von Heidelberg.

Pfarrer Burkhard aus Basel.

Siemens aus Hamburg.

Dr. Steinkopf aus Stuttgart.

Pfarrer Schlotterbeck aus Gronau.

Dr. Lucä. Frankfurt.

Obermedizinalrat Plieninger mit Frau. Stuttgart.

Landrat Heuberger mit Tochter. St. Goar.

Herr von Goldermann. Hamburg.

Pfarrer Koch. Fürstentum Bir-
kenfeld.

Dr. van Bloten aus Leiden.

Herr Biland aus Philadelphia.

Stud. Ruler aus Hamburg.

Pfarrer Schulz aus Holzapfel in
Nassau.

Professor Otto aus Mannheim.

Die Turner von Hanau, Stuttgart, Bremen, Hamburg u. s. w.

Advokat Eller aus Mannheim.

Schärtner, Turnwart von Hanau.

Silberarbeiter Beuter. Stuttgart.

Germain Metternich von Köln.

Dekan Zeller in Besigheim.

Amtmann Reinhard aus Wien.

Frau Minister Varnbüler mit
Tochter.

Professor Fichte in Tübingen.

Hofrat Julius Mosen mit Frau.
Oldenburg.

Prinzessin Marie mit zwei amerika-
nischen Damen aus New-York.

Stud. Hartmann aus Hamburg.

Stud. Eberstein aus Hamburg.

Notar Röling aus Saarbrücken.

Friedensrichter Heyel. Saarbrücken.

Pfarrer Krais. Thalheim.

Theolog Wolf aus Siebenbürgen.

Kaplan Lump aus Freiburg.

Holländischer Gesandter von Webers.
Stuttgart.

Die ältesten Söhne des Grafen
von Maldeghem.

Stud. der Geschichte Abel.

Geheimerat Vogel. Karlsruhe.

Elisée Chenaud aus Brabant.

Studiosus Asmann. Hamburg.

Baron von Gerstenberg. Weimar.

Baron von Rochow. Braunschweig.

Dr. Bensen aus Rothenburg an
der Tauber, Geschichtsschreiber
des Bauernkrieges.

Vicedirektor von Hänlein und Frau.
Ulm.

Major von Martens mit Frau
und Tochter.

Prinz Reuß aus Schlesien.

Fürst von Schönberg.

Bergzitherspieler Hohmayer aus
München.

Kapitän und Botani, zwei Ungarn.

Stud. Grimm von Bückeburg.

Theolog Beck aus Glarus.

Direktor von Pabst. Hohenheim.

Herr von Wrangel aus Esthland.

Dr. Gärtner von Calw.

Obermedizinalrat Georg Jäger.
Stuttgart.

Wiesenprofessor Hafener. Hohenheim.

Anton Schurz. Wien.

Professor Autenrieth. Christiania.

Herzogin von Leuchtenberg mit
Gräfin Taubenheim.

Gräfin Joult.

Gräfin Jenison. Graf Jenison
mit Mutter. Darmstadt.

Louis Gabain. Hamburg.

Professor Wiese. Berlin.

Frau Kopperhold und Tochter.
Hamburg.

Dr. Mappes. Frankfurt.

Professor Bauer.

Archivrat Bauer. Darmstadt.

Alfred Meißner, Dichter aus Prag, mit Vater Dr. Meißner von Karlsbad.

Theolog Gerber aus Schleswig-Holstein.

Bildhauer Zwerger. Frankfurt.

Theolog Odenwald. Schlesien.

Frau von Ellrichshausen mit Sohn und Tochter.

Ball aus Irland.

Dr. Steker aus Konstanz.

Lehrer Bossée von Frankfurt.

Madame Cruse aus Dresden.

Redakteur Kruse aus Preußen.

Gregor von Beschän aus Rußland.

Frau von Berlichingen mit Fräulein von Wächter. Stuttgart.

Dr. Eisenlohr. Mannheim.

Ludwig Hauf. München.

Professor Bär. Dresden.

Dr. phil. Köhler von Celle.

Professor Germann. Zweibrücken.

Dr. Frankfurter. Hamburg.

Dr. Reim aus Krefeld.

Oberkonsistorialrat und Hofprediger Niemann mit Frau und Tochter. Hannover.

Professor Rüdiger. Breslau.

Aebtissin von Varnbüler von Oberstenfeld.

Herr von Hauschild aus Schlesien.

Kertbeny (Benkert) aus Ungarn.

Geheimerat von Breslau mit Kindern. München.

Hlzgen aus München.

Vikar Volz. Tübingen.

Dr. Hering mit Töchtern. Weimar.

Madame Seib mit Tochter. Straßburg.

James Clarke. Boston.

Mst. Ewen aus Philadelphia.

Fräulein Berens, Niembschs Braut. Frankfurt.

Dr. Häring (Willibald Alexis) aus Berlin.

Heiland, Sekretär des Prinzen Adelbert. München.

Frau von Junot (Schillers Tochter). Rudolstadt.

Maier, Dekorationsmaler. Mechanikus Kinzelbach und Magnetiseur aus Stuttgart.

Dr. Krummacher jun. aus Berlin.

Literat Klein von Breslau.

Prinz Adelbert von Bayern.

Levin Schücking.

Fabrikant Weber aus Schlesien mit Frau.

Dr. Schrauder aus Baden-Baden.

Geheimerat Obertribunalpräsident von Kleist. Berlin.

Alois Bayer aus München.

Dekan Fecht von Lahr mit Tochter.

Dramaturg Logau aus Norwegen.

Tode aus Dresden.

Direktor Seyfer aus Stuttgart.

Oberhofprediger Strauß. Berlin.

Leibarzt Dr. Hardegg. Stuttgart.

Herr von Kleist-Reventlow.

Missionar Pater Zeil.

Professor Scholl mit Frau. Stuttgart.

Professor Textor aus Würzburg mit Schwester.

Leibarzt Staatsrat Ludwig. Stuttgart.

General von Baur aus Ludwigsburg.

Med. Dr. Heyfelder aus Erlangen.

Rektor Köstlin. Nürtingen.

Stadtpfarrer Merz. Hall.

Bildhauer Zell. Stuttgart.

Oberjustizrat von Seybothen.

Pfarrer Hausmeister von Straßburg.

Privatdozent Dr. Hugo Fischer. Heidelberg.

Graf Wartensleben. Berlin.

Professor Schulz aus Leipzig.

Professor Dr. Fleck mit Frau. Gießen.

Schlachtenmaler Kotzebue mit Frau, Sohn des Dichters, a. Rußland.

Dr. Oetken aus Kassel.

Hofbankdirektor Kiderlen mit H. v. Wächter.

Theol. cand. Brem aus Petersburg.

Herr Köttgen aus Elberfeld.

Pfarrer Oeder von Dürrheim bei Mannheim.

Frau Prokurator Schott. Stuttgart.

Frau von Crespigny mit Kapitän Medwin aus London.

Dr. Zimpel aus Rhodus.

Dr. Adler aus Frankfurt.

Die Parlamentsmitglieder Simon von Breslau, Moriz Hartmann, Clasen, Jakobi von Königsberg.

Geheimer Hofrat Gmelin mit Familie. Heidelberg.

Dr. von Dusch. Mannheim.

Kirchenrat Ulmann. Heidelberg.

Buchhändler Seubert. Stuttgart.

Buchhändler Liesching. Stuttgart.

Frau von Seybothen. Eßlingen.

Herr Schiller aus London mit Frau, geb. de Cazy, und Kindern.

Professor Ennemoser. München.

General Bartruff.

Zwei Söhne von Büchner in Darmstadt.

Alexander Meyer aus Odessa.

Direktor Weißer mit Frau.

Julie Hartmann.

Fräulein Keller. Stuttgart.

Obertribunalrat Pfaff und Frau. Eßlingen.

Dr. von der Felsen.

Dr. Sehring. Stuttgart.

Rittmeister Graf Scheeler mit Mutter.

Joseph Rank vom Böhmerwald.

Fräulein Emilie Zumsteeg.

Klara Winter von Heidelberg.

Major von Gaßner. Stuttgart.

Regimentsarzt Klett aus Ludwigsburg.

Hauptmann von Menott. Ludwigsburg.

C. W. Graffenried. Bern.

M. Rossier.

A. Rocher. Vevey.

Stud. Eslinger. Wien.

Dichter Professor Fr. Kobell aus München mit 3 Töchtern.

Hofsänger Häser von Stuttgart.

Buchhändler Flammer. Pforzheim.

Stud. med. Sparter aus Münster.

Dr. Werner. Ludwigsburg.

Professor Majer, Orientalist. Tübingen.

Madame Bronner aus Basel.

Fräulein van Stoffregen. Stuttgart.

Lieutenant von Sonntag. Stuttgart.

Dichter Lamey mit Frau. Straßburg.

Obermedizinalrat Köstlin mit Tochter. Stuttgart.

Professor Höckh in Ellwangen.

Therese Milanollo mit Vater und Mutter.

Franz Weber aus Dessau.

Gymnasialdirektor Eckendal. Schweden.

Paulus von Augsburg (Bruder des † Prof. in Heidelberg).

Pfarrer Fischer von Pfaffenhofen im Elsaß.

Dichter Berthold Auerbach.

Justizrat Buchner von Darmstadt.

Philosoph Schelling von Berlin.

Dr. Wolfgang Müller aus Düsseldorf.

Herzog Max in Bayern mit Tiroler und Adjut. Haußer.

Frau von Plessen. Berlin.

König Max von Bayern, von Potsdam kommend, Unterredung in Heilbronn.

Dr. Scheve, Phrenolog.

Improvisator Volker aus Schwalbach.

Dr. Sonntag von Ansbach.

Professor Auenstedt. Tübingen.

Professor Meyer mit Frau. Tübingen.

Pfarrer Schneider von Feldberg.

Fernanda Gräfin von Pappenheim mit ihrem Gatten Pretorius von München.

Fräulein Hackmann aus Finnland.

Zöpritz aus Heidenheim.

Stud. Hirsch mit vielen Studenten von Magdeburg.

Das Institut von Salome.

Wolfgang Menzel mit Sohn. Stuttgart.

Frau von Forstboon mit Tochter. Frankfurt.

Hellmann von Neckarsteinach.

Dr. Brenner aus Coburg.

Oberst von Schuh, Direktor des Kadetteninstituts in München.

Artaria. Mannheim.

Hofgerichtsrat Bauer in Mannheim.

Edler von Kißling aus Salzburg.

Rechtskonsulent Hölder. Stuttgart.

Dr. König. Stuttgart.

Baron von Güldenstubbe (Spiritist). Schweden.

Landgerichtsassessor Wurth und Frau. Darmstadt.

Stud. theol. Kummer aus Zerbst.

Hofmusikus Abert. Stuttgart.

Fräulein Hagendorf. Bremen.

Ottilie Wildermuth.

G. v. Luck. Stuttgart.

Violinspieler Becker. München.

Violinspieler Maschek mit Mutter. Prag.

Heideloff aus München.

Dr. Wilhelm Hemsen. Göttingen.

Herr von Grodey aus Preußen (Pückler Muskau).

Herr W. Theodor Oehmer aus Frankfurt.

Professor Söllner aus Mainz.

Geheimerat von Krieger mit Frau. Berlin.

Herr von Thun und Frau aus Nürnberg.

Dr. Pressel aus Reutlingen.

Dr. Heinrich Galzer. Basel.

Bildhauer Hof. Stuttgart.

Hofschauspieler Gerstel. Stuttgart.

Christian Höppel.

Major Fischer. Ludwigsburg.

Professorin Märkle. Stuttgart.

Herr Bürglen. Berlin.

Kapitän Bertrand. England.

Herr Fritsch aus Genua.

Pascale Giberti aus Genua.

James Herrich nebst Tochter. Dublin.

Baron von Felgermann mit Frau. Berlin.

Maler Hamel. Frankfurt.

Anastasius Grün (Graf Auersberg).

Dr. Löwenthal mit Frau und 4 Kindern. Frankfurt.

Professor Schneegans mit Bruder. Straßburg.

Frau Schauspieler Seebach aus München.

Der junge Prinz Wilhelm von Württemberg mit seinem Hofmeister Günther.

Frau von Göler. Karlsruhe.

Geheimerat Pfistermeister mit Sekretär. München.

Verzeichnis

der

im Buchhandel erschienenen Schriften von Justinus Kerner.

Das Wildbad im Königreich Württemberg. (Tübingen. Osiander 1811.) Die vierte und letzte Auflage 1832.

Neue Beobachtungen über die in Württemberg so häufig vorfallenden tödlichen Vergiftungen durch den Genuß geräucherter Würste. (Osiander 1820.)

Das Fettgift oder die Fettsäure und ihre Wirkung auf den tierischen Organismus. Ein Beitrag zur Untersuchung des in verdorbenen Würsten giftig wirkenden Stoffes. (Stuttgart und Tübingen. Cottascher Verlag 1822.)

Die Erstürmung der Stadt Weinsberg durch die hellen Haufen im Jahre 1525. (Oehringen 1822.)

Geschichte zweier Somnambulen. (Karlsruhe. Braun 1824.)

Die erste Sammlung der Gedichte 1826.

Die Seherin von Prevorst. Eröffnungen über das innere Leben des Menschen und über das Hereinragen einer Geisterwelt in die unsere. Zwei Bände. (Cottascher Verlag 1830.) Die sechste Auflage. (Cotta 1892.)

Blätter aus Prevorst. Originalien und Lesefrüchte für Freunde des inneren Lebens. Zwölf Bände. (Karlsruhe. Braun 1831.)

Geschichte Besessener neuerer Zeit. Beobachtungen aus dem Gebiete kakodämonischer, magnetischer Erscheinungen. Zweite Auflage 1825. (Karlsruhe. Braun 1834.)

Ein Sendschreiben an Herrn Obermedizinalrat Dr. v. Schelling in Stuttgart. (Cotta 1836.)

Eine Erscheinung aus dem Nachtgebiete der Natur, durch eine Reihe von Zeugen gerichtlich bestätigt und den Naturforschern zum Bedenken mitgeteilt. (Cotta 1836.)

Magikon. Archiv für Beobachtungen aus dem Gebiete der Geisterkunde in 5 Bänden. (Stuttgart. Ebner und Seubert 1840.)

Dichtungen in zwei Bänden. Der erste Teil enthält lyrische Gedichte, der zweite Teil prosaische und dramatische Dichtungen. 1. Die Reiseschatten. 2. Die Heimatlosen. 3. Ein ärztliches Spiel. 4. Der Bärenhäuter im Salzbad. (Cotta 1841.)

Die lyrischen Gedichte in Miniatur-Ausgabe. (Cotta 1843.)

Die somnambulen Tische. Zur Geschichte und Erklärung dieser Erscheinung. (Stuttgart. Ebner und Seubert 1853.)

Das Bilderbuch aus meiner Knabenzeit. (Braunschweig. Vieweg 1846, 1849, bei Krabbe in Stuttgart 1886.)

Der letzte Blütenstrauß. (Cotta 1852.)

Franz Anton Mesmer aus Schwaben. Entdecker des tierischen Magnetismus. Erinnerungen an denselben, nebst Nachrichten von den letzten Jahren seines Lebens zu Meersburg am Bodensee. (Frankfurt. Literarische Anstalt 1856.)

Winterblüten. (Cotta 1859.)

Ausgewählte poetische Werke, enthaltend lyrische Gedichte, letzter Blütenstrauß, Winterblüten, Reiseschatten, Heimatlosen, Aerztliches Spiel, Bärenhäuter im Salzbad. (Stuttgart. Cotta 1878.)

Klecksographien. Mit Illustrationen nach den Vorlagen des Verfassers. (Stuttgart, Deutsche Verlags-Anstalt 1891.)

Von Theobald Kerner: **Prinzessin Klatschrose.** Ein Blumenbilderbuch für Kinder. (Stuttgart, Halbergersche Verlagshandlung 1840, neue Auflage Deutsche Verlags-Anstalt 1893).

Deutsche Verlags-Anstalt in Stuttgart, Leipzig, Berlin, Wien.

Ein seltsames originelles Werk

aus dem Nachlaß des berühmten schwäbischen Sängers Justinus Kerner!

Kleksographien

von

Justinus Kerner.

Mit Illustrationen nach den Vorlagen des Verfassers.

Preis in illustrirtem Einband 3 Mark.

Ein seltsames originelles Werk aus dem Nachlaß Justinus Kerners, das er wenige Jahre vor seinem Tode verfaßte. Die phantastischen, von ihm selbst mit halbblinden Augen erzeugten Bilder sind hier so getreu als möglich wiedergegeben. Er selbst äußerte sich darüber einem Freunde gegenüber: „Man nennt mich oft ‚Geisterseher‘, doch dies mit Unrecht, ich habe nie Geister gesehen, ohne darum ihre Existenz zu leugnen, meine Phantasie aber ergeht sich gerne in diesem Reiche schattenhafter Wesen. Es freute mich immer, von meinem alten Turme in den Abendhimmel zu schauen und die Wolkenbilder mit meiner Phantasie zu deuten. Jetzt, durch Gicht und Blindheit ins Zimmer gebannt, bilde ich mir aus Tinten= kleksen, die oft unfreiwillig meiner Feder entfallen, durch Zusammen= falten des Papiers die seltsamsten Phantasiebilder; meist sind es, ihren Ursprung — die schwarze Tinte und meine trübe Phantasie — nicht verleugnend, dunkle, schreckhafte Mittelreich=Gestalten, denen ich erläuternde Verse beifüge. Es wird ein Bilderbuch für alte Kinder, als solches möge es auch aufgefaßt werden!"

Zu beziehen durch alle Buchhandlungen des In= und Auslandes.

Deutsche Verlags-Anstalt in Stuttgart, Leipzig, Berlin, Wien.

Werke von Ludwig Pfau.

Kunst und Kritik.

Aesthetische Schriften

von

Ludwig Pfau.

6 Bände.   8°.   Jeder Band ist einzeln käuflich.

Hievon wurde bis jetzt ausgegeben:

I. Band: **Maler und Gemälde. Artistische Studien.**
Preis geheftet ℳ 5. —; in Halbfranz ℳ 6. 50.

II. Band: **Bild- und Bauwerke. Artistische Studien.**
Preis geheftet ℳ 5. —; in Halbfranz ℳ 6. 50.

IV. Band: **Freie Studien. Die Kunst im Staat.**
Dritte, durchgesehene Auflage. Preis geheftet ℳ 3. —; in Halbfranz ℳ 4. 50

VI. Band: **Literarische und historische Skizzen.**
Zweite Auflage. Preis geheftet ℳ 4 —; in Halbfranz ℳ 5. 50.

Eine der eigenartigsten Erscheinungen auf dem Gebiete der Kunstkritik ist Ludwig Pfau. Wohl einzig steht dieser Autor da in der Schilderung von Kunstwerken, so daß der Leser das kritisirte Werk wahrhaft vor Augen zu sehen meint. Das ist selbst eine große Kunstleistung, und indem Pfau uns so das Bild, Gebäude oder Bildhauerwerk mit Worten veranschaulicht, macht er zu gleicher Zeit mit der schärfsten Erkenntnis auf die Vorzüge und Mängel der Schöpfung aufmerksam und weist dem Künstler seine Stellung in der Kunstgeschichte an. Seine „Freie Studien" erfreuen sich längst großer Berühmtheit und großen Ansehens bei Künstlern wie bei Kunstfreunden. In geistvoller, den Gegenstand vollkommen beherrschender und klärender Weise beleuchtet hier Pfau die Kunst im Staate durch eine Reihe trefflicher Aufsätze, die ins einzelne die Beziehungen der Kunst zur Philosophie, Geschichte, Moral, Oekonomie und Politik darlegen. Bild an Bild reiht sich in logischer Folge aneinander, bis sich das Ganze zu einer erschöpfenden Darstellung des ästhetischen und praktischen Wesens der bildenden Kunst gestaltet hat.

Zu beziehen durch alle Buchhandlungen des In- und Auslandes.

Deutsche Verlags-Anstalt in Stuttgart, Leipzig, Berlin, Wien.

Werke von Friedrich Theodor Vischer.

Auch Einer.
Eine Reisebekanntschaft
von
Friedrich Theod. Vischer.
Sechste Auflage.

Mit einem Lichtdruck nach der Büste Friedrich Vischers von Professor A. Donndorf.

2 Bände. Preis geheftet M. 9. —; fein geb. M. 11. —

Der berühmte Aesthetiker hat mit seinem wunderlich betitelten Roman beim deutschen Publikum einen großen Erfolg errungen trotz der barocken Schreibweise und des bizarren Inhalts des Werkes. Der Roman zerfällt in drei nur lose miteinander verknüpfte Teile: in die Charakteristik eines biederen, treuherzigen, mitunter etwas schrullenhaften und pedantischen Mannes, der sein Leben lang von einem riesenmäßigen Katarrh geplagt wird, ferner in eine Pfahl= dorfgeschichte, welche in der knorrigen, derben Art des alten Scharten= meiers satirische Streiflichter auf die Gegenwart wirft, und in das Tagebuch des katarrhgeschüttelten Helden, welches eine Menge geist= reicher Aperçus, vermischt mit bizarren Einfällen, enthält. Mit dieser lockeren Komposition harmonirt auch die originelle, in Kraft= worten schwelgende Schreibweise, die unsere Sprache um manch ein charakteristisches und prägnantes Wort bereichert.   „Post“, Berlin.

Lyrische Gänge.
Von
Friedrich Theod. Vischer.
Zweite, vermehrte Auflage.

Preis elegant geheftet M. 6. —; fein gebunden in Leinwand mit Goldschnitt und reicher Prägung M. 7. 50.

In den „Lyrischen Gängen“ herrscht eine solche Mannigfaltig= keit der Stimmung, ein so stetiger Wechsel der Motive, daß sich bei der Lektüre unseren verwunderten Blicken immer ein neues, reiz= volles, eigenartiges Bild enthüllt. Bald spielt Vischer auf dem ganzen Register des Sarkasmus und der Ironie, bald schlägt er Accorde an voll tiefsten, erhabensten Naturgefühls, bald singt er wilde, leiden= schaftdurchglühte Melodien.   Deutsches Montagsblatt, Berlin.

Zu beziehen durch alle Buchhandlungen des In= und Auslandes.

Deutsche Verlags-Anstalt in Stuttgart, Leipzig, Berlin, Wien.

Schiller-Erinnerungen.

In obigem Verlage ist erschienen:

Zur Erinnerung

an

Schillers Geburtshaus

in

Marbach a. N.

Zwanzig Kartons in photographischem Lichtdruck.

Format 18×12 cm.

In feiner Leinwandmappe mit Goldtitel. Preis *M.* 4. 50.

Einzel-Kartons à 30 Pfg.

Inhalt:

Begleitet mit Datenangabe über Geburts- und Sterbetage rc.

Porträts:

1) Johann Christoph Friedrich Schiller. 2) Charlotte von Schiller, geb. von Lengefeld. 3) Karl Freiherr von Schiller. 4) Louise Friederike von Schiller, geb. Locher. 5) Friedrich Freiherr von Schiller. 6) Ernst von Schiller. 7) Caroline Junot, geb. von Schiller. 8) Emilie Freifrau von Gleichen-Rußwurm, geb. von Schiller. 9) und 11) Johann Caspar Schiller. 10) und 12) Elisabeth Dorothea Schiller, geb. Kodweis. 13) Christophine Reinwald, geb. Schiller. 14) Louise Franckh, geb. Schiller. 15) Nanette Schiller. 16) Friedrich Schiller und seine Jugendfreundin Nanele Moser.

Ansichten:

17) Schillers Geburtshaus in der Niklasthorstraße Nr. 256 in Marbach. 18) Das Schillerdenkmal in Marbach. 19) Der obere Thorturm Marbachs. 20) Marbach am Neckar.

Zu beziehen durch alle Buchhandlungen des In- und Auslandes.